Maria Regina Kaiser

Katharina von Bora & Martin Luther

Maria Regina Kaiser

Katharina von Bora & Martin Luther

Vom Mädchen aus dem Kloster zur Frau des Reformators

Romanbiografie

HERDER
FREIBURG · BASEL · WIEN

HERDER spektrum Band 6883

Für Guntra

MIX
Papier aus verantwortungsvollen Quellen
FSC® C083411
FSC
www.fsc.org

Originalausgabe 2016

www.herder.de

Die Veröffentlichung dieses Werkes erfolgt auf Vermittlung von BookaBook, der Literarischen Agentur Elmar Klupsch, Stuttgart.

Satz: Arnold & Domnick, Leipzig
Herstellung: CPI books GmbH, Leck

Printed in Germany

ISBN 978-3-451-06883-6

Inhalt

Vorspiel

Wittenberg, Januar 1540

Wie eine Schmerle oder eine Kaulbärschin schwebte sie im fließenden Wasser, so kam es ihr vor. Zu ihrem Erstaunen hatten sich die Schmerzen und die Schwere ihres Körpers aufgelöst. Mit geschlossenen Augen lauschte sie der Stimme des Mannes neben ihr. Es war eine vertraute, angenehme Stimme. Hell, klar, deutlich. Die Stimme war wie das Seil an der Wand der Kellertreppe im Kloster, an dem sie sich vor langer Zeit festgehalten hatte, wenn sie den Eimer mit den Rüben hochtrug. Sie verstand die Sätze nicht, während sie zuhörte. Dazu war sie zu schwach. Aber es waren gute Sätze, wohltuende Worte. Sie galten ihr, Katharina. In ihrer Schwäche konnte sie nicht antworten. Zugleich wusste sie, es war nicht erforderlich. Sie musste nichts tun, es war nichts zu besorgen.

Die Augen zu öffnen wäre zu mühsam gewesen, deswegen unterließ sie es. Sie spürte trotzdem die Helligkeit, die sie umgab. Sie fror jetzt nicht mehr und ihr Atem ging wieder leichter, war mühelos geworden. War sie wirklich Katharina oder nicht doch der Mann, der unaufhörlich neben ihr sprach? Ja, so war es wohl, sie war auch der Mann und das, was er sagte, gehörte zu ihr. Vielleicht waren sie beide eine Person, eine männlich – weibliche.

„Komm zurück, Käthe“, sagte der Mann, sie verstand ihn plötzlich.

Aber sie war doch da, neben ihm. Sie hatte sich nicht entfernt. Sie war nur sehr schwach und alles war unklar geworden.

„Deine Kinder brauchen dich. Sie sind noch hilflos. Denk an Paulchen und Marulla."

Wovon sprach er überhaupt? Warum schwieg er jetzt? Wahrscheinlich war er genau so müde wie sie. Aber es war wichtig, dass er weitersprach, auch wenn sie ihn nicht verstand. Die Stimme musste wieder einsetzen. Ja, dachte sie, es ist meine Stimme, die einzige, die ich habe. Wenn sie verstummt, muss ich sterben.

Es war jetzt dunkel im Zimmer geworden. Sie spürte die Dunkelheit um sich, so wie vorher die Helligkeit. Nach einer Weile hörte sie die ruhigen Atemzüge des Mannes neben sich auf dem Boden. Er war eingeschlafen. Eine leichte Unruhe überkam sie. Dass er auf dem Boden lag, war nicht richtig, aber es war nicht zu ändern. Seine Nähe gab ihr Ruhe und Zuversicht.

Dann spürte sie die Helligkeit eines neuen Morgens. Aus irgendeinem Grund begann sie wieder zu verstehen.

„Sie ist schon unterwegs zu Gott." Das war eine andere Stimme, die eines Mannes, den sie kannte. „Geht jetzt, gönnt Euch etwas Ruhe. Denkt an Euch und Eure Gesundheit, Doktor."

„Ich bleibe hier auf meinem Posten."

„Lasst sie sterben. Das kann sie nur, wenn Ihr sie gehen lasst. Ihr haltet sie fest mit Euren Gebeten. Sie ist nur noch ein atmender Leichnam."

„Schweigt still, Ihr seid ein Narr."

„Was Ihr von Eurem Weib verlangt, ist nicht christlich. Haltet sie nicht auf, während sie zu Gott in die Ewigkeit wandert."

„Sie muss zu uns zurückkehren. Gott möge mein Gebet erhören."

„Seit Tagen hat sie keine Nahrung mehr aufgenommen. Sie lässt sich keine Flüssigkeit mehr einflößen. Sie hat angefangen zu sterben, auch wenn Ihr es nicht wahrhaben wollt. Glaubt endlich Eurem Medicus."

„Ihr überschätzt Eure Kunst. Ich verhandele mit Gott, dem einzigen, der über Leben und Tod entscheidet."

„Seine Entscheidung ist längst gefallen. Katharina von Bora gehört schon auf die Seite der Toten."

„Hinaus, Quacksalber! Lasst Euch hier nie wieder sehen!" Ein Stuhl flog durch das Zimmer.

Es folgte eine längere Zeit der Stille. Doch schließlich setzte der Mann mit der angenehmen Stimme sein Gebet fort. Es war ein flehentliches Gebet, unterbrochen von Schluchzen.

Sie befand sich im Kloster. Vor langer Zeit war sie in einem anderen Kloster gewesen, in dem sie schweigen musste. Oft hätte sie gerne geredet, doch sie hatte das Gelübde abgelegt, ihre Tage in Schweigen zuzubringen. Vor dem Kloster aber hatte der Mann, der jetzt bei ihr war, gepredigt. Unablässig hatte er gesprochen, seine Stimme war hinter den Klostermauern deutlich zu hören gewesen. Er hatte den Nonnen befohlen, ihr Schweigen aufzugeben. Der Mann wollte, dass sie, Katharina, mit ihm redete. Sie bewegte die Zunge im Mund und öffnete die Lippen.

Die Magd machte sich an ihrem Körper zu schaffen. Es tat gut, gewaschen zu werden. Die Feuchtigkeit auf ihren Lippen war ebenfalls angenehm.

„Sie hat nach dem Schwamm geleckt", sagte die Magd. „Zum ersten Mal seit Tagen."

„Das ist die Besserung vor dem Tod.“ Die Stimme des Medicus.

Wieder flog ein Stuhl durch den Raum.

„Hinaus!“, brüllte der Mann, der immer betete. In verändertem Ton sagte er dann: „Gib ihr mehr Wasser. Sie verlangt danach.“ Seine Hände tasteten über ihr Gesicht. Seine Lippen berührten die ihren.

Sie konnte die Augen nicht öffnen, es war zu schwierig. Aber etwas Wasser saugte sie aus dem Schwamm, den die Magd ihr an die Lippen hielt, Wasser gemischt mit Wein, das schmeckte sie.

„Sie hat gelächelt“, schrie der Mann.

„Ich weiß nicht“, sagte die Magd.

„Bleib bei mir, mein Käthchen“, flüsterte der Mann. „Gott lässt dich nicht sterben, ich weiß es.“

Wieder breitete sich Stille aus, ihr Körper entspannte sich und wurde noch leichter und befreiter. Vielleicht war Sterben so. Vielleicht hatte der Medicus recht damit, dass das Wohlgefühl in ihr ein Vorzeichen des nahenden Endes war. Ihre Gedanken wurden lebhafter. Bilder tauchten vor ihr auf. Sie hörte Glocken. Sie sah ganz deutlich den Wald und die Lichtung mit den Gebäuden des Klosters aus rötlichem Stein. Nimbschen, Mariathron. Und da war der Kuhstall.

Karfreitag 1513

Dumpfes Muhen erfüllte den niedrigen Stall. Mit Schaum vor dem Maul lag die gefleckte Kuh im Stroh des mit Holzbrettern abgetrennten „Geburtszimmers“ im großen Eingangsbereich, wo die Milcheimer an der Wand aufgehängt waren. Der Klosterstall dampfte von der Wärme der angebundenen Kühe, die in langer Reihe nebeneinander im Stroh vor ihren Raufen standen. Erst im Mai war Weideauftrieb. Die Tiere hatten aufgehört zu fressen. Alle hatten sie die schweren Häupter zu Schwarzlock gewendet, die sich seit Stunden plagte, ihr Kalb zu gebären.

Die Kellermeisterin Schwester Anna, zu deren Verwaltungsaufgaben auch das Amt der Stallmeisterin gehörte, und die vierzehnjährige Käthe, beide in ärmellosen, derben Arbeitsgewändern, knieten vor dem Hinterteil des schweren Tiers. Der Stallknecht stemmte die Geburtshelferscheibe gegen das Rind, damit es nicht auf die beiden rutschte. Der Orden der Zisterzienser hatte seit seiner Gründung durch den heiligen Bernhard über tausend Klöster in ganz Europa gegründet, die alle nach der gleichen Regel und den gleichen Lebensgewohnheiten lebten. Allesamt waren sie an einsamen Orten, entfernt von Städten, oft in sumpfigen Tälern oder moorigen Ebenen erbaut worden, gegen die Widerstände einer rauen Natur mit harter körperlicher Anstrengung. Es galt der Grundsatz „Ora et labora“ – bete und arbeite. In jeder Zelle stand neben dem Bett der Nonne ihr Arbeitsgerät, auch wenn es im Fall der Geweihten in der Klausur meist nur der Rocken zum Wollespinnen war.

Käthe war von zarter Statur, aber ihre nackten Arme waren muskulös von der täglichen Arbeit. Mit beiden Händen umklammerten das Mädchen und die ältere Nonne den Strick an ihrer Seite, der aus der Körperöffnung der Kuh hervorragte. Ihre Gesichter waren schweißüberströmt. Eine neue Wehe erschütterte den schweren Körper Schwarzlocks. Schwester Anna und Käthe zogen gleichzeitig, jede auf ihrer Seite, und hielten inne, als die Wehe verebbte. Vorderfüße und Kopf des Kalbs waren erschienen, eine glitschige dunkle Masse.

„Wird es leben?", fragte Käthe.

„Der Brustkorb darf nicht gequetscht werden", erklärte die Ältere. „Jetzt wieder ziehen."

Schwarzlock hob den Kopf und muhte dumpf unter der nächsten Wehe auf. Und dann plötzlich glitt das Kalb, noch halb in der geplatzten Fruchtblase, vor den Helferinnen ins Stroh. „Gott dem Herrn sei Lob und Dank", riefen die beiden wie aus einem Mund.

„Dann gehe ich jetzt", ließ sich der Stallknecht vernehmen.

„Ein Riesenkalb", stellte Schwester Anna fest und beugte sich vor, um die Stricke von den Vorderfesseln des Neugeborenen zu lösen. Dann tastete sie über den dunkelbraunen Körper. „Das habe ich mir gedacht, ein Bulle. Ein Kuhkalb wäre kleiner gewesen."

„Du darfst ihm jetzt einen Namen geben", schlug sie vor und legte die Stricke zur Seite.

„Jesus!", rief Käthe. „Weil er am Karfreitag geboren ist."

Die Verwalterin runzelte die Stirn. „Du kannst ein Rind nicht Jesus nennen. Das wäre Sünde."

„Aber es ist der richtige Name für das Kalb."

Schwarzlock erhob sich schwerfällig und leckte mit ihrer breiten Zunge über das verklebte Fell des Neugeborenen.

„Dann eben Je", schlug Käthe vor. „Nur Je."

Eine Tür knarzte und schlug wieder zu.

„Aha, im Stall seid Ihr, Jungfer Käthe, tief im Schmutz. Und nicht in der Kirche."

Die beiden sahen auf. Eine Wolke von Weihrauch schien plötzlich über ihnen zu schweben. Es war Bruder Maximin, der sich in seiner schwarz-weißen Ordenstracht über den Bretterzaun beugte. „Überall habe ich nach Euch gesucht." Die kleinen Augen unter den buschigen dunklen Brauen funkelten vor Zorn. Er schnaufte vor Anstrengung. Der übergewichtige Zisterziensermönch war einer der beiden Beichtväter, die im Vordergebäude des Klosters wohnten. Sie hielten die Messen und berichteten ihrem Abt über das Verhalten der Nonnen. Daneben gab es noch Bruder Thalheim für den Dienst an der Eingangspforte. Er hatte nur die niederen Weihen empfangen, war aber kräftig und unfreundlich genug, um Gesindel abzuschrecken, das Einlass begehrte.

Kloster Porta hatte die Oberaufsicht über das Nonnenkloster Mariathron. Glücklicherweise lag das Männerkloster vier Tagesreisen entfernt an der Saale. Selbst schnelle Boten zu Pferd brauchten zwei Tage für den Weg. Alle zwei Jahre erschien Abt Balthasar persönlich, besprach sich mit der Mutter Äbtissin, ging durch alle Räume, prüfte nach, ob Staub auf den Heiligenfiguren lag, und lauschte dem Gesang der Nonnen. Am Ende seiner Inspektion hinterließ er dann jedes Mal einen ellenlangen Bericht voller Vorwürfe und Klagen. Diesen musste die Priorin, die die Äbtissin vertrat, den Nonnen und Klosterschülerinnen viermal im Jahr vorlesen. Die Klagen über die Zustände im Kloster waren ernst: Nonnen hielten ihr Schweigegelöbnis nicht ein. In den Gängen wurde gelacht und gekichert. Die Gesänge des Chors in der Kirche waren zu lebhaft und fröhlich. Abt Balthasar ordnete an, nur noch die Kirchengesänge aus dem alten Gesangbuch zu verwenden und sie gleichmäßig auf einer Tonhöhe zu singen. Das Auf und Ab beim Singen sei für die Gemüter zu aufregend, brächte die

Seelen in Aufruhr. Es war der größte Stolz der Chormeisterin Schwester Magdalena gewesen, zur Ehre Gottes Lieder mit den Klosterfrauen und Schülerinnen in zwei Stimmen einzuüben, zumal es in der Kirche eine Orgel gab. Schweren Herzens musste die Äbtissin das Verbot des Abts verkünden. Dabei war sie selbst eine begeisterte Sängerin, und auch die Nonnen liebten es zu singen, denn miteinander zu sprechen war in der Klausur verboten. So verlangte es die strenge Regel des heiligen Bernhard. Gesang und Gebet waren erlaubt, in ihnen lag weder Hochmut noch die Gefahr der Geschwätzigkeit.

Die erste Zeit nach der Inspektion hatte die Chormeisterin sich widerwillig gefügt, nach einer Weile hatte sie die Verfügung des Abts Schritt für Schritt gelockert. Die Gesänge waren schneller und bewegter geworden, sie selbst wieder fröhlicher. Zu fürchten hatte sie wenig, denn die alten Patres hörten nicht mehr gut. Und die Äbtissin tat so, als bemerke sie die Veränderungen nicht. Margarethe von Haubitz war eine kluge, verständige Frau. Bei Lob und Bestrafung der Nonnen hielt sie ein vernünftiges Maß ein. „*Modum adhibendum est*", pflegte sie zu sagen: Nichts übertreiben!

„Schwester Anna, eine Kälbergeburt ist kein Anblick für eine Jungfer, die einmal zur Nonne geweiht werden will!"

„Es ist doch die Kuh, die Käthe ins Kloster eingebracht hat", erklärte die Stallmeisterin. „In zwei Jahren ist jedes Mal das Kalb gestorben. Deshalb wollte Käthe in diesem Jahr dabei sein."

Pater Maximin bebte vor Entrüstung. „Bei einer Geburt steht Satan in der Nähe! Eine Jungfer gehört nicht hierhin."

Käthe wusste, dass sie dem Mönch nicht widersprechen durfte. Er war strenger als die Priorin und die Äbtissin zusammen. Und das Schlimmste war, dass diese beiden Respektspersonen den Anweisungen der Mönche folgen mussten.

„Ich muss es dem Abt berichten."

„Ist es nicht genug, wenn Ihr es der Äbtissin meldet?“, erkundigte sich Schwester Anna.

„Eine Sünde am Karfreitag wiegt doppelt und dreifach.“

„Wiegt sie doppelt oder dreifach?“, fragte Käthe.

„Jungfer, ich ermahne Euch, seid nicht vorwitzig.“

„Käthe von Bora war von Anfang an so“, meinte Muhme Anna. „Sie gleicht ihrer verstorbenen Mutter und unserer gnädigen Frau, der Äbtissin.“ Als Tante des Mädchens fühlte sie sich verantwortlich. Und außerdem, fand sie, sollte mit der Nichte der Klosterherrin etwas nachsichtig umgegangen werden.

„Sie muss sich die Keckheit abgewöhnen. Im Kloster ist dafür kein Platz.“

„Aber das Mädchen ist noch nicht eingesegnet“, beharrte die Stallmeisterin.

„Sie ist immerhin Postulantin, kein Kostkind mehr. Selbst die Kostkinder des Klosters müssen erzogen werden. Besser eine tote Tochter als eine ungehorsame. Im Namen des Vaters und des Sohnes und des Heiligen Geistes.“

Der Mönch erhob segnend die Hand, ehe er ging. Er hatte es eilig, denn er wollte in die Kirche zur Karfreitagsandacht, die heute von Pater Antonius zelebriert wurde.

„In Ewigkeit. Amen“, erwiderten Käthe und ihre Muhme, die Kellermeisterin, wie aus einem Mund. So schnell würde Pater Maximin nicht wieder in den Stall kommen.

Das neugeborene Kalb lag immer noch am Boden. Die Muhme kniete jetzt neben der Kuh, molk an einer Zitze des schweren Euters und schob den Kopf des Neugeborenen näher daran. Einen Moment hielt sie inne.

„Wir sind nichts als ein Tropfen Wasser am Eimer Gottes“, sagte sie. „Der Pater hat recht. Du solltest besser bei den anderen Mädchen in der Kirche sein.“

„Warum ist es so schlimm, bei einer Geburt dabei zu sein?“, wollte Käthe wissen.

„Weil es ein weltliches Ding ist“, antwortete die Muhme unwirsch und rieb sich die Hände am Kittel sauber. „Weil es deine Gedanken auf allzu irdische Dinge lenkt.“

Schwester Anna tat wieder einmal, was ihr in diesem Leben das Liebste war: Sie redete. Im Stall war das erlaubt, ja sogar notwendig. Innerhalb der Klausurgebäude für die geweihten Nonnen und die Novizinnen war dagegen jedes gesprochene Wort eine Sünde, die gebeichtet und bereut werden musste. Um sich zu verständigen, bedienten sich die Nonnen einer komplizierten Zeichensprache, die sie schon vor dem Vorbereitungsjahr gelernt hatten.

Die Kellermeisterin war ebenso wie die Äbtissin berechtigt, sich im Kloster frei zu bewegen und zu sprechen, soviel für ihre Arbeiten nötig war, wenn sie den Laienschwestern die täglichen Aufträge erteilte. Auch besaß sie die Schlüsselgewalt für alle Vorräte, die im Keller, den Speisekammern und den Kleidertruhen.

„Aber das Kloster braucht die Kühe, die Milch und die Kälber“, wandte Käthe ein.

„Klosterfrauen müssen wirtschaften können“, sagte die Stallmeisterin. „Sterben die Schweine, hungern wir im Kloster. Der Abt aus Porta wird uns keinen Schinken senden.“ Sie senkte die Stimme. Auch ihr war aufgetragen, so wenig wie möglich zu sprechen. „Das Kloster muss sich seine Nahrung selbst erwirtschaften. Und es sind mehrere Tausend Mahlzeiten, die im Jahr ausgegeben werden. Die Vorgängerinnen unserer Äbtissin haben einen Berg an Schulden aufgehäuft. Überall haben sie Geld aufgenommen, noch jetzt zahlt das Kloster jedes Jahr Zinsen dafür und muss viele Gulden zurückzahlen.“

„Dann kommt es auf jeden Eimer Milch an“, stellte Käthe fest. Auch sie unterhielt sich gerne. Außerdem war sie neugierig und stellte Fragen, um zu erfahren, wie alles miteinander zusammenhing.

„Ja, mein Kind. Jeder Apfel an unseren Bäumen, jede Zwiebel aus unserem Garten muss nicht auf dem Markt gekauft werden."

„Und wenn die Ernte gut ist, kann die Äbtissin umso mehr Gulden abbezahlen", überlegte Käthe. Ein Gulden war ja schon so viel, davon konnte ein Mädchen wie sie monatelang ernährt werden. Ihr schauderte beim Gedanken an die Schuldenlast auf Kloster Mariathron. „Am besten würde sie noch mehr Obstbäume pflanzen lassen."

„Das wird sie tun. Denn die Mauern des Speisesaals in der Klausur sind brüchig. Es muss gebaut werden. Dafür werden Leute kommen, die Lohn bekommen. Und außer dem Lohn jeden Tag, den sie arbeiten, Essen aus der Klosterküche."

Nachdem das Kalb nun doch noch gesund geboren war und auch Schwarzlock keinen Schaden genommen hatte, war die Stallmeisterin bester Laune. Sie drückte das Mädchen kurz an sich und gab ihm einen Kuss auf jede Wange.

„Bald ist es so weit. Die Schafherden des Klosters sind größer denn je. Sobald die Wolle verkauft ist, werden die Bauleute kommen." Schwester Anna strahlte über das ganze Gesicht. „Über tausend Schafe sind es jetzt auf den Vorwerken und dem Schafhof vor dem Kloster."

Käthe freute sich in diesem Moment mit ihr. Sie beschloss, noch fleißiger mit ihrem Rocken Wolle zu spinnen. Alles, was sie tat, kam dem Kloster zugute. Singen und Beten genügten nicht. Nur wenn sie und die anderen Klosterfrauen jeden Tag fleißig waren, konnte das Kloster gedeihen. Kloster Mariathron – das war auch sie und ihre Arbeit und ihre Gebete, obwohl sie noch keine Geweihte war.

„Was würde denn geschehen, Muhme, wenn die Äbtissin wieder Schulden aufnehmen müsste?"

„Käme es noch einmal so weit wie unter den Vorgängerinnen –", Muhme Annas Blick verdüsterte sich, „so wäre es das

Ende. Alles würde verfallen, der Abt würde das Kloster schließen, und die Nonnen müssten in die Klöster der Umgebung ausweichen. Die Gemeinschaft wäre für immer auseinandergerissen. Alles wäre vorbei."

Beide schwiegen eine Weile. Alles wäre vorbei, hallte es in Käthe nach. Das Kloster wäre kein Kloster mehr. Undenkbar.

„Solche Fälle sind schon vorgekommen", schloss die Stallmeisterin.

„Ihr wisst alles über das Leben." Käthe sah ihre Tante bewundernd an. Die ältere Schwester ihrer Mutter war auch in der Nonnentracht eine schöne Frau, mit lebhaften blauen Augen, einer feinen Nase und einem kleinen Mund in einem breiten freundlichen Gesicht. Die beiden sahen sich unverkennbar ähnlich. Käthe trug ihr dunkelblondes Haar in zwei geflochtenen Zöpfen, während die Haare der Nonne unter dem verrutschten Schleier kurz gehalten waren. Jede Nonne musste schon bei der Einsegnung als Novizin das lange Haar abschneiden.

Schwester Anna seufzte. „Ich weiß alles über das Leben. Aber ich bin nicht im Leben, mein Kind."

„Wie meint Ihr das, Muhme?"

„Das Kloster ist nicht das Leben."

„Aber Ihr habt hier alles, was der Mensch im Leben und für die Seligkeit braucht. Ihr werdet in den Himmel kommen."

„Das Kloster ist nicht das Leben", wiederholte die Stallmeisterin. „Und das Leben da draußen, glaub mir, ist mehr als der Himmel."

So redete Schwester Anna manchmal, und dabei traten ihr Tränen in die Augen, was Käthe jedes Mal etwas verlegen machte. „Ihr müsst jetzt zur Kirche?"

Schwester Anna wischte sich mit dem Rock über das Gesicht. „Ja. Vorher muss ich mich reinigen und frische Kleidung anlegen. Bleib im Stall bei den beiden, bis das Kalb aufgestanden ist. Es dauert etwas länger, weil es so schwer ist."

Käthe nickte, dankbar dafür, im Stall bleiben zu dürfen, obwohl Jesus in diesen Stunden aufs Neue leiden musste.

„Und steig über das Gitter“, mahnte die Stallmeisterin. „Schwarzlock will jetzt mit ihrem Kind allein sein. Sie muss es lecken und dazu bringen, aufzustehen.“

Käthe seufzte, ihre Gedanken gingen hinüber zu den Klosterschülerinnen, die jetzt alle beteten. War sie eine Verräterin? Für ein paar Augenblicke war ihr, als hörte sie die klare Stimme der Mutter Äbtissin, die aus dem Evangelium vorlas: „Ehe der Hahn kräht, wirst du mich dreimal verraten haben.“

„Und nimm dein Osterbad am besten jetzt in der Badstube. Ich sage der Badmeisterin, dass du kommst!“

Käthe legte den Kopf auf den klebrigen Rücken des neugeborenen Je und atmete seinen guten Kälbergeruch ein. Dann richtete sie sich auf und umarmte ihn. Schwarzlock muhte tief und dunkel. Und Käthe beeilte sich, über den Holzzaun zu klettern. Draußen setzte sie sich auf einen Melkschemel, durch die Lücken zwischen den Brettern hatte sie die Mutterkuh und das Kalb gut im Blick. Schwarzlock muhte sanft mit ihrem Kind, leckte es und stupste ihm die Schnauze in die Flanken. Mehrmals stemmte das Kalb die Knie der Vorderläufe ins Stroh und versuchte, sich zu erheben, sank aber immer wieder zurück. „Du heißt eben doch Jesus, auch wenn ich dich Je nenne“, sagte Käthe leise. „Das ist jetzt unser Geheimnis.“ Aus dem hinteren Teil des Stalles drang das gleichförmige Schmatzen wiederkäuender Kühe.

Die Glocke vom Kirchturm läutete. „Jetzt ist Christus gestorben“, murmelte Käthe. „Und ich war nicht bei ihm.“ Mit einem Seufzer erhob sie sich. Der kleine Je mühte sich immer noch aufzustehen, doch es gelang ihm nicht. Trotzdem beschloss Käthe, den Stall zu verlassen. Sie hatte keine Lust, noch einmal von Bruder Maximin ausgeschimpft zu werden. Draußen vor dem Stall schlug ihr ein eiskalter Windstoß entgegen. Langsam ging sie über die Wiese hinüber zum Eingang des Badhauses, der Stube im Vorderhaus des Klosters.

Die Äbtissin

Es war Samstag, und die Menschen im Kloster bereiteten das Osterfest vor. Die Küchenmägde klapperten mit dem Geschirr, das sie für die festliche Tafel am Sonntag blank rieben. Von allen Seiten hörte man das Scharren der Reisigbesen, mit denen die Laienschwestern in ihren braunen Arbeitskutten Hof und Gänge fegten. Aus der Badestube drangen Dampfwolken über den Innenhof. Orgeltöne dröhnten durch das Gebäude, Magdalena von Staupitz, die Chormeisterin, übte in der Kirche für den feierlichen Gottesdienst.

Käthe fasste nach der Hand von Muhme Anna. Beide dufteten sie nach der Seife, die zum warmen Bad gehörte. Sie hatte noch gestern das Osterbad genommen und frische Kleidung angelegt, ein ärmelloses weißes Obergewand und einen weißen Überhang. Ihr Herz klopfte wild und heftig. Wieder einmal hatte sie ihrer Muhme Margarethe, der Klosterherrin, Kummer bereitet. Tränen schossen ihr in die Augen. Die Äbtissin würde sie fortschicken. Darauf lief es hinaus. Ein Mädchen, das so viele Sünden beging wie sie, war ungeeignet, Nonne zu werden. Muhme Margarethe würde sie zurück zur Stiefmutter aufs Landgut schicken.

An diesem Ostersamstag des Jahres 1513 fröstelte es Käthe trotz des Sonnenscheins, als sie mit der Verwalterin die Treppe zur Wohnung der Äbtissin hochstieg. Als Herrin des Klosters durfte die Äbtissin sich anders als die übrigen Nonnen völlig frei bewegen und jederzeit in die Klausur des Klosters eintreten wie auch in die übrigen Gebäude. Ihre Wohnung lag zwischen dem für die Laien abgesperrten Gebäude und dem Vorderbau.

Das Haus war aus dem gleichen schmutzigroten Stein erbaut wie die anderen Bauten und hatte einen mit Heiligenfiguren geschmückten Eingang. Im Erdgeschoss befanden sich Lager- und Verwaltungsräume und eine eigene Küche für den Äbtissinnenhaushalt und das dazugehörige Gästehaus. Äbtissin Margarethe bewohnte die Räume im ersten Stock. Oben unter dem Dach waren die Kammern des Gesindes, zweier Jungen für die Botengänge und der „Maiden" für die persönliche Bedienung der Herrin.

Mit jeder Stufe, die Käthe der Klosterherrin näher kam, wurde ihr schwerer ums Herz. Margarethe von Haubitz war die älteste Schwester ihrer verstorbenen Mutter. Alle Klosterschülerinnen wussten, dass Käthe, wie Katharina von allen gerufen wurde, immer den dicksten Apfel bekam, wenn die Äbtissin Belohnungen verteilte. Aber wenn Käthe einen Fehler gemacht hatte, war der Ärger der Tante größer als bei jeder anderen ihrer Altersgenossinnen. Margarethe von Haubitz erwartete von keiner so viel wie von Käthe. Doch statt lateinische Gebete auswendig zu lernen, verbrachte die Nichte jeden freien Moment im Stall bei den Kühen und den Pferden. Und die Stallmeisterin unterstützte sie dabei. Schließlich war das Wohlergehen des Viehs wichtig für das Kloster. Vierzig Nonnen lebten hier, dazu kamen zehn Klosterschülerinnen. Diese fünfzig Bewohnerinnen entstammten ausnahmslos den Adelsfamilien der näheren Umgebung. Viele von ihnen waren Verwandte, Schwestern oder Cousinen oder Tante und Nichte. Mit der Äbtissin und Schwester Anna hatte Käthe zwei Schwestern ihrer Mutter in der Nähe. Hinzu kam noch die gütige Lene von Bora, die Siechenmeisterin des Klosters, die Schwester ihres Vaters. Jede auf ihre eigene Weise behielten die drei Frauen das Mädchen im Auge.

Zur Klostergemeinschaft gehörten noch die Laienschwestern, die für Gottes Lohn außerhalb der Klausur im Kloster arbeiteten, außerdem das Gesinde, ein Schweine- und ein Ziegenhirt, der Stallmeister und viele andere, ohne die das Kloster seinen Wirtschaftsbetrieb nicht hätte erhalten können. All diese fleißigen Hände bedeuteten hungrige Mäuler, die gefüllt werden wollten.

Es musste geschlachtet und gewaschen, gewebt und gewalkt werden. Zweimal am Tag wurden die Kühe von den Mägden gemolken. Auch eine Getreidemühle besaß das Kloster sowie ein Backhaus, ein Brauhaus und sogar eine Ziegelei mit Ziegelofen.

Über all dem stand Margarethe von Haubitz als Äbtissin, die die Nonnen sich im Jahr 1509 aus ihren Reihen erwählt hatten. Sie führte die Rechnungsbücher, stellte das Gesinde ein und entlohnte es. Unterstützt wurde sie von ihrer Stellvertreterin, der Priorin, und Muhme Anna, der Verwalterin mit den Schlüsseln für die Vorratskeller und Ställe.

„Muhme Anna“, sagte das Mädchen, als sie die Tür mit dem verzierten Steinbogen im ersten Stock erreicht hatten. „Sie wird uns hart bestrafen.“

„Das müssen wir ertragen. Ich habe ewigen Gehorsam gelobt, und du wirst es bald auch tun.“

„Muhme, kann es sein, dass Ihr Euer Gelöbnis bereut?“

„Kind“, sagte die Nonne. „Es hat seinen guten Grund, dass die Schwestern in der Klausur nicht miteinander sprechen dürfen.“

„Warum antwortet Ihr mir nicht?“

„Kind, es gibt Fragen, die man niemals stellen darf.“

„Ich weiß nicht, ob ich ertragen werde, den ganzen Tag über kein einziges Wort zu sprechen.“

„Bis zur Einsegnung nächstes Jahr ist noch reichlich Zeit. Und es sind nur die vorläufigen Gelübde. Mit den Novizinnen wird es nicht so streng genommen.“

Auf Muhme Annas Klopfen öffnete der Botenjunge Endres, ein dünner, sommersprossiger Bursche mit rotem Haar, und winkte ihnen, sie sollten um die Ecke in das Amtszimmer gehen.

Der große, helle Raum enthielt ein Bücherregal an der Wand, das sich unter dem Gewicht der Gebetbücher und einer in Leder gebunden handgeschriebenen Bibel bog. Ab und zu unterrichtete Margarethe von Haubitz selbst die Klosterschülerinnen hier im Lateinischen. Dazu gehörte es, dass die Mädchen aus einem der Bücher vorlasen und das Gelesene übersetzten. Die Wände waren bis in Hüfthöhe holzvertäfelt und darüber auf weißem Untergrund mit Szenen aus dem Leben des heiligen Benedikt bemalt. Gebrochenes Licht fiel durch die großen Fenster mit den bleigefassten Butzenscheiben. Auf einem Bord an der Wand lag die weiße Mitra, Zeichen ihrer Äbtissinnenwürde, die Margarethe von Haubitz in der Kirche aufsetzte.

Die Äbtissin erwartete sie schon. Den Hirtenstab in der rechten Hand stand sie vor ihrem großen Arbeitstisch und blickte ihrer Schwester und der Nichte Käthe ernst entgegen. Über dem Ärmelrock aus leichter weißer Wolle trug sie das schürzenartige schwarze Skapulier, das an Brust und Rücken bis auf den Boden reichte, und darüber einen weißen Überhang, der sie mit seinen langen weiten Ärmeln wie eine Glocke umgab. Ihre hohe Gestalt, größer als die der Schwester, und das trotz ihrer fast fünfzig Jahre faltenlose Gesicht beeindruckten Käthe immer wieder aufs Neue.

„Kniet nieder“, befahl die Äbtissin. „Ihr habt beide gesündigt.“

„Gelobt sei Jesus Christus“, murmelten Käthe und Muhme Anna, als sie sich auf die Knie fallen ließen.

„Demut und Gehorsam sind die Grundlage des Klosterlebens. So war es von Anfang an. So wird es bleiben bis zum Jüngsten Tag.“

„Gelobt sei Jesus Christus“, murmelten Käthe und die Muhme mit gesenkten Köpfen.

„Versteht, was Demut und Gehorsam bedeuten", erklärte Margarethe von Haubitz. „Es ist Demütigung und Unterordnung unter den höheren Willen. Aber durch diese Tugenden kommen die Nonnen auch dem Königreich Gottes näher als die Menschen draußen in der Welt."

Ja, überlegte Käthe, zweifellos beneideten viele Mädchen draußen in den Dörfern die Jungfrauen hier in Mariathron, die von morgens bis abends in der Kirche beteten, sangen und zwischendurch Lesen und Schreiben und sogar Latein lernten. Das Kloster mit seinem Reichtum wirkte von außen wie ein Schloss. Der Tisch der Schülerinnen war reich gedeckt, und das Brauhaus lieferte für alle genug vom täglichen Klostergetränk, dem Kofent. In der Fastenzeit brachte der Händler aus Torgau Fässer voll Salzhering und Stockfisch mit dem Wagen, Karpfen und Hechte schwammen im Teich vor der Klostermauer. Und in den Wäldern der Umgebung wimmelte es von Rehen und Wildschweinen, die im Herbst gejagt werden konnten, da das Kloster über das sonst nur Adeligen vorbehaltene Jagdrecht verfügte.

Die Jagdtreiber nahm die Äbtissin aus den umliegenden Dörfern und entlohnte die jungen Bauern dafür fürstlich: für ein Reh mit zwei Groschen, für ein Wildschwein mit drei oder vier, und für einen Hasen gab es immerhin noch einen. Dagegen war die Fronarbeit der Dörfler auf den Feldern kaum oder gar nicht bezahlt und dementsprechend unbeliebt. Die Menschen in den vom Kloster abhängigen Dörfern hungerten in manchen Jahren. Doch in der Räucherkammer von Mariathron hingen leckere Wildschweinwürste und fette Schinken. Selbst im Winter musste man sich um das tägliche Brot nicht sorgen. Was das Kloster mit seinen Gütern selbst nicht hergab, wurde auf den Märkten in Grimma und in Leipzig erworben. Erkrankte jemand, hatte die Siechenmeisterin immer die passende Medizin. Das helle Brot vom Backhaus schmeckte herrlich. Aus dem Obstgarten gab es gelbe Äpfel und dicke Birnen. Und nichts war schöner, als Altartücher und Messgewänder zu besticken. Es gab goldene und seidene Fäden in allen Farben für diese Arbeit und aufrechte Webstühle, auf denen feines Leinen gewirkt wurde. Auch das war die Aufgabe geschickter Nonnen und Klosterschülerinnen. Ja, sie war hier im Paradies, von Gott eingerichtet für die Jungfrauen, die ihm ihr Leben geweiht hatten. Sie musste sich hüten, dass sie nicht daraus vertrieben wurde. Käthe war jetzt erstarrt vor Angst. Ein trockenes Schluchzen stieg in ihr auf.

„Ihr lebt unmittelbar neben den heiligen Reliquien im Schutz der Heiligen und in der besonderen Fürsorge der Gottesmutter Maria."

„Gelobt sei Jesus Christus", antworteten die beiden Sünderinnen.

„Schwester Anna, du hast dich versündigt, indem du dieses Kind bei der Geburt der Kuh hast zusehen lassen."

„Es ist mir von Herzen leid. Ich bitte um Buße und Lossprechung", sagte die Stallmeisterin.

„Pater Maximin hat mir getreulich berichtet, wie es war." An dieser Stelle seufzte die Äbtissin kurz. Die beiden Beichtväter waren bei den Nonnen verhasst, und Margarethe von Haubitz stand auf der Seite ihres Konvents. Doch gegen die geistlichen Aufseher des Frauenklosters, die der Abt aus dem Männerkloster Porta nach Mariathron abgeordnet hatte, war auch sie machtlos.

„Darf ich morgen wieder in den Stall zu Schwarzlock? Ich muss sehen, wie es Je geht."

„Das viele Reden musst du dir abgewöhnen", erwiderte die Äbtissin, statt eine Antwort auf Käthes Frage zu geben. „Als Novizin wirst du den ganzen Tag schweigen. Im Schlafsaal, in der Kirche und im Speisesaal, sogar in der Küche."

„Aber jetzt ist mir das Sprechen noch erlaubt", rief Käthe.

Beide Klosterfrauen sahen sie ärgerlich an. „Zur Vorbereitung auf dein kommendes Leben musst du dich schon jetzt an das Schweigen gewöhnen. Das Postulantinnenjahr dient dem Einüben. Später als Novizin lebst du bereits in der Klausur", erklärte Muhme Margarethe in sanftem Ton.

Käthe begann zu weinen. Es war ihr peinlich, doch die Tränen flossen unaufhaltsam, und sie schüttelte sich vor Schluchzen. Was war das für ein Leben, in dem man sich nicht mehr mit den anderen unterhalten durfte?

Was ging nur in ihr vor? Sie verstand sich selbst nicht mehr. Ratlos über diese Käthe, der die Kraft fehlte, der Muhme zu gehorchen, schlug sie den Kopf auf die Bodenplatte. Sie hatte hier ein üppiges Leben. Jeden Tag genug zu essen. Saubere neue Kleidung in doppelter Ausfertigung. Die Kaminöfen wurden gut befeuert, keine Nonne musste frieren. Warum weinte sie eigentlich? Es gab nur die eine Gefahr, dass Muhme Margarethe sie in das heruntergekommene Landgut zurückschickte, das die Stiefmutter mit den drei Brüdern bewohnte. Erst seit sie in dem gut ausgestatteten, reinlichen Klosteranwesen lebte, wusste Käthe, wie schlecht es um die Familie von Bora nach dem Tod des Vaters stand. Ein Dach auf Lippendorf war eingestürzt, und nur mit Mühe konnte die Stiefmutter das Gesinde bezahlen. Wie ärgerlich würde sie werden, wenn Muhme Margarethe sie aus Mariathron zurückschickte. Eine Mitgift für eine Heirat war gar nicht möglich, zumal es noch die kleine Schwester Maria gab. Hans von Bora, der wie seine adligen Verwandten gleichen Namens das Wappen mit dem roten Löwen im goldenen Feld führte, hatte wenig Glück mit seinen Rittergütern gehabt, dem zu Lippendorf drei Meilen südlich von Leipzig und dem Sitz in Weißenfels an der Sale. Missernten und Schweinesterben hatten ihn gezwungen, Schulden zu machen. Käthes Tränen flossen unaufhaltsam. Sie umklammerte den Rosenkranz ihrer zu früh verstorbenen

Mutter, die ebenfalls Katharina geheißen hatte. Ja, sie wollte ihnen Ehre machen, diesen Eltern. Sie wollte eine fleißige, fromme Nonne werden und eines Tages vielleicht Äbtissin dieses Klosters, so wie ihre Muhme. Alle sollten stolz auf sie sein, die Stiefmutter, die Brüder, die Schwester. Auf Käthe von Bora, die jeden Tag für sie betete. Die ihnen eines Tages den Platz im Himmel sicherte. Das war ihre Aufgabe.

„Sie bereut", sagte Muhme Anna.

„Sie fürchtet sich vor dem Leben einer geweihten Nonne", sagte die Äbtissin.

Die Strafe

Zu den Aufgaben der Äbtissin gehörte es, die Beichte der Nonnen entgegenzunehmen, sofern es sich um kleinere, lässliche Sünden handelte. Für diese besaß sie das Recht der Absolution.

Die Klosterfrauen warteten, bis die Postulantin sich wieder gefasst hatte.

„Schickt mich bitte nicht fort, meine gnädige Frau", sagte Käthe schließlich und schluchzte ein letztes Mal auf. „Die Stiefmutter ist streng. Sie schlägt mich, wenn sie hört, dass Ihr mich nicht mehr im Kloster haben wollt."

„Du musst bereuen, mein Kind. Nur dann wird Gott deine Strafe anerkennen", sagte Margarethe von Haubitz.

Muhme Anna und Käthe knieten immer noch vor der Klosterherrin, die sich auf den Abtsstab stützte.

„Betet beide vor dem Altar der Gottesmutter zehn Ave Maria. Für Euch, Schwester Anna, möge es damit genug sein. Du, liebes Kind, sollst zusätzlich eine Woche schweigen wie eine geweihte Nonne. Damit es dir leichter fällt, werde ich auch deine Freundin Metze für eine Woche zum Schweigen verpflichten", entschied die Äbtissin.

„Gelobt sei Jesus Christus", sagte die Verwalterin, erhob sich und strich Gewand und Schleier gerade.

„Aber ich muss in den Stall, um nach Je zu sehen", schoss es aus Käthe heraus.

„Die Zeit des Schweigens zählt für dich ab jetzt für eine Woche. Bis zum nächsten Samstag sind dir nur Gebete und Gesang erlaubt." Die Äbtissin sprach leise und eindringlich.

„Es gibt noch eine andere Strafe für dich. Nein, es ist gar keine Strafe, es sind besondere Aufgaben."

Muhme Anna räusperte sich warnend. Schweren Herzens verstand Käthe, dass sie sich fügen musste.

„Gelobt sei Jesus Christus", sagte sie leise. Immerhin hatte Muhme Margarethe ihr nicht verboten, den Stall zu betreten. „Und die andere Strafe, Muhme Margarethe?", fragte Käthe. „Die besondere Aufgabe?"

„Du holst in der nächsten Woche die Rüben aus dem Keller für die Küche", sagte die Äbtissin und sah ihre Nichte dabei nicht an. „Und außerdem gehst du Muhme Lene im Infirmarium zur Hand bei den Kranken. Du hilfst, sie zu waschen, gibst ihnen Medizin, fütterst sie mit dem Löffel. Muhme Lene wird dir Anweisungen geben."

Käthes Augen füllten sich mit Tränen.

„Ja, Muhme. Gelobt sei Jesus Christus."

„In Ewigkeit. Amen", verabschiedete sich auch Margarethe von Haubitz. „Bleib noch ein paar Augenblicke hier", sagte sie zu Käthe. „Ich will dir etwas mitgeben."

Die Stallmeisterin verneigte sich und ging.

„Noch ein ernstes Wort an dich, mein Kind", sagte die Muhme, nachdem die Kellermeisterin den Raum verlassen hatte. Sie deutete auf den Schemel vor ihrem Abtstisch, und Käthe setzte sich, unsicher, was nun noch auf sie zu käme.

„Als ich in mein Amt erwählt wurde, war mein Auftrag, dieses Kloster zu einem besseren zu machen", begann die Äbtissin. „Das Gebäude war zerfallen, die Mauern hatten Breschen, das Dach war undicht. Die Klosterfrauen hielten sich nicht mehr an die Regeln. Sie verließen die Klausur, wann sie wollten, ließen sich Geschenke von ihren Verwandten bringen, hielten die Fastenzeiten nicht ein und schnatterten den ganzen Tag miteinander."

Käthe hatte von diesen Zuständen früherer Zeiten gehört. Die Nonnen hatten sich sogar geschlagen und Männer getroffen, so wurde getuschelt. Und das Kloster war nicht etwa die Ausnahme, in anderen Klöstern ging es noch schlimmer zu. Die Zeiten waren wild und sittenlos. Überall erzählte man sich, dass auch die Päpste in den damaligen Zeiten nicht die Regeln für den geistlichen Stand einhielten: Papst Julius und Papst Alexander hatten sogar Frauen und Kinder gehabt. Bis nach Nimbschen war die Kunde davon gedrungen. Aber immer wieder erhoben sich Stimmen gegen den Sittenverfall. Die Nonnen des Konvents hatten eine frühere Äbtissin abgewählt und bestraft. Was genau sie getan hatte, wusste Katharina nicht, doch es mussten sehr böse Dinge gewesen sein. Aber ganz verdammt wurde sie nicht: Nach Beichte und Buße hatte die frühere Äbtissin noch viele Jahre im Kloster zugebracht.

„Schulden hatten sich aufgetürmt, und der Abt von Porta wollte das Kloster schließen. Es war ein langer Weg bis in die heutige Zeit, in der es endlich aufwärtsgeht. Meine Klosterfrauen leben in geordneten Verhältnissen und sittenrein, ohne Lug und Trug, in Eintracht miteinander und in Frieden mit den Aufsehern aus Kloster Porta."

Käthe schluckte.

„Das Kloster ist auf jede Einzelne angewiesen. Auch auf dein tägliches Gebet, dein Schweigen und deinen Gehorsam kommt es an. Mit deinen guten Werken erhältst du unsere Gemeinschaft." Die Äbtissin ergriff Käthes Hand und führte sie vor das Bücherbord. Dort nahm sie ein kleines, in Leder gebundenes Buch und reichte es ihrer Nichte.

„Was ist das?", fragte Käthe.

„Nimm es mit dir und lies darin."

„Alles an einem Tag?"

„Nein, jeden Tag nur eine Seite. Dann erfährst du einiges über das Leben der heiligen Katharina von Siena." Besonders die einwöchige Schweigezeit eigne sich zum Lesen, fügte sie hinzu. Der Weg im Kloster führe nach innen. Dazu gehöre die Lektüre von Schriften, von denen es in der Bibliothek genug gebe. Durch eifriges Lesen werde sie im Laufe der Zeit sowohl ihrer eigenen Seele näherkommen als auch Jesus Christus. „Nimm und lies", diese Worte solle sie sich für die Zukunft merken und den Satz des Johannesevangeliums „Am Anfang war das Wort".

„Mit Büchern kann man Zwiesprache halten, Käthe."

Katharina von Siena war die andere Katharina, die gelehrte Klosterfrau. „Sie hat Briefe und Bücher geschrieben", erklärte Margarethe von Haubitz. „Eine Auswahl davon ist in diesem Band gedruckt." Die Äbtissin drückte Käthe an sich und küsste sie. „Bete, schweige und arbeite. Halte dich an die Klosterregel. Nur dieser Weg führt in den Himmel", schloss sie. Und untrennbar zum Gebet gehörte das Lesen von Büchern, so hatte es Käthe verstanden.

Zeichen und Wunder

Muhme Margarethe hatte Käthe ein kostbares Buch anvertraut, sie andererseits aber auch auf eine Woche Schweigen verpflichtet. Käthe musste noch einmal kurz aufschluchzen, als sie die Eichentür öffnete. Der Schlafsaal im ersten Stock des Vordergebäudes für die zehn Kostkinder des Klosters war klein. Zwei rundbogige Fenster ließen ausreichend Licht durch die gelblichen Butzenscheiben. Der Raum war durch eine Mauer von dem der Laienschwestern abgetrennt. Im Gegensatz zu der kargen Ausstattung in den Zellen der geweihten Nonnen innerhalb der Klausur waren die Betten der Mädchen mit Federbetten und Kopfkissen über dem Strohsack versehen – ein großer Luxus. Selbst im Winter wurde es niemals ganz kalt, weil sich im Erdgeschoss darunter die Küche für das Essen der Laien und des Gesindes ausbreitete. Die Wand, hinter der der Kamin verlief, strahlte angenehme Wärme aus. Hier hielten sich die Mädchen in den Wintermonaten am liebsten auf. Schon jetzt wurde das Ostermahl vorbereitet, das Gebäude war erfüllt vom Klappern des Geschirrs und der Kochtöpfe. Im Refektorium waren die Mädchen damit beschäftigt, den Tisch festlich zu decken. Danach sollten sie die Kirche für die Osternacht säubern und schmücken und die Tücher abhängen, mit denen in der Fastenzeit die Heiligenbilder verhüllt gewesen waren.

Käthe hatte in der Marienkapelle mit Muhme Anna vor der Gottesmutter die zehn Ave Maria ihrer Buße gebetet und wäre jetzt gerne für ein paar Momente allein gewesen. Aber Einsamkeit war im Kloster ein Ding der Unmöglichkeit. Metze saß an diesem Samstagabend auf dem Strohsack ihres Bettes und kämmte ihr langes rotes Haar. Metze, mit vollständigem Namen Mechthild von Miltitz, war schon fünfzehn und Käthes Freundin. Auch Metzes Eltern waren beide gestorben, das verband sie mit Käthe. Allerdings hatte Metze eine freundliche Stiefmutter, die manchmal sogar mit einem von Metzes zahlreichen Geschwistern im Kloster vorbeikam. Käthes Stiefmutter war dagegen mit der Erziehung der drei von-Bora-Jungen, viel zu beschäftigt um sich noch um die Stieftochter zu kümmern. Metze war wohl gerade von einem Besuch bei ihrer Familie zurückgekehrt. Vermutlich hatte ihr der rothaarige Endres im Auftrag der Äbtissin an der Pforte ausgerichtet, dass sie eine Woche schweigen musste.

Einen Augenblick überlegte Käthe, ob sie nicht doch noch in die Kirche zu den anderen Mädchen gehen sollte, um mit ihnen die Heiligenaltäre für die Osternacht zu schmücken und die Kerzenständer zu putzen. Doch dann schloss sie die Tür hinter sich und trat fasziniert näher. Metze hatte tatsächlich einen Spiegel in der Hand und betrachtete ihr Gesicht darin. Spiegel zu benutzen, war im Kloster strengstens verboten. Metze warf den Kopf zurück, schüttelte ihre roten Locken und kämmte sie erneut mit einer Inbrunst, als bete sie um die Errettung vor der Pest.

Unfassbar, dass ihre Freundin gewagt hatte, einen richtigen Spiegel in den Schlafsaal zu schmuggeln. Käthe wurde es heiß vor Aufregung. Sie schlich leise an die Freundin heran und legte die Arme um sie zur Begrüßung. Reden durfte sie ja nicht. Sich gegenseitig zu berühren, war ebenfalls allen Mädchen verboten, aber schließlich sah sie hier niemand außer Gott Vater. Und der, da hatte Käthe ein ganz sicheres Gefühl, war nicht so streng wie die Priorin und die Äbtissin.

Metze kicherte vor Vergnügen, als sie Käthe erkannte, und zog sie neben sich aufs Bett. Käthe deutete mit der Hand auf sich und dann auf den Spiegel. Metze überließ ihn ihr, und Käthe wog ihn behutsam in den Händen. Er hatte einen Griff aus ziseliertem Silber, zweifellos stammte er aus dem Besitz einer Heiligen oder einer Königin, so schön war er. Sie hob ihn hoch und starrte dem Mädchen entgegen, das sie aus der schimmernden runden Fläche anblickte. Das Gesicht gefiel ihr: blaue Augen, gerötete Wangen und ein kleiner Mund. War das wirklich sie, Katharina? Gewiss, Metze mit den grünen Augen und dem roten Lockenhaar war eine Schönheit. Aber sie, Katharina von Bora, war es nicht minder. Sie lächelte vor Freude über ihr eigenes Gesicht.

Metze überließ ihr den Spiegel eine Weile, dann nahm sie ihn wieder an sich und versteckte ihn unter der wollenen Bettdecke. Bedeutungsvoll legte sie den Zeigefinger auf den Mund, und Käthe tat es ihr nach. Natürlich musste das Geheimnis gewahrt werden. Keines der anderen Mädchen durfte erfahren, dass Metze ein solches Blendwerk des Satans in den Schlafsaal geschmuggelt hatte.

Aber das war es nicht allein. Metze begann mit den Händen Zeichen zu geben, die Käthe nicht gleich verstand. Ein Geschenk war der Spiegel?

Von deinem Vater?, fragte Käthe in Zeichensprache.

Wieder bewegte Metze die Hände eindringlich und legte die rechte mit einem Lächeln auf ihr Herz.

Also nicht von ihrem Vater. Von deinem Bruder?

Nicht von ihrem Bruder. Nicht von ihrer Mutter. Metze legte erneut die rechte Hand aufs Herz und lächelte beglückt. „Aus Italien", flüsterte sie dann.

Käthe schüttelte den Kopf, entschlossen, ihre Schweigestrafe für diese Woche einzuhalten.

„Ein Ritter", flüsterte Metze, die das Schweigen nicht mehr aushielt. „Er hatte keinen Ring, den er mir geben konnte. Deshalb hat er mir den Spiegel geschenkt."

Entsetzlich. Käthe schloss die Augen vor Schrecken und legte den Finger auf den Mund. Nonne, zeigte sie dann mit den Händen und wies auf die Freundin. Ewig. Die Braut von Jesus, Braut Jesu. Ein paar der Zeichen im Kloster konnte sie. Von einem Ritter? Das konnte nicht sein. Von einem fremden Mann? Ach, warum verstand sie die Zeichen nicht richtig, es war zu dumm.

Metze wies auf sich, legte wieder die rechte Hand auf ihr Herz und zeichnete dann mit dem Finger eine Krone auf ihrem Haar. Und dann den Ritter und das Pferd. Und dazu lächelte sie.

Käthe traten Tränen in die Augen. Wie war das möglich? Metze war drauf und dran, das Kloster, die Äbtissin und Jesus zu verraten. Oder war es doch noch kein Verrat? Sie war noch frei, das Kloster zu verlassen, noch hatte sie die vorläufigen Gelübde einer Novizin nicht abgelegt, noch war sie Kostkind.

„Er wird kommen", flüsterte Metze im Überschwang ihrer Gefühle.

Käthe kannte kein passendes Zeichen für das, was sie fragen wollte. Sie schaute ihre Freundin nur an. Dann deutete sie zur Tür des Schlafsaals. Metze nickte und zeigte mit den Fingern ein Pferd.

Davonreiten würde sie also mit dem fremden Ritter, der ihr den Spiegel zum Zeichen seiner Zuneigung gegeben hatte.

Metze griff in den Lederbeutel, den sie immer am Gürtel mit sich trug, und kramte etwas hervor. Es war ein Stück Silber. Eine halbierte Münze. Käthe erkannte das halbierte Profil des Kurfürsten Friedrich. Auch das war also geschehen. Metze und der Fremde hatten eine Münze miteinander geteilt. Somit eine richtige Verlobung?

Nein, das nicht. Metze schüttelte heftig den Kopf. Ihre Mutter war ahnungslos. Wieder legte sie den Finger auf den Mund.

Kein Mensch auf Erden wusste etwas von ihr und dem Ritter. Nur sie, der junge Mann – und Käthe.

Sein Name?

Metzes Antwort kam in Form von gezeichneten Buchstaben. Geschickt legte sie die Finger aneinander oder knickte sie ab, und langsam entstand der Vorname.

W - E - R - N - E - R.

Jetzt kannte Käthe die ganze Geschichte, die Metze bei ihrem Besuch auf der Burg ihrer Familie erlebt hatte.

Metze legte beschwörend den Finger auf die Lippen, und Käthe nickte. Sie würde die Freundin nicht verraten. Obwohl dies schon wieder eine Sünde war im Hinblick auf den Gehorsam zur Äbtissin und die Regeln des Klosters.

Es war nicht leicht, auf dem richtigen Weg zu bleiben. Es war unmöglich, der Sünde auszuweichen.

Die Siechenmeisterin

Zum Osterfest nahmen alle Klosterbewohnerinnen ihre neuen Schuhe entgegen. Wie in jedem Jahr hatten sie die alten an einem der Tage zuvor an die Armen verschenkt, die sich zu diesem Anlass im Vorderteil des Klosters eingefunden hatten. Für die Woche nach dem Osterfest war Käthes Leben noch strenger geregelt, als es ohnehin schon war. Abend für Abend sollte sie in das Kellergewölbe hinabsteigen, um Rüben für die Küche zu holen, eine unbeliebte Aufgabe, die die Kostkinder normalerweise zu zweit erledigen mussten. Der Keller war dunkel und roch muffig. Die Mägde erzählten, es gebe dort unten Gespenster von Nonnen, die vor langer Zeit in ihren Gefängniszellen verhungert waren. Arme Seelen, die ruhelos durch die Kellergewölbe irrten.

An diesem Samstagabend brachen die übrigen Kostkinder in Jubelgeschrei aus, als Metze und Käthe ihnen in Zeichensprache von Käthes Auftrag berichtet hatten. Vor allem die jüngste, Grete von Schönfeld, war erleichtert zu hören, dass sie nun nicht mehr mit in den Keller musste. Und ihre ältere Schwester Ave versuchte Käthe zu trösten: „Es ist uns doch noch nie ein Gespenst erschienen, wenn wir zusammen im Keller waren."

Käthe schlug ein Kreuz, als sie mit dem Eimer in der Hand hinabstieg. Dann dachte sie an die armen Verhungerten, die für ihre Sünden so hart bestraft worden waren. Was mochten das für Vergehen gewesen sein? Hatten die Nonnen sich wie Metze mit jungen Rittern heimlich verabredet? Käthe blieb am Fuß der Treppe stehen und betete laut ein Ave Maria: „*Ave*

Maria, gratia plena, benedicta tu in mulieribus ..." Sie kam ins Stocken. Die unglücklichen Nonnen. In ihren dünnen Kutten waren sie in Holzverschläge eingesperrt worden. Irgendwann hatte man sie vergessen, so musste es gewesen sein. Sie waren verhungert oder erfroren. Tagelang hatten sie gebetet und geweint und um Erbarmen gefleht. Doch niemand hatte sie erlöst. Sie sah um sich. Lichtreflexe aus den winzigen Wandöffnungen in den Mauern tanzten über den Flur. Rinder muhten von weit her. Muhme Margarethe würde niemals eingesperrte Nonnen vergessen und ihnen nichts zu essen zukommen lassen. Gut, dass Margarethe von Haubitz jetzt Äbtissin von Mariathron war. Käthe ging langsam weiter zum Verschlag mit den Rüben. Da, das waren sie. Zwei weiße Lichter huschten vor ihr hinweg. Sie umklammerte den Griff des Eimers. Zitternd am ganzen Körper wartete sie ab.

„Ich bete für euch", sagte sie laut. „Auch Ave, Gretchen und Metze werden für euch beten."

Völlige Stille. Käthe hatte jetzt den Verschlag erreicht. Langsam holte sie die Rüben hervor und warf sie in den Eimer.

„Und eine Kerze werden wir für euch aufstellen und brennen lassen, damit ihr erlöst werdet." Auch das sprach sie laut und deutlich in den Gang hinein.

„Ihr seid nicht mehr verlassen. Ihr habt jetzt uns." Ein Gefühl von Stärke überkam Käthe in diesem Moment. Ja, es gab die Gespenster. Aber das, was sie von den Lebenden erhofften, konnte sie verstehen. Sie brauchten Hilfe. Sie, Käthe, würde sie ihnen bringen.

Bei Beginn des ersten Morgengrauens läutete die Glocke zu den Laudes. Schlaftrunken erhoben sich die Mädchen, und Metze blies das Talglicht aus, das die ganze Nacht im Raum gebrannt hatte. Alle hatten sie in ihren Kleidern geschlafen, so dass sie sich jetzt nur Strümpfe und Schuhe überstreiften. Zu müde, um zu sprechen, gingen die Kostkinder hintereinander über den Gang zur Kirche. Jede tauchte den Finger in das Weihwasserbecken in der Wand und bekreuzigte sich, ehe sie nebeneinander ihre Plätze vor der Abtrennung in der Kirche einnahmen. Vor den Heiligenaltären brannten die Wachskerzen und verbreiteten süßlichen Honigduft.

Pater Maximin zelebrierte die Morgenmesse. Die Äbtissin, die im Chorraum bei den geweihten Nonnen stand, las den Psalm 119: „Ich lobe dich des Tags siebenmal und mitten in der Nacht stehe ich auf, dir zu danken." Das Singen machte die Mädchen wach. Sie lächelten einander zu. Nach den letzten Liedtönen der Morgenmesse schlüpfte Käthe durch die kleine Tür am Trenngitter vor dem Chor hinein in die Klausur, wo Muhme Lene, die Siechenmeisterin, sie erwartete. Auf einem runden Holztisch stand die Pitanz für Käthe, die Sonderzuteilung der Küchenmeisterin, ein Becher kuhwarmer Milch und ein Brocken Brot. Käthe nahm beides schnell zu sich. Sogar etwas Honig war auf dem Brot. Schweigend gingen sie hinüber zum Krankenraum, der in der Mitte durch eine dünne Trennwand aus Holz geteilt war. Im kleineren Teil lagen die kranken Nonnen, die uralte Schwester Ursula und die jüngere Nonne Walburga, die an schwerem Husten litt und immer schwächer wurde. Im größeren Infirmarium für die nicht Geweihten lagen auf ihren Liegen zwei alte Bettelweiber, die sich vor Einbruch des Winters mit letzter Kraft an die Klosterpforte geschleppt hatten. Beide fieberten sie und kamen nicht mehr zu Kräften. Ein erkranktes Bauernkind saß aufgerichtet in einem kleinen Bett. Die Dienstmagd auf dem Schemel neben ihm flößte dem Mädchen aus einem Krug warme Milch ein.

Muhme Lene zeigte auf die Wäschetruhe neben der Eingangstür und erklärte Käthe, sie solle frische Laken holen, die alten von den Betten nehmen und in einen Korb werfen, mit der Magd zusammen die Kranken waschen und die Betten mit sauberen Leinentüchern bedecken. „Im Schmutz wird man nicht gesund", erklärte die Muhme. Vorher solle Käthe die Strohsäcke hinaustragen und draußen an der Luft ausschütteln. Während die Betten neu gerichtet wurden, wurde den Kranken auf einen Stuhl geholfen und eine warme wollene Decke über sie gebreitet, damit sie sich nicht verkühlten.

„Eigentlich", sagte Käthe, „müsste der Mensch den Kranken doch gar keine Arzneien und Kräuter verabreichen, wenn es Gott ist, der sie heilt. Gebete wären dann das einzige Mittel zur Heilung."

Muhme Lene selbst kniete nieder und wusch der kränkeren der beiden Bettlerinnen die Füße und schmierte sie anschließend mit einer heilkräftigen Salbe ein. „Gott hilft dir dann, wenn du vorher alles getan hast, was du tun konntest. Er zeigt dir die Hilfsmittel, die er für uns alle auf der Erde bereitgestellt hat: Kräuter, Heilwasser und Geräte."

Neugierig blieb Käthe stehen „Was ist das für eine Salbe? Sie riecht gut."

„Gemahlene Arnika in Rindertalg und Bienenwachs, mit Honig vermischt", erklärte die Muhme. „Damit heilt man wunde Füße. Jetzt kümmere du dich um die Füße der Bärbel."

Bärbel, die andere Bettelfrau, war klein und mager und durch einen Buckel verunziert. Sie strömte einen unangenehmen Geruch aus, ihre Beine waren geschwollen und von dicken blauen Adern durchzogen. Die Füße selbst waren verkrümmt und schrundig. Zögernd kniete Käthe neben dem Waschzuber nieder und begann die Füße der Alten mit dem Schwamm zu säubern.

„Du musst sie gut abtrocknen, bevor du sie einfettest", mahnte Muhme Lene.

Bärbel streckte sich wohlig in ihrem Lehnsessel, während Käthe ihr die Füße trocken rieb.

„Sind sie warm?", fragte Muhme Lene. Sie waren eiskalt und bläulich.

„Reib sie so lange ein und knete sie, bis sie warm sind", befahl die Muhme. „Klopf die Fußsohlen."

Tatsächlich kehrte die Wärme wieder in die Füße der Alten zurück, während Käthe sie knetete und klopfte. „Das tut gut", ließ sich die Bettlerin vernehmen. „Ihr habt feine Finger, Jungfer. Ihr macht es besser als Schwester Lene. Bald werde ich wieder laufen wie eine Junge."

„Und jetzt leerst du die Nachtgeschirre." Muhme Lene wendete sich zum Gehen. „Vergiss nicht, sie danach unter dem Wasser im Necessarium sauber zu schrubben."

Käthe wandte sich dem Nachttopf zu, doch Bärbel griff nach ihrer Hand und blickte lange in die Fläche. Dann wog sie den Kopf hin und her, als müsse sie über das Gesehene erst nachdenken. „Ein Glückskind seid Ihr, Jungfer", sagte sie schließlich. „Werdet einmal Kaiserin sein und Klosterherrin."

„Schweig", fuhr Muhme Lene die Bettelfrau an. „Mach Käthe nicht hoffärtig, was immer du erblickt hast."

„Dem, was Gott in ihre Hand geschrieben hat, kann sie nicht entkommen", sagte Bärbel. „Die Jungfer hat ein Herz aus Gold."

„Ja, das hat sie", sagte Muhme Lene und lächelte versöhnlich.

Käthe war bekannt, dass Gott die Linien der menschlichen Hand mit Bedacht gesetzt hatte, so wie auch die Gestirne von ihm in den Himmel eingefügt waren, und dass die Welt angefüllt war mit Zeichen und Hinweisen Gottes, die der Mensch nicht immer zu deuten wusste.

Sie ergriff die beiden Nachttöpfe und trug sie vorsichtig, damit die übelriechende Brühe nicht überschwappte, zum

Necessarium. Sie wollte nicht stolz sein und schon gar nicht hoffärtig. Bald würde sie Jesus zum Gemahl nehmen, und vielleicht würde sie einmal Äbtissin werden. Aber Kaiserin und Klosterherrin ... Die Worte gingen ihr nicht mehr aus dem Kopf.

Karfunkel

Käthe war von Muhme Lene beauftragt worden, die kränkliche Witwe Grete am Arm durch das Kloster zu führen, damit sie das Gehen nicht ganz verlernte. Käthe spazierte mit der alten Frau an ihre Lieblingsplätze. Je jagte gerade ein anderes Kalb durch den Kälberstand. Als er Käthe sah, ließ er von seinem Spielgefährten ab und kam an den Bretterzaun, um den Apfel aus Käthes Hand zu fressen, den sie ihm mitgebracht hatte.

Sie legte die Arme um seinen Hals und küsste ihn zwischen die Ohren.

„Kleiner Jesus", murmelte sie, „gut, dass du wieder gesund geworden bist. Sie wollten dich schlachten und dein Fell auf dem Markt verkaufen."

Es war warm geworden. Krokusse und Blausternchen blühten in den Klostergärten und vor der Kirche. In den nächsten Tagen sollte das Rindvieh auf die Wiese vor dem Kloster getrieben werden. Bruder Thalheim im Torhaus war eingeschlafen, und Käthe hütete sich, ihn aufzuwecken.

Muhme Anna hatte ihrer Nichte versprochen, dass sie auch einmal auf einem Pferd reiten durfte, wenn die Äbtissin demnächst mit dem Wagen nach Torgau abreisen würde, um die Zinsen dort persönlich entgegenzunehmen. Daran dachte Käthe, als sie mit der Witwe den Weg zur Pferdewiese einschlug, wo ihr Rappe Karfunkel stand und Wasser aus dem langen Steintrog soff.

„Ach", seufzte die alte Grete. „Immer wenn ich Pferde sehe, muss ich weinen. Dann denke ich daran, wie ich mit meinem seligen Gemahl im Wagen stolz daher gefahren bin. Seit er tot ist, ist es damit vorbei."

Eigentlich gehörte der Wallach nicht Käthe, sondern dem Kloster. Ihr Vater hatte ihn als ihre Klostermitgift damals vor vier Jahren mitgebracht. Karfunkel war noch ein Füllen gewesen und neben dem Kalb Schwarzlock mit zum Kloster getrabt. Käthe erinnerte sich noch genau.

Muhme Margarethe hatte die Nichte in den Arm genommen und schweigend eine Weile gehalten. Ein Stallknecht führte Kalb und Füllen fort, und Käthe hatte weinen müssen, weil sie fürchtete, die beiden nie wiederzusehen.

„Mach dir keine Sorgen, mein Kind", tröstete die Äbtissin sie. Merkwürdigerweise verstand sie Käthes Angst sofort. „Sie haben es gut im Kloster. Du kannst sie im Stall besuchen, so oft du möchtest."

Alles, was sie hier sah, war groß und prächtig. Das Kloster war ein herrschaftliches Schloss. Über tausend Schafe gehörten ihm, hatte Hans von Bora seiner Tochter auf dem Weg erzählt. An die hundert Stück Rindvieh, Getreidefelder, Obstgärten und zinspflichtige Dörfer.

Und als wollte Margarethe von Haubitz ihrem Schwager noch einmal beweisen, wie gut es seiner Tochter in Mariathron gehen werde, bat sie die beiden in ihre Wohnung an den festlich gedeckten Tisch, wo es Kofent zu trinken gab, und helles Brot und Quittenmus dazu bereitstand. Mit einem Lächeln hielt die Klosterherrin ihren Gästen ein silbernes Schälchen mit weißen Krümeln hin.

Hans von Bora kostete behutsam und sein Gesicht verzückte sich. „Was ist das für ein Wundergewürz?"

„Alexandrinischer Zucker", sagte die Äbtissin mit schelmischem Lächeln.

„Heilige Maria", rief Hans von Bora und bekreuzigte sich.

„Ich habe ihn noch von der Bewirtung des Abts Balthasar

übrig“, erklärte seine Schwägerin. „Probiert davon!“

„Wo bekommt man ihn? In Grimma bestimmt nicht.“ Hans von Bora hatte mit einem Löffelchen nochmals eine winzige Menge genommen und leckte sich die Lippen.

„Der Verwalter kauft ihn einmal im Jahr auf dem Neujahrsmarkt in Leipzig.“

„Wenn es nur einmal ist, dann ist es wohl keine Sünde“, sagte Hans von Bora.

„Ich habe noch ein Löffelchen davon übrig. Das bekommen meine Konventsnonnen auf den Kuchen gestreut, wenn wir an Kirchweih unsere Kurzweil in der Klausur haben.“ Die Äbtissin lächelte genüsslich.

„Da werdet Ihr wieder das Hackbrett zupfen und es wird getanzt?“ Hans von Bora wendete sich an Käthe. „Hör gut hin, Kind. Auch die Nonnen dürfen manchmal tanzen. Du wirst es gut hier haben.“

„Schwarzlock und Karfunkel sind ja auch hier“, fügte Käthe hinzu.

An dieses Gespräch in der Wohnung der Äbtissin und den alexandrinischen Zucker dachte Käthe oft zurück.

Die Witwe lehnte sich an Käthe und schluchzte leise vor sich hin, doch Käthe konnte sich noch nicht von Karfunkel losreißen. Als sie leise nach dem Rappen rief, kam er sofort an den Zaun gelaufen und streckte ihr den Kopf entgegen. Zwischen Augen und Ohren hatte er einen weißen Fleck, der wie ein Stern aussah, weswegen er den Namen Karfunkel erhalten hatte. Er gehörte zu den vier Pferden für den Wagen, mit dem Margarethe von Haubitz durch das Land fuhr, wenn sie die Zinsen einholte oder ans Hoflager des Kurfürsten. Es gab noch mehr solche Rösser, schon deshalb, weil das Kloster seine Wagen dem Kurfürsten zur Verfügung stellte, wenn er etwas zu transportieren hatte oder wenn er in den Krieg zog.

Karfunkels rosige Nüstern schnupperten über das Gesicht seiner Freundin und dann über die welken Hände der Witwe.

„Jungfer, Ihr versteht noch nicht, wie es ist, eine Wittfrau zu sein. Das Erbrecht Sachsens lässt ihr nichts als einen Stuhl und ihren Rocken. Die Kinder bekommen die Hinterlassenschaft des Mannes, und fortan darbt sie und kümmert armselig vor sich hin."

So jammerte Grete jeden Tag von morgens bis abends vor sich hin. Kein Wunder, dass Muhme Lene sie mit Käthe aus der Siechenstube zum Spaziergang fortgeschickt hatte, in der Hoffnung, die unglückliche Alte käme auf freundlichere Gedanken.

Scharfenberg

Das Wiegen des Wagens wirkte einschläfernd, immer wieder fielen Käthe die Augen zu. Jetzt war es nicht mehr weit bis zu der Burg, auf der die Hochzeitsfeier von Hans von der Sahl, Käthes Vetter, mit Metzes Schwester Anna stattfinden würde. Die Straße war besser als am Tag davor, und das Viergespann beschleunigte seinen Trab. Pater Maximin saß im hinteren Teil des Wagens, hatte die Kapuze über den Kopf gezogen und schnarchte unerschütterlich.

Es gab nichts Aufregenderes, als bei einem Hochzeitsfest mitzufeiern. Käthe atmete schneller. Noch war es möglich, ein solches Fest zu besuchen. Sobald sie die Gelübde für das Novizenjahr abgelegt hatte, durfte sie die Klausur nicht mehr verlassen. Erst ältere erprobte Nonnen durften wieder für bestimmte Aufgaben im Auftrag der Äbtissin hinausgehen, so wie Muhme Anna und Muhme Lene.

Fieberhaft überlegte Käthe, ob die Äbtissin ihr und Metze gestatten würde zu tanzen. Auf Hochzeiten gab es Spielleute mit Trommeln und Flöten. Sie erinnerte sich noch an das Fest, als ihr Vater die neue Frau geheiratet hatte. Es war der Höhepunkt vom Leben des kleinen Mädchens gewesen: Eierkuchen ohne Ende, gelber Brei, Gesang, Musik, Gäste von weit her mit Geschenken auch für die Fünfjährige. Metze hatte vor ein paar Tagen erklärt, wenn zwei Mädchen miteinander tanzten, sei es zulässig. Allerdings würde sie sich viel lieber mit Junker Werner zur Musik bewegen. Metze war ganz sicher, dass sie den Junker auf dem Fest treffen würde. Für ein paar Augenblicke träumte Käthe von Musik und Trommelwirbel, tanzenden Frauen in rauschenden

Kleidern und wiehernden Pferden. Fast hatte sie es vergessen, das Leben außerhalb des Klosters war wild und schön ...

Ab und zu überholten sie einen Ochsenkarren oder den langsameren Wagen eines Fuhrmanns. Reisige Landsknechte mit geschulterten Lanzen waren am Straßenrand unterwegs, und als Käthe zu ihnen hinsah, warf einer ihr eine Kusshand zu. Sie wurde rot und hoffte, dass die Äbtissin es nicht gesehen hatte.

„Am Abend sind wir da", verkündete Metze.

„Ich stelle es mir sehr schön vor, einen Ritter zu heiraten, dem eine Burg gehört", murmelte Käthe. „Deine Schwester Anna ist dann wie eine Äbtissin. Sie bestimmt, was gekocht und wo ein Apfelbaum gepflanzt wird."

„Kinder", Margarethe von Haubitz sah erst Käthe, dann Metze an, „euch ist der edelste Bräutigam vergönnt, den es gibt, Jesus."

Die beiden schwiegen und senkten die Köpfe.

„Jesus wird immer sanft und freundlich zu euch sind. Er bringt euch mehr Glück als irgendein Ritter. Niemals wird er euch beschimpfen. Und ihr lauft nicht Gefahr, im Kindbett zu sterben wie so viele Frauen."

„Jesus ist so weit weg", seufzte Metze.

„Deswegen gehört es zu den Regeln, dass die Nonnen in der Klausur schweigen. In der Versenkung und im Gebet erreicht ihr, dass er zu euch kommt."

„Aber selbst dann ist er kein richtiger Mann", sagte Metze.

„Du sprichst wie ein dummes Kind. Jesus ist viel mehr als ein weltlicher Bräutigam."

„Aber er ist nicht lebendig", sagte Metze.

„Jesus ist lebendiger als jeder irdische Bräutigam", erwiderte die Äbtissin. „Er hält euch auf ewig die Treue."

„Muhme Margarethe", begann Käthe nach einer Weile, in der weder sie noch Metze etwas zu sagen gewagt hatten. „Warum kann man als Nonne nicht den Papst heiraten?"

„Was für ein Unsinn!“, rief Margarethe von Haubitz. „Das kommt davon, dass ich euch das Sprechen erlaubt habe. Bis Scharfenstein will ich nichts mehr hören von euch beiden. Kein einziges Wort!“

„Aber den Papst würde ich heiraten!“, platzte Käthe heraus.

Die Äbtissin hob die Hand, und Käthe duckte sich. Doch die Muhme schlug nicht zu. Sie seufzte nur. Metze kicherte und konnte sich kaum beruhigen. Auch dazu schwieg Margarethe von Haubitz. Die Mädchen griffen nach ihren Stickrahmen und vertieften sich wieder in ihre Heiligenstickerei. Käthe fertigte eine heilige Anna mit Töchterchen Maria und dem Jesuskind auf dem Arm an, eine richtige Anna Selbdritt. Metze stickte Johannes den Täufer im Wasser des Jordan. Noch ein paar geschickte Stiche, und die heilige Anna war endlich fertig. Käthe zog die goldenen Fäden der Umrandung durch das Leinen, eine einfache Arbeit, die sich während der Fahrt durchführen ließ. Metze ließ ihren Rahmen sinken und lächelte vor sich hin. Zweifellos dachte sie an ihren Werner, den sie bald wieder sehen würde. Warum aber konnte eine Nonne nicht die Frau des Papstes werden? Zumal die Päpste doch Frauen um sich hatten, mit denen sie sogar Kinder hatten. Von Papst Julius wurde das erzählt. Sicher lag es daran, dass Rom zu weit entfernt von Kloster Mariathron lag. Käthe überlegte, ob Muhme Margarethe vielleicht als Frau des Papstes in Frage kam. Käthe hielt es durchaus für möglich, dass sie Papst Leo dereinst vorgestellt wurde. Immerhin sprach sie manchmal sogar mit dem Kurfürsten. Und falls der Papst zu Besuch zu Kurfürst Friedrich käme, würde die Muhme zweifellos ins Schloss nach Wittenberg oder Torgau eingeladen werden. Zu gern hätte Käthe mit der Tante darüber gesprochen. Womöglich war sie ärgerlich, dass ihre Nichte den Papst heiraten wollte, weil sie selbst plante, seine Braut zu werden. Der Papst wiederum würde einer Braut, die so gut Lateinisch sprach wie die Muhme, vor einem Mädchen wie Käthe unbedingt den Vorzug geben.

Friedliche Stille breitete sich aus. Ab und zu schnaubte eins der Pferde oder der Kutschknecht rief den Tieren etwas zu.

Scharfenberg lag auf einem bewaldeten Hügel über der Elbe, schon von Weitem grüßten sie die Türme der Burg. Bauern trieben Schweine vor ihnen auf der Straße entlang. „Die werden wir in den nächsten Tagen essen", sagte Metze vergnügt. „Und die Hühner und die Eier, die die Landfrauen mit sich tragen." Das Schweigegebot hatte jetzt sogar die Äbtissin vergessen. Käthe und Metze wussten es beide, die Klosterherrin gab sich viel Mühe, streng zu sein, hielt die Strenge aber meistens nicht durch. Oft genug war sie nur hart zu ihren Klosterfrauen und den Mädchen, weil die Beichtväter es verlangten.

Der Kutschknecht zog die Zügel an. Es ging nur mühsam weiter. Ritter auf geschmückten Pferden drängten an ihnen vorbei. „Es gibt ein Stechen auf der Wiese an der Elbe," verkündete Metze.

Äbtissin Margarethe runzelte verweisend die Stirn: „Bei einem Turnier geht es wild und blutig zu. Klosterfrauen sollten bei so etwas nicht zusehen."

„Ich will gar nicht hin", beeilte sich Käthe zu versichern.

„Ich werde in der Kapelle für das Brautpaar beten und vor dem Marienaltar die Kerze anzünden, die unsere Nonnen in Mariathron mit den Namen der beiden Glücklichen verziert haben," bestimmte Muhme Margarethe. „Und ihr beide kommt mit mir."

Metze murmelte etwas vor sich hin. Offensichtlich war sie nicht begeistert darüber, vor dem Altar zu knien, während die

Ritter auf der Turnierwiese gegeneinander losritten. Käthe war glücklich darüber, dass Muhme Margarethe sie überhaupt mit auf die Reise genommen hatte. Das letzte Stück Weg führte steil über ein enges Sträßchen den Berg hoch. Kurz vor dem Eingangstor der Burg öffnete sich der Wald zu einer Wiese, auf der Zelte mit bunten Wimpeln aufgestellt waren. Musik war zu hören, und zwei Zwerge tanzten vor einer Menge aus Zuschauern. Die Männer und Frauen trugen kostbare Kleidung mit geschlitzten Ärmeln, einige Männer hatten Barette auf den Köpfen. Aber auch Knechte und Diener in einfacher brauner und grauer Kleidung gingen umher, mit Trinkgefäßen für ihre Herrschaften und Pferdegeschirr. Reisige stolzierten umher und traten auf den Vierspänner von Kloster Mariathron zu. „Ihr könnt bis in den Hof vorfahren", begrüßte sie der Anführer. Die Reiherfeder an seinem Hut wippte, als er den Kopf neigte.

„Ich bin die Schwester der Braut." Metze rückte auf ihrem Sitz ein Stück vor.

„Ihr seid mir bekannt, Jungfer Mechthild", erwiderte der Bewaffnete. „Vor Ostern wart Ihr zuletzt hier." Er trat noch näher. Metze beugte sich zu ihm hin, und einen Moment berührten sich ihre Hände.

„Genug", herrschte die Äbtissin ihn an. „Lasst die Finger weg von meinen Jungfern. Helft lieber mir beim Aussteigen." Sie erhob sich würdevoll. Eine Dienstmagd war herbeigeeilt. Käthe und Metze stiegen aus dem Wagen. Eine graue Dogge, groß wie ein Kalb, stürmte herbei, setzte die Vorderpfoten auf Metzes Brust und leckte ihr quer übers Gesicht. Käthe seufzte tief auf. Niemand kannte sie hier, obwohl sie eine Verwandte der Familie von Miltitz war. Die sächsischen Adligen waren durch Heiraten und Patenschaften fast alle miteinander verbandelt. Jede der kinderreichen Familien gab einige ihrer Sprösslinge in die Klöster der Nachbarschaft, damit sie für

Gesundheit und Seelenheil ihrer in der Welt lebenden Geschwister beteten. Seit Jahrhunderten war es so gewesen, und in Jahrhunderten würde es immer noch so sein. So hatte Gott es gefügt. Es war der Gang der Dinge, dem alle Menschen gehorchen mussten. Der Wille des Einzelnen zählte nicht. Auch sie, Katharina von Bora, war Teil einer Familie, die wiederum Teil des Adelsstandes war. Die Männer „in der Welt" kämpften und verwalteten, sprachen Recht und dienten dem Kurfürsten. Ihre Frauen gaben dem Gesinde die nötigen Anweisungen, erzogen die Kinder, die sie Jahr für Jahr zur Welt brachten, gingen zur Kirche und beteten. Sie beklagten sich nicht, so wenig wie ihre Männer dies taten.

Käthe verharrte immer noch im Eingangsportal zwischen den Torbögen. Noch nie war sie in einem so großen Schloss gewesen. Lippendorf und Zülsdorf, die Güter ihres Vaters, waren viel kleiner. Frauen in seidenen Kleidern mit goldenen Ketten um den Hals und geschlitzten Puffärmeln schritten an ihr vorbei. Oh Jesus, schoss es ihr durch den Kopf, zwei Ellen von diesem Goldbrokat kosten mit Glück einen Gulden, und man muss bis nach Leipzig fahren, um ihn auf dem Markt zu bekommen. Und diese blaue Seide wäre das Richtige für einen neuen Mantel für unsere Maria in der Kirche. Die Muttergottes brauchte ein neues Gewand, das hatte sie sich in der kalten Kirche verdient. Und dann die Schuhe, die die Menschen hier an den Füßen hatten, das Leder so weich wie Samt. Dann die Diener in den gestreiften Strumpfhosen, in den Farben ihrer Herrschaften. Käthe konnte sich an all der Pracht um sie herum nicht sattsehen.

Inzwischen waren die Äbtissin und Metze mit der Dienstmagd schon zum Schloss vorausgegangen. Zwei Knechte schleppten die Reisetruhe der Gäste hinter ihnen her. Aus dem schattigen Hof roch es nach verschüttetem Bier und Grillbraten. Stimmen und Lachen erfüllten das Geviert unter dem Lindenbaum. Pferde wieherten von allen Seiten, Kinder schrien und jubelten. Käthe schloss überwältigt die Augen. Alles war so viel lauter als im Kloster. Die fröhlichen Menschen in ihrer prachtvollen Kleidung, Frauen mit samt- und pelzverbrämten Röcken und geschlitzten Ärmeln, die Männer in feinen Fältelhemden und Röcken aus noblem Tuch mit Pelzbesatz, beachteten das Mädchen an der Wand nicht. Viel besser als der Jahrmarkt vor dem Kloster, dachte Käthe. Aus einer Ecke des Schlosshofs war Musik zu hören, Flöten und Gesang. Käthe trat näher.

„Jungfer, Ihr seid ja auch geistlich“, sagte eine Männerstimme neben ihr.

„Aber noch nicht richtig. Ich bin erst Postulantin“, gab Käthe dem jungen Mann zur Antwort, der, ganz in Schwarz gekleidet, vor ihr stand. Er hatte mittelblondes Haar und graue Augen und trug ein schwarzes Birett auf dem Kopf. Grüßend hob er die rechte Hand. Käthes Blick fiel auf den Siegelring daran.

„Ich bin Karl von Miltitz, der Bruder der Braut“, stellte er sich vor.

„Dann seid Ihr Metzes Bruder, die mit mir im Kloster ist.“

„Jungfer“, sagte Karl von Miltitz, „stellt Euch vor – alle meine dreiundzwanzig Geschwister sind heute hier versammelt. Die Klosterbrüder, die Kanoniker vom Meißner Dom und meine Schwestern mit ihren Ehemännern von den Schlössern der Umgebung.“

„Ich bin Katharina von Bora“, sagte Käthe. „Ob meine Stiefmutter mit den Geschwistern kommt, weiß ich nicht.“

„Annas Hochzeit ist der Grund dafür, dass ich von Rom hierher geritten bin“, sagte der Junker. „Ein elend langer Weg, im Sommer leichter als im Winter. Vierzehn Tage war ich unterwegs.“

„Von Rom? Wohnt da nicht der Papst?“

„So ist es, Jungfer Katharina. Ich arbeite in seinem Palast für ihn als Schreiber.“

„Oh“, sagte Käthe und wurde rot. Papst Leo X. war der, den sie auf der Wagenfahrt noch als möglichen Ehemann erwogen hatte. Und jetzt stand sein Sekretär vor ihr.

„Was ist der Papst für ein Mann? Ist er streng zu Euch?“

„Ich sehe ihn doch nur von Weitem“, wehrte der Junker ab. „Aber er ist sehr mildtätig. Er hat immer einen Beutel Dukaten bei sich, die er an die Armen austeilt.“

„Ist ein Dukat nicht aus Gold?“

„Ich sagte ja, er verschenkt täglich goldene Münzen an die Armen, an seine Freunde, an die, die zu ihm kommen. So soll ein Papst sein.“

Käthe begriff, dass der Hof des Papstes groß und prächtig war, so groß, dass Karl von Miltitz seinen Dienstherrn nur aus der Ferne sah.

„Richtig im geistlichen Stand bin ich noch nicht. Ich habe nur die niederen Weihen. Schaut selbst –“, Junker Karl drehte sich um und zeigte auf die kleine kahle runde Stelle an seinem Hinterkopf. „Erst die kleinste Tonsur.“

„Wenn Ihr Kardinal werdet, müsst Ihr Euch dann ganz kahl scheren lassen?“

„Ja, so wie Ihr. Wenn Ihr die ewigen Gelübde ablegt, werden Euch die Haare abgeschnitten.“

„Ich weiß“, sagte Käthe leise. Der Gedanke, dass sie als Nonne ihre Haare ganz kurz tragen musste, war ihr unangenehm. Und was Karl von Miltitz anging, fand sie, sollte er besser kein Kardinal werden.

„Der Schleier wird ja darüber sein“, sagte sie. „Da sieht man nicht, dass sie abgeschnitten sind.“

„Aber ich werde vielleicht gar kein Kardinal“, sagte Karl von Miltitz. „Kardinal ist ein sehr hohes Amt. Das Lateinische fällt mir schwer.“

„Muss man Kardinal sein, um später Papst zu werden?“, erkundigte sich Käthe.

Der Junker nickte.

„Die hohen Ämter sind nicht leicht“, sagte er dann. „Die höheren Geistlichen müssen viel Latein können.“

„Eigentlich wäre es besser, wenn die Messe auf Deutsch gelesen würde“, überlegte Käthe. „Dann könnten alle Menschen jedes Wort verstehen.“ Endres hatte sich immer wieder über den unverständlichen lateinischen Sermon in der Messe beschwert. Sie selbst konnte ihm auch längst nicht immer folgen, obwohl Magdalena von Staupitz die Kostkinder des Klosters unterrichtete.

„Es geht um die Glaubensgeheimnisse. Die soll nicht jeder verstehen.“

„War es schwer, Diener des Papstes zu werden?“, fragte Käthe.

„Eigentlich nicht, nur teuer. Man zahlt eine bestimmte Summe, um am Hof des Papstes ein Amt zu bekommen. Ist man einmal da, hat man es leicht, Pfründen zu erwerben.“

„Was ist das?“, wollte Käthe wissen.

„Zum Beispiel ein Kanonikeramt an einem deutschen Dom. Dazu gehören dann Einnahmen, die einem regelmäßig zufließen.“

„Muss man dafür viel tun?“

„Ja und nein.“ Karl lachte verlegen auf. „Man muss einige Monate anwesend sein und beim Gottesdienst im Chor mit den anderen Kanonikern singen und beten. Manchmal hat man freie Wohnung. Auf alle Fälle bekommt man Geld.“

„Also so, wie wenn man Rat beim Kurfürsten ist?“

„So ähnlich ist es“, stimmte Karl zu. „Werdet Ihr morgen beim Turnier zusehen, Jungfer Katharina?“

„Für Klostermädchen schickt sich das nicht.“

„Für einen Geistlichen aus Rom auch nicht“, lachte er. „Aber ich habe mir in der Rüstkammer schon einen Harnisch hervorgesucht und eine Lanze. Und einen Gaul gibt es auch, mit dem ich geübt habe.“

„Dann werdet Ihr morgen wie ein Ritter beim Stechen teilnehmen?"

Er strahlte sie wortlos an.

„Kommt mit mir, Jungfer Käthe." Eine Dienstmagd legte die Hand auf Käthes Arm. „Ich soll Euch holen, die Äbtissin hat es befohlen. Sie steht am Fenster und schaut, wo Ihr geblieben seid."

„Lebt wohl", rief Karl hinter Käthe her. „Und kommt morgen unbedingt auf die Turnierwiese. Dann könnt Ihr mich sehen!"

„Junker Karl ist der wildeste der Miltitz-Brüder", sagte die Dienstmagd, als sie Käthe die Wendeltreppe des Turms hochführte. Im ersten Stock ging es durch eine Tür seitlich in das Nebengebäude mit den Gästezimmern. „Hier ist die Stube, wo die Bücher geführt werden und die Bauern ihren Zins entrichten", erklärte die Dienstmagd. Sie war stehengeblieben. „Und dies ist das größte und schönste Zimmer für die hohen Herrschaften, für Äbtissinnen und Bischöfe." Damit schob sie Käthe in den Raum, in dem Margarethe von Haubitz und Metze auf einer Bank vor einem Tisch mit Speisen und Tonkrügen Platz genommen hatten. Die Wände waren zur Hälfte vom Boden an mit Holz getäfelt und darüber weiß getüncht. Hirschgeweihe waren überall aufgehängt und zwei Gemälde mit den gepanzerten Bildnissen der Ahnherren derer von Miltitz. Die Fensterstürze waren mit feinen Ranken und Weintrauben bemalt. Auf dem gedielten Boden lag ein weicher roter Teppich aus dem Sarazenenland, fast so schön wie der im Amtszimmer der Äbtissin. Die drei in die Wand eingelassenen Betten waren mit frischem weißen Leinen bedeckt. Auf einem kleineren Tisch in der Mitte des Zimmers standen eine Kanne mit Wasser und eine Tonschale zum Waschen bereit, dazu saubere Tücher.

„In der Wand ist das Heimliche Gemach", flüsterte Metze verschwörerisch. „Ein Necessarium nur für uns. Es ist das Bischofszimmer, das beste, das sie haben."

„Es ist hier fast so reinlich wie in einem Nonnenkloster", stellte die Äbtissin zufrieden fest. Sie war bester Stimmung, während sie dem Wein zusprach. Die Mädchen tranken dunkles Bier. Dazu gab es Weißbrot und Wurst.

Das Turnier

Der Tag begann mit strahlendem Sonnenschein. Nur ein paar weiße Federwölkchen schwebten im Himmel hoch über der Elbe. Trompetenstöße und Trommelwirbel verkündeten den Beginn des Stechens unten auf der Turnierwiese. Der Schlosshof war wie leer gefegt, als die Äbtissin mit den beiden Klostermädchen hinüber zur Kapelle ging.

„Hohe gnädige Frau", sagte Metze und blieb stehen. „Bitte lasst mich hin zum Stechen. Meine Brüder treten dort an, und alle meine Schwestern sitzen auf der Bühne. Ich werde auch vier Wochen lang freiwillig die Rüben für die Küche aus dem Keller holen."

Margarethe von Haubitz lachte.

„Zwei Wochen genügen", sagte sie. „Dann geh, mein Kind, und hab deine Kurzweil." Sie ließ Metze los, fasste Käthes Hand aber noch etwas fester als zuvor.

„Die Menschen sind verschieden. Gut, dass du so ernsthaft bist, Käthchen, und gerne betest."

„Käthchen" sagte sie nicht oft. Es war ihr höchstes Lob. Käthe schluckte zweimal vor Freude.

„Ich bete gerne mit Euch zusammen", sagte sie leise, und das war die Wahrheit.

Käthe und Muhme Margarethe waren die einzigen in der Kapelle. Vor dem Seitenaltar der heiligen Jungfrau brannten zahlreiche Kerzen. Sie knieten vor dem Bild nieder, zogen jede ihren Rosenkranz hervor und vertieften sich in halblautes Beten.

„Ave Maria, gratia plena, dominus tecum, benedicta tu in mulieribus, et benedictus fructus ventris tui, Iesus.

Sancta Maria, mater dei, ora pro nobis peccatoribus nunc et in hora mortis nostrae. Amen.“

Zehnmal hintereinander. Dann ein *Pater noster* und aufs Neue zehnmal das Ave Maria. Für das Brautpaar ein langes Leben in Gesundheit. Für das Brautpaar gehorsame Kinder. Für das Brautpaar ein gottgefälliges Leben. Das erbitten wir durch deine Fürsprache bei Jesus Christus, deinem Sohn, Jungfrau Maria. Dass der Teufel sie nicht in Versuchung führe. Dass die Pest sie nicht berühren möge. Dass sie Christus, unserem Herrn, treu dienen mögen ihr Leben lang. Käthes Gedanken wanderten in weite Ferne. Wie es ihren Brüdern wohl jetzt ging? Wo mochten sie sein? Schon lange hatten sie keine Nachricht mehr ins Kloster geschickt. Vielleicht kamen sie ja doch noch mit der Stiefmutter zum Fest nach Scharfenberg.

Schritte näherten sich, eine Hand legte sich auf Käthes Schulter. „Du musst kommen und helfen, Käthe“, flüsterte Metze. „Mein Bruder hat sich verletzt.“

„Da draußen sind Ärzte genug“, widersprach die Äbtissin, ärgerlich über die Störung.

„Drei Reiter haben sich verletzt, zwei davon schwer.“

„Dann geh, mein Kind, vielleicht kannst du ja Beistand leisten.“ Dieser Satz galt Käthe.

Margarethe von Haubitz betete weiter, jetzt wahrscheinlich für die Verletzten des Turniers.

Die Mädchen hasteten ein Treppchen an der Zwischenmauer des Schlosses hinab. Durch den Torbogen eines kleinen Gartens konnte man das Turnier sehen. Auf der Wiese trieben bereits die nächsten Ritter ihre gepanzerten Rösser gegeneinander. Die Holztribüne war mit festlich gekleideten Gästen gefüllt. Und die Pfeifer und Paukenschläger lieferten die Hintergrundmusik des Geschehens. Allzu schlimm konnte der Unfall nicht sein, schoss es Käthe durch den Kopf. Dann erst sah sie die beiden verletzten Männer unter den Rosenbüschen liegen. Ein Medicus und eine Nonne bemühten sich um sie. Der eine hatte eine blutende Kopfverletzung, der andere, jüngere ein seltsam verrenktes Bein. Metze war schon wieder weitergelaufen. Vielleicht wollte sie noch andere Helfer holen.

Karl von Miltitz saß mit schmerzverzerrtem Gesicht auf einer Bank etwas abseits. Der Gaul sei durchgegangen, das sei ihm noch nie passiert. Er sei schuld daran, dass seine Vettern jetzt so übel dran seien, sagte er.

Wo er Schmerzen hätte, fragte Käthe.

Er sei zu Boden gestürzt. Schulter und Schlüsselbein stächen höllisch. Er könne den Arm nicht mehr heben. Da hätte der Teufel die Hand im Spiel gehabt. Behutsam tastete Käthe über Schulter und Oberkörper von Metzes Bruder. Er stöhnte leise auf bei jeder Berührung. Das Schlüsselbein sei wohl gebrochen, vermutete Käthe. Genau so war es damals bei Endres gewesen, als er vom Dach gefallen war. Sie sah sich um. Jetzt, wo sie ihre Hilfe gebraucht hätte, war Metze verschwunden. Ratlos sah Käthe zu dem Arzt hinüber. Er hatte eine lederne Tasche, die geöffnet neben ihm stand. „Der Junker hat sich das Schlüsselbein gebrochen, so scheint es mir. Ich brauche saubere Tücher, um ihm den Arm festzubinden", wendete sie sich an den Medicus. Doch er war zu beschäftigt mit seinen Patienten, um zu antworten. Statt seiner holte die junge Nonne zwei geeignete Tücher aus der Tasche und gab sie Käthe.

„Kommt Ihr zurecht, Jungfer?", fragte sie und lächelte aufmunternd. Sie sei Schwester Ursula aus dem Kloster Freiberg.

Sie wolle es versuchen, murmelte Käthe und wendete sich wieder dem leidenden Miltitz zu. Den Arm werde sie so binden, dass er ruhiggestellt sei, versuchte sie ihm zu erklären. In dem Verband könne der Bruch besser heilen. Für die Schmerzen sollte der Junker sich vom Arzt Benediktenkraut erbitten. Sie könne ihm dann einen Trank daraus kochen. Vorsichtig schlang sie die Tücher um Arm und Schulter ihres Patienten.

„Bleibt noch einen Moment sitzen“, sagte sie, als sie fertig war. „Ihr werdet in den ersten Tagen starke Schmerzen haben. Aber sie werden jeden Tag erträglicher werden.“ Sie verstehe sich auf den Umgang mit Verletzten, lobte Schwester Ursula, und Käthe errötete.

„Sie macht es viel besser als der Bader, der eben bei mir war. Der war so grob, dass ich ihn fortgejagt habe“, sagte Miltitz. „Geht doch bitte Ihr in die Küche, Schwester Ursula. Ihr kennt Euch besser aus. Bringt uns einen kleinen Imbiss und mir den Benediktentrank. Bitte kein Bier für mich, sondern ungemischten Wein.“ Das Weintrinken habe er sich in Italien angewöhnt, wo sie alle täglich Wein tränken und fröhlich seien. Schwester Ursula stieg die Treppe hoch Richtung Schloss. „Mir ist ganz schwach“, stammelte der Junker. „Oh bitte, Jungfer.“ Sie müsse seine Hand halten, andernfalls werde er von der Bank fallen und sich die Schulter erneut anschlagen. Käthe nahm die gesunde Hand und hielt sie fest. „Der Schmerz wird nachlassen, wenn Ihr genug Mohnsaft trinkt“, tröstete sie. „Aber Ihr müsst Euch ruhig verhalten und dürft in den nächsten Tagen kein Pferd besteigen.“

„Sprecht nur weiter, Jungfer. Ich könnte Euch tagelang zuhören“, murmelte Karl von Miltitz. „Ach, Ihr solltet nicht die Gelübde ablegen. Ihr seid viel zu schön dafür.“

„Ave von Schönfeld ist die Schönste bei uns. Und auch sie wird die ewigen Gelübde ablegen“, erwiderte Käthe. „Hat Jesus etwa nicht die schönsten Bräute verdient?“

Was für ein angenehmes Gefühl es war, Karls Hand zu halten und neben ihm zu sitzen. Der Junker war sehr blass, und Käthe wurde von einer Welle der Hilfsbereitschaft überrollt. Sie durfte ihn jetzt keinesfalls allein lassen. Er musste beschützt werden, und darauf verstand sie sich. Wie erstaunlich, dass er „Karl“ hieß. Der Name passte zu ihm, zu seinen grauen Augen und dem Siegelring mit den silbernen Balken auf dem dunklen

Achat des Goldrings. Dankbar drückte er ihre Hand. Käthe drückte zurück. Ja, sie würde ihn nicht im Stich lassen. Und dass er in Rom gewesen war ... Es kam ihr so vor, als dufte er nach dieser Stadt. Plötzlich wusste sie wieder, was es war: der Duft von Pomeranzen, die an Festtagen im Amtszimmer der Äbtissin auf dem Tisch lagen.

Während des Gesprächs kamen Knechte mit zwei Bahren, legten die verletzten Ritter darauf und trugen sie davon. Der Medicus zog seine Gelehrtenschaube wieder über und setzte das Barett auf. Inzwischen war auch sein Famulus eingetroffen, der die Gerätschaften säuberte und in die Tasche zurück ordnete.

„Nun, Junker Miltitz. Ich sehe, Ihr seid bestens versorgt. Soll ich Euch die Treppe hoch helfen?", bot er an.

„Besten Dank, Herr Doktor. Wir warten auf den Imbiss und den Kardobenediktentrank", wehrte Miltitz ab. „Wenn ich meinen Wein getrunken habe, bin ich wieder wegefähig."

Der Doktor tastete kurz über den Verband. Aus welchem Kloster sie käme? Sie sei aus Mariathron, erklärte Käthe.

Dann solle sie Schwester Lene von Bora unbedingt von ihm grüßen, bat der Medicus. Mit Erstaunen erfuhr Käthe, dass der Doktor sich immer wieder das eine oder andere Kraut aus dem Klostergarten von Mariathron erbeten habe. Der Kräutergarten dort enthalte seltene Arzneipflanzen in bester Qualität. Nur wenige Klöster hätten so kundige Siechenmeisterinnen wie Mariathron. Auch die Bibliothek sei gut ausgestattet. Er habe sich das dortige Kräuterbuch einmal bei einem Besuch durchlesen dürfen und sich Notizen daraus gemacht. „Unsere Abbatissa führt das Kloster mit großer Weisheit", erwiderte Käthe. „Wenn Geld übrig ist, kauft sie Bücher für die Bibliothek."

Verschwunden

Der Medicus war mit seinem Gehilfen gerade gegangen, als Margarethe von Haubitz mit Schwester Ursula die Treppe herunterkam. Hinter ihnen trug die Magd, die sie gestern bedient hatte, einen Korb mit dem Imbiss.

„Nun lass doch die Hand des Junkers los“, rief Muhme Margarethe.

„Nein“, sagte Käthe, „er ist schwach und würde von der Bank fallen, wenn ich loslasse. Es geht ihm sehr schlecht.“

„Du lässt sie los und überlässt mir deinen Platz, liebes Kind“, befahl die Äbtissin. „Um den Junker werde ich mich kümmern. Hol Metze herbei. Sie ist spurlos verschwunden, soviel ich auch nach ihr gerufen habe.“

Nein, sie sei nicht bei dem Turnier. Der Junker auf der Bank geriet in Aufregung.

„Sieh dich im Schloss um, auf den Gängen, Käthe. Du wirst sie finden!“ Die Äbtissin schien beunruhigt. Metze sei die vielen Menschen nicht mehr gewöhnt. Und es sei ja auch fahrendes Volk in dem Treiben dabei, auch den vielen Mönchen dürfe man nicht trauen.

„Nun“, sagte der Junker, „sorgt Euch nicht zu sehr, Domina Abbatissa. Alle kennen sie, wahrscheinlich ist sie bei einer ihrer Freundinnen oder Schwestern in einer Kammer und erzählt ihr Klostergeschichten.“ Jetzt lachte er sogar wieder.

„Und ungehorsam ist das Verhalten der Jungfer Metze schließlich auch“, schimpfte die Äbtissin.

„Aber meine Schwester ist nur Kostkind im Kloster. Ob sie die Gelübde jemals ablegt, ist keinesfalls sicher“, ließ sich der Junker vernehmen, als pflichte er seiner Schwester bei.

Käthe verstand selbst nicht, warum sie schlucken musste, als sie sich verabschiedete und den Junker mit dem Pomeranzenduft verließ. Ganz kurz nur blickten sie sich noch einmal in die Augen. Ob es in seinem Gepäck wohl einen Spiegel aus Rom gab? Lärm und Getöse von der Turnierwiese brandeten auf. Die Welt außerhalb des Klosters war weit und unübersichtlich mit Tausenden von Menschen und Schlössern und Flüssen, mit Städten und Kirchen und Straßen. Oben auf dem Treppenabsatz angekommen, blickte sie ein letztes Mal hinab auf den Junker und die Äbtissin. Niemals würde sie ihn wiedersehen. Der Junker gehörte in diese riesige Welt mit all ihren Gefahren und Entfernungen, sie aber war für die Überschaubarkeit des Klosters Mariathron bestimmt. Unverrückbar hatte Gott es so gefügt.

In Käthes Gedächtnis blieb der Tag von Anna von Miltitz' Hochzeitsfest mit Hans von der Sahl der Tag, an dem Metze von Miltitz mit Junker Werner durchgebrannt war, ein unerhörtes Vorkommnis.

„Sie hat uns alle verraten", sagte Margarethe von Haubitz, die Lippen vor unterdrücktem Zorn fest zusammengepresst. Jetzt, auf dem Rückweg, hielt sie selbst die Zügel des Gespanns in der Hand, und Käthe saß neben ihr, eng an sie gedrängt. Einen Trost konnte sie der Muhme nicht spenden. Auch ihr fehlten die Worte. Vor allem aber fühlte sie sich schuldig, hatte Metze ihr doch mehr oder weniger die Liebesangelegenheit mit Junker Werner anvertraut. Und obendrein sah sie immer wieder Junker Miltitz vor sich. Er hatte die Schönheit eines Heiligen, und Käthe hätte am liebsten zu ihm gebetet: Heiliger Karl, komm und entführe mich. Doch nein, solche Gedanken waren Sünde. Schnell griff sie zum Rosenkranz ihrer Mutter: zehn Ave Maria für Karl von Miltitz. Dass sein Bruch gut verheilte. Zehn Ave Maria, dass er gut nach Rom zurückkam. Zehn Ave Maria für seine Schwester Metze. Dass alles gut ausginge. Zehn Ave Maria, dass Jesus Christus ihr, Käthe von Bora, das Bild des Junkers Karl aus der Seele löschen möge ...

Doch Metze und Werner heirateten schon bald, und die Angelegenheit geriet wieder in Vergessenheit. Zwar schickte Herzog Georg empörte Briefe an den Bräutigam und an Margarethe von Haubitz, verfügte aber, da Metze die Gelübde noch nicht abgelegt hatte, über keine Handhabe gegen das junge Paar.

Für Käthe war die nächste Zeit nicht leicht: Sie vermisste ihre lebhafte Freundin mit dem roten Haar, die dem Klosterleben so entschieden entflohen war. Die Äbtissin verzichtete auf einen Bericht an Kurfürst Friedrich und beschränkte sich darauf, mit den anderen Nonnen für das Seelenheil der Verräterin zu beten.

Die Inspektion

In tiefem Schweigen war Abt Peter durch alle Räume des Klosters gegangen, begleitet von der Äbtissin und ihrer Nichte Käthe. Es war der erste Inspektionsgang des neuen Abtes von Porta in Mariathron. Margarethe von Haubitz hatte es für die Bewirtung des hohen Gastes mitsamt seinem Gefolge an nichts fehlen lassen. Die Gaststuben waren tagelang vorher gefegt, geschrubbt und mit wohlriechender Essenz besprüht worden. Das beste Leinen war auf die Betten in den Gästezimmern gedeckt, davor lag der türkische Teppich aus dem Amtszimmer der Äbtissin, und die Nonnen und Laienschwestern hatten das gesamte Kloster gereinigt und aufgeräumt wie vor einem hohen Festtag. Alle fürchteten sie sich vor dem Neuen, den man ja noch nicht richtig kannte.

Beim anschließenden Abendessen im Wohnzimmer der Abtei schob er die silberne Dose mit dem alexandrinischen Zucker wortlos beiseite. Er hatte den Segen über das Essen gesprochen und war danach wieder in Grübeln verfallen. Außer der Äbtissin saßen noch die Priorin Schwester Eufemia, die Kellermeisterin Schwester Anna am Tisch und Käthe. Zu beiden Seiten des Abtes hatten sein Schreiber und sein Prior Platz genommen. Die Magd kam mit dem ersten Gang, Fasanenbrust und Erbsenbrei. Endres und Sebastian schleppten den Weinkrug heran. Der Rotschopf schenkte ein, und der Abt von Porta nahm einen langen Schluck. „Was ich gesehen und gehört habe, gefällt mir überhaupt nicht“, sagte er dann.

„Seit der letzten Inspektion hat sich vieles gebessert“, wendete Margarethe von Haubitz ein. Das Rebhuhn war zart und mit Pfeffer gewürzt. Käthe empfand Dankbarkeit ihrer Tante gegenüber, die sie wieder einmal an den höchsten Genüssen des Klosters teilhaben ließ.

„Ich habe Gelächter gehört." Griesgrämig sah der Abt in die Runde. „Novizinnen sind eine Treppe hochgesprungen wie junge Rehe. Ich konnte ihre Beine sehen, obwohl ich den Blick sofort mit der Cuculle verhüllt habe. Im Kreuzgang stand eine Nonne und hat ein fröhliches Lied gesungen." Margarethe von Haubitz schien über seine Worte nachzudenken. Im Gesicht der Priorin lag stummer Protest.

„Das Schlimmste aber", fuhr Peter fort, „ist das Verhalten der Nonnen im Necessarium." Alle am Tisch zuckten unwillkürlich zusammen.

„Die Nonnen sitzen zu dritt oder zu viert nebeneinander und plaudern und kichern."

„Nun bitte, lieber Bruder in Christo", sagte die Äbtissin. „Was meine Schwestern im Necessarium tun, will ich nicht wissen."

„Gott sieht uns alle überall, am Tag und in der Nacht. Ihr, liebe Schwester in Christo, seid verpflichtet, auch auf dem Necessarium Ordnung zu halten. Oft genug sind Konspirationen gegen die Obrigkeit gerade dort entsprungen."

Schon lagen die Gerippe der Rebhühner nackt und vom Fleisch befreit auf der silbernen Platte in der Mitte des Tischs. Vorsichtig nippte Käthe an dem ungewohnten Wein, der wie flüssiges Gold in den gläsernen Pokalen stand. Sie starrte in ihr Glas. In der Fläche schimmerte das Gesicht des Junkers Karl mit seinen grauen Augen. Zwei Pomeranzen leuchteten ihr von der Mitte des Tisches als Dekoration entgegen.

Als zweiten Gang brachte die Magd nun die Schale mit dem gebratenen Hecht, umrahmt von geschmorten Äpfeln und gelben Rüben, auf die Tafel. Unterdessen reinigten die Knaben den Tisch und legten frische Blumen zwischen die Brotscheiben und Messer. Auf der Anrichte wartete bereits der Nachtisch, gelber Hirsebrei. Sein zarter Zimtgeruch erfüllte den Raum, und Käthe war glücklich trotz der strengen Worte des Abtes.

„Die Nonnen sollen nur noch einzeln zum Necessarium gehen", verlangte der Abt, während die Äbtissin ihm mit eigener Hand die besten Stücke vom Hecht auf seine Brotscheibe legte.

„Wir werden uns bemühen", versprach die Priorin.

„Es ist fast unmöglich", fügte die Äbtissin hinzu. „Doch wir werden uns bemühen."

„Das Necessarium ist ein Ort der Versuchung. Ein Ort, an dem Satan umherstreunt", erläuterte Abt Peter, den der Wein zunehmend gesprächig machte. „Die Regel gibt vor, wie die Notdurft zu verrichten ist. Mit gesenktem Kopf und über das Gesicht gezogenem Gewand so eilig wie möglich. Wer fertig ist, soll unverzüglich aufstehen, die Hände waschen und im Kreuzgang beten oder der gewohnten Arbeit nachgehen."

„Amen", sagte die Äbtissin. „So werden wir es in Zukunft auch in Mariathron halten."

Käthe begriff ebenso wie die Priorin, dass es der Klosterherrin nur darum ging, den Abt zu beruhigen. Nichts würde sich ändern, sobald Peter von Porta das Kloster verlassen hatte. Sie war stolz auf Muhme Margarethe, die zwischen Wichtigem und Unwichtigem zu unterscheiden wusste. Ihre Muhme war listig und klug, das begriff Käthe an diesem Tag. Sie tat dem Abt schön und würde doch tun und lassen, was sie für nötig hielt, sobald er das Kloster verlassen hatte.

„Und verbietet den Nonnen, im Kreuzgang fröhliche Lieder zu singen", sagte der Abt.

„Die Sängerin war die Chormeisterin, Magdalena von Staupitz. Sie übt im Kreuzgang für die Messe, lieber Bruder in Christo."

„Umso schlimmer, liebe Schwester in Christo.“ Plötzlich hustete der Abt und würgte an einer Gräte. Margarethe von Haubitz sprang auf und klopfte ihm den Rücken. Doch es half nicht. Schon lief Abt Peters Gesicht blau an, er keuchte wie ein Sterbender. Käthe hastete los und suchte nach Muhme Lene, die im Infirmarium um die Kranken bemüht war. „Kommt schnell, Muhme“, schrie sie. „Der Abt hat sich verschluckt.“ Muhme Lene ließ einen Verband fallen und raffte ihr Gewand hoch, um schneller zu sein. Sie kam gerade noch rechtzeitig. Mit gekonntem Griff zog sie die Gräte aus dem Hals des Abtes. „Danke, Schwester“, stöhnte der, während ihm die Tränen über die geröteten Backen liefen. Auf seinen Prior gestützt verließ er die festliche Tafel. Er müsse jetzt ruhen, erklärte sein Schreiber, der sitzengeblieben war und sich über den Hirsebrei hermachte.

So endete die erste Visitation in Mariathron durch den neuen Abt Peter aus Porta, der so erschöpft war, dass er darauf verzichtete, einen Bericht mit seinen Bedenken zurückzulassen.

Auf ewig und immer

Der 8. Oktober des Jahres 1515 war ein warmer, sonniger Tag. Das Laub der Bäume vor dem Kloster leuchtete goldbraun im Morgenlicht, als Käthe durch das festlich geschmückte Kloster zur Wohnung der Äbtissin ging. Gäste hatten sich angesagt, und ein Abgesandter des Abtes von Kloster Porta war gekommen, um Katharina von Boras ewige Profess zu bezeugen.

Im Abtszimmer legte Käthe feierlich die dreißig Groschen auf den Tisch, die ein Bote der Stiefmutter gebracht hatte. Dem Geld – ihrer Mitgift – war ein Schreiben beigelegen, in dem sich Margarethe von Bora entschuldigte, sie könne nicht persönlich zur Zeremonie erscheinen, doch Klemens und Hans würden wahrscheinlich zur Profess ins Kloster kommen. Muhme Margarethe verzeichnete den Betrag im Rechnungsbuch. Danach wendete sie sich dem Bücherbord hinter ihrem Schreibtisch zu und reichte Käthe das Buch vom Leben der heiligen Katharina von Siena, das sie ihr vor über zwei Jahren schon einmal zur Lektüre überlassen hatte. „Leben und Schriften der Katharina von Siena", las Käthe laut.

„Sie soll dir ein Vorbild sein", sagte die Äbtissin. Sie lächelte geheimnisvoll. Liebe lasse sich nur mit Liebe erlangen, habe die Heilige gesagt. Um geliebt zu werden, müsse man lieben. Das sei sehr einfach und zugleich schwer. Ob Käthe das verstehe? Käthe fand den Satz verwirrend. Sie werde versuchen, ihn später zu verstehen, nach der Profess. Wenn das Fest vorbei sei. Jetzt sei sie zu aufgeregt, gestand sie. Doch die Muhme war nicht davon abzubringen, von der Heiligen aus Italien zu berichten.

Als fünfundzwanzigstes Kind sei Katharina im Jahr 1347 in Siena als Kind eines Wollfärbers zur Welt gekommen, unmittelbar vor dem Schreckensjahr, als in der Stadt achtzigtausend Menschen an der Pest gestorben seien. Schon als Siebenjährige gelobte die Kleine nach einer Vision, für immer Jungfrau zu bleiben. Sie wollte Nonne werden, gegen den Willen ihrer Eltern, die sie verheiraten wollten. Schließlich durfte sie Dominikanerin werden. Im Jahr 1360 habe ihr eine göttliche Stimme befohlen, in die Welt hinauszugehen, und auch das habe Katharina getan. Um die Armen und Kranken habe sie sich gekümmert, sei in Gefängnisse gegangen und hätte später, als die Pest erneut ausbrach, in der Stadt ausgeharrt und Pestkranke betreut.

Von der Kirche her läutete die Glocke.

„Und das Buch gehört mir?“ Käthe überlegte kurz, wie das möglich war. Als geweihte Nonne besaß man kein persönliches Eigentum mehr außer den beiden Gewändern, dem Ring und dem Kruzifix mit dem Heiland daran, das jede Nonne bei der Weihe erhielt.

„Irdisches Eigentum gibt es für die Nonnen nicht mehr, nur den Beutel mit dem Nähzeug und den Rosenkranz. Aber du sollst das Buch behalten. Es möge dich dein Leben lang begleiten. Ein Buch ist eine andere Art von materiellem Besitz. Es ist ein Lebensmittel, Nahrung für die Seele. Jedes Buch, dessen Inhalt du genau gelesen hast, gehört dir für immer. Das, was du gelesen oder gehört hast, bleibt dir dein Leben lang.“ Der irdische Besitz, auf den die Menschen stolz seien, Geld, Land, Häuser, Vieh und Kleider könne ihnen jederzeit genommen werden, durch Krieg, Feuersbrunst und Krankheit.

„Die Mäuse fressen das Getreide, die Motten die Kleidung.“ Gebete, Lieder und die Worte der Kirchenväter und Heiligen hingegen seien unvergänglich.

„Und doch braucht das Kloster Schweine und Schafe“, entgegnete Käthe. „Und Geld zum Bauen und um auf dem Markt einzukaufen.“

Die Äbtissin lachte. „Vergiss für heute die Welt und ihre Sorgen. Es ist dein Hochzeitstag mit dem ewigen Bräutigam.“

„Ich danke Euch für das Buch. Aber wie kann die heilige Katharina mein Vorbild sein? Sie hat mit den Päpsten verhandelt und Bücher geschrieben.“

Margarethe von Haubitz lächelte ihre Nichte an. „Du wirst jeden Tag älter und einsichtiger werden. Du hast mit Ave und Metze gewetteifert, wer von euch wohl Äbtissin dieses Klosters werden würde.“ Käthe wurde rot bis an die Haarwurzeln. Ja, das hatte sie, es war ein Spiel zwischen ihnen gewesen. In diesem Moment wollte sie nicht mehr Äbtissin werden. Es wäre Hoffart und Eitelkeit gewesen, diesen Wunsch weiterwachsen zu lassen. Jetzt ging es nur darum, sich mit ihrem himmlischen Bräutigam zu vermählen. Dazu gehörte, der Welt ganz abzuschwören. „Demütig sein, gehorsam, schweigsam und nicht mehr neugierig, das werde ich geloben. Und stolz will ich auch nie mehr sein“, sagte sie und sah ihre Tante an.

„Ach Kind“, murmelte die Muhme. „Das sind große Worte. Versuch es jeden Tag wieder neu. Etwas demütiger zu sein, etwas gehorsamer und nicht ganz so stolz wie früher. Das genügt Gott. Er verlangt nicht alles von dir am ersten Tag.“

Käthe schluckte. „Ich rede so gerne“, sagte sie und musste seufzen. „Nicht mehr zu reden und mich zu unterhalten, wird das Schwerste sein.“

„Zweimal in der Woche dürfen die Nonnen beim Essen sprechen. Mit der Zeit wird es leichter für dich.“ Muhme Margarethes Stimme wurde brüchig bei diesen Worten, und Käthe begriff, dass eine so tatkräftige Frau wie ihre Tante sicher oft unter dem Schweigegebot gelitten hatte.

„Ihr habt es auch ausgehalten“, murmelte Käthe.

„Viele Dinge sind gut. Du wirst im Kloster niemals einsam sein. Du bist immer aufgehoben in der Gemeinschaft der Schwestern. Zugleich gehört dir die Einsamkeit der Zelle, die du für das Gebet brauchst." Margarethe von Haubitz griff nach dem Hirtenstab und wendete sich zur Tür.

„Erst als Äbtissin wart Ihr wieder einsam?", fragte Käthe, obwohl das Gespräch eigentlich beendet war.

Die Tante lachte. „Ja, so ist es. Und jeden Tag muss ich mich um die Einnahmen und Ausgaben des Klosters sorgen. Ein Mensch, der dauernd ans Geld denkt, ist von Gott abgelenkt. Glaub mir, Kind: Es ist nicht so großartig, Äbtissin zu sein, wie du es dir vorstellst."

Sie wolle versuchen, wahrhaft fromm zu sein, erklärte Käthe.

Das sei nicht von einem Augenblick auf den anderen zu erreichen, auch für eine Nonne nicht. Jeden Tag, das ganze Leben lang, habe sie Zeit, sich zu bemühen, gab Muhme Margarethe zur Antwort.

Käthe wagte nicht auszusprechen, was sie in diesem Moment dachte: Ich würde mich gerne um das Kloster und seine Ausgaben kümmern. Ich würde Pferde und Kälber verkaufen und Hechte aus dem Teich auf den Markt bringen lassen. Glaubt mir, mir würde etwas einfallen. Mit leuchtenden Augen sagte sie schließlich: „Muhme, eines Tages werde ich das Kloster reich machen."

Das Spiel der Orgel erfüllte den Kirchenraum. Sonnenstrahlen blitzten durch die hohen Fenster auf die Heiligenfiguren und das Bild der Gottesmutter Maria mit dem Jesuskind auf dem Arm. Kerzen brannten vor allen Heiligenbildern. Abgetrennt vom Chorraum, in dem sich die Nonnen aufhielten, hatte sich die Kirche von Mariathron mit zahlreichen Besuchern von weither gefüllt. Weihrauchschwaden erfüllten den Chorraum vor dem Altar, an dem der Pater aus Porta die Messe zelebrierte. Die Patres Maximin und Antonius schwenkten fleißig die Weihrauchgefäße.

Käthe stand im Chorraum vor den geweihten Nonnen des Konvents, die sich aus ihren Sitzen im Chorgestühl erhoben hatten. Sie trug ein letztes Mal das Gewand, das sie als Kostkind angehabt hatte, ihr weltliches Kleid. Ave lächelte ihr aufmunternd zu. Die Äbtissin stützte sich auf ihren Hirtenstab, den Schleier und das Kopfgebinde für das neue Konventsmitglied hielt sie in der linken Hand. Auf dem Altar lag die Professurkunde, die Käthe zum Abschluss ihrer Weihung unterschreiben musste. Käthe lächelte, als die ersten Töne des *Te deum laudamus* erklangen: Es war ihre Hochzeit mit dem edelsten und schönsten aller möglichen Bräutigame. Ihm würde sie von nun an dienen. Danach übergab die Äbtissin Käthe das Kruzifix. Käthe küsste es, verneigte sich und sprach die Gelübdeformel: „Ich, Schwester Katharina, verspreche Stabilität, Bekehrung durch klösterliche Lebensweise und Gehorsam bis zum Tod nach der Regel des heiligen Abtes Benedikt, vor Gott und allen seinen Heiligen, in diesem Kloster, genannt Mariathron, vom Zisterzienserorden, errichtet zu Ehren der seligen, allzeit jungfräulichen Gottesmutter Maria, in Gegenwart der Ehrwürdigen Mutter Margarethe, Äbtissin dieses Klosters ..." Sie warf sich vor dem Chorgestühl auf den ausgebreiteten Teppich nieder, den versammelten Geweihten zu Füßen. Die Kälte des Steinbodens unter ihr durchdrang sie trotz des wollenen Teppichs, und sie fröstelte, ihre Zähne schlugen aufeinander. Es war wie ein Fieberanfall. Doch schon spürte sie die Hände der Äbtissin, die sie zu sich hochzog und sie auf beide Wangen küsste. Wie im Traum schob Käthe sich zu den Nonnen und wurde von jeder umarmt und geküsst. Mit dem Willkommenskuss war sie in die neue Gemeinschaft aufgenommen. Als Nächstes streifte ihr die Muhme den goldenen Ring über den Finger.

Klemens und Hans standen im Menschengedränge vor der Kirche, wohin Käthe ein letztes Mal gehen durfte, um die Glückwünsche der Gäste entgegenzunehmen. Eine vornehm gekleidete Frau, die ihr um den Hals fiel, war ihr zunächst unbekannt. Es war Anna von der Sahl, die Schwester Metzes und Karls von Miltitz, bei deren Hochzeit Käthe vor einiger Zeit mit der Äbtissin gewesen war. Durch die Heirat war sie Käthes Cousine geworden. „Wirst du für mich und meine Kinder beten?", fragte sie.

Käthe lächelte. „Für dich, Base, ebenso wie für Metze und Euren Bruder Karl."

Klemens und Hans von Bora standen verlegen vor ihrer Schwester, die jetzt Nonne war, und fragten, ob es erlaubt sei, sie zu umarmen. Beide waren sie eher klein geraten, magere Jungen mit Pickeln und zu langen Armen, Hans rothaarig und Klemens dunkel wie die verstorbene Mutter der drei. Käthe überlegte, wann sie ihre Brüder zuletzt gesehen hatte. Es war einige Jahre her. „Ein letztes Mal, bevor du für immer in die Klausur entschwindest", sagte Hans und drückte die Schwester etwas linkisch an sich. Als Geschenk hatten sie einen Rosenstock mitgebracht. Ihn sollte Käthe in den Garten innerhalb des Kreuzgangs einpflanzen, schlugen sie vor. „Es ist eine weiße Rose", meinte Klemens fast entschuldigend. „Wie es sich für eine Klosterjungfer ziemt." Demnächst sollten sie in den Dienst Herzog Georgs treten, sie freuten sich schon auf die großen herzoglichen Treibjagden. Hans drückte nach der Umarmung Käthe den Blumentopf mit dem Rosenstock in den Arm, und dann gingen die beiden auch schon davon, hinaus in die Welt, und Käthe zurück in die Klausur. Ab und zu sollten sie zum Sprechzimmer des Klosters vor der Klausur kommen, rief sie ihnen hinterher, aber das hörten sie schon nicht mehr. Sie seufzte einmal kurz, dann schnupperte sie an der Rose.

Nach dem Gottesdienst zog sich der Abt mit den beiden Patres zum Festschmaus in das Gästehaus zurück, wo die Äbtissin ihm kurze Zeit Gesellschaft leistete. Auch Anna von der Sahl und Käthes Brüder gesellten sich zum Festmahl im Gästehaus. Schon bald kam auch die Äbtissin zur Feier in das mit Blumen geschmückte Refektorium in die Klausur, ihr Hackbrett unter dem Arm. „Merkt auf, liebe Schwestern in Christo!“, rief sie. „Für den Rest des Tages ist das Silentium im Refektorium aufgehoben.“

Das Festmahl für die Nonnen ließ nichts zu wünschen übrig. Es gab Rehbraten mit Erbsenbrei und zarten Gelbrüben als Hauptgang, danach Forelle mit Raukensalat und Kräutern. Dazu wurde reichlich roter Wein ausgeschenkt. Die Krönung des üppigen Mahls aber war die Schüssel Hirsebrei hinterher, mit Safran und Zimt gewürzt. Nach einem Nürnberger Rezept zubereitet, wie Magdalena von Staupitz Käthe zuflüsterte. Ihr Bruder, der Generalvikar der Augustiner-Eremiten, hätte es ihr zugeschickt. Johannes von Staupitz reise viel in Sachen seines Ordens, derzeit sei er gerade in Antwerpen. In Nürnberg halte er immer wieder Predigten, die gedruckt in der Bibliothek des Kloster stünden, ein Geschenk ihres Bruders. Käthe sah verlegen vor sich hin. Nürnberg, Antwerpen, was mochten das wohl für Städte sein? Und wo waren sie eigentlich? Sicher weiter entfernt als Leipzig. Sie widmete sich dem Hirsebrei, obwohl sie längst satt war.

Die Äbtissin spielte jetzt auf dem Hackbrett, während die Nonnen übermütig um die beiden langen Tische tanzten. Auch Käthe erhob sich, fasste Ave von Große und Gretchen von Schönfeld an den Händen und bewegte sich zu den Klängen der Musik. Es war ihr Hochzeitsfest mit dem Bräutigam Jesus. Gewiss, sie teilte ihn mit allen anderen Nonnen im Kloster, die ihm auf die gleiche Weise vermählt waren. Doch sie trug einen goldenen Ring am Finger, wie es sich für eine Ehefrau gehörte, und hatte nun ihren endgültigen Platz im Leben eingenommen. Margarethe von Haubitz hielt kurz inne und winkte ihrer Nichte aufmunternd zu. Auch sie sah an diesem besonderen Tag glücklich aus.

Der Umbau des Klosters

Jahrelang war das Leben im Kloster seinen gewohnten Gang gegangen. Doch von einem Tag auf den anderen, so jedenfalls kam es Käthe später vor, änderte sich auf einen Schlag alles. Die ehrgeizigen Baupläne der Margarethe von Haubitz stürzten das Kloster in Staub und Chaos. Dabei waren die ersten beiden Jahre ihres Klosterlebens nach der Profess für Käthe ruhig und ungestört verlaufen.

Seit dem Jahr 1513 leitete Papst Leo X. die Kirche als Heiliger Vater in Rom mit Weisheit und Milde. Kaiser Maximilian, der das Heilige Römische Reich deutscher Nation regierte, war ein guter Freund des kursächsischen Kurfürsten Friedrich. Diesen Landesherrn, einen frommen und gütigen Mann, den man nicht fürchten musste, hatte Käthe schon zweimal gesehen, als er die Klosterkirche am Tag der Marienwallfahrt besucht hatte. Er bewegte sich schwerfällig wie ein alter, verfetteter Dachs. Die Äbtissin hatte ihm alle Reliquienschätze des Klosters gezeigt und er hatte vor jeder einzelnen Kostbarkeit längere Zeit gebetet. Die Nonnen schlossen ihn ebenso wie Papst Leo und Kaiser Maximilian in ihre Gebete und Fürbitten ein. Meistens kam er vor dem Osterfest in der Karwoche nach Grimma in das Augustiner-Eremitenkloster, dessen Prior der Onkel von Käthes Freundinnen Veronika und Margarethe von Zeschau war. Wolfgang von Zeschau, so hieß er, gab alljährlich zur Feier des Osterfestes ein Essen, an dem außer dem Kurfürsten dessen alter Schulfreund Johannes von Staupitz teilnahm, der einen hohen Rang im Augustinereremitenorden bekleidete. Margarethe von Haubitz und Magdalena von Staupitz wurden ebenfalls eingeladen. Sie waren schließlich die nächsten Klosternachbarn der Augustiner.

Durch diese mehrfachen Verbindungen in die hohe Politik und in die höhere Geistlichkeit hatten alle Nonnen des Klosters das Gefühl, an Politik und dem Geschick der Kirche direkt beteiligt zu sein. Ohnehin waren sie alle von Adel und insofern mit kurfürstlichen und herzöglichen Räten verwandt, Familienangehörige kamen regelmäßig zu den hohen Festen ans Besuchsgitter im Sprechzimmer. Ab und zu durften die Nonnen auch mit Angehörigen außerhalb der Klausur essen, beim Erteilen solcher Genehmigungen war Margarethe von Haubitz nicht kleinlich. Kloster Mariathron lag abseits vom Getriebe der Welt, doch die Äbtissin hielt die Verbindungen zur Welt und dem kurfürstlichen Hoflager, das von einem Ort zum anderen zog, durch Boten, Marktbesuche und Geschenksendungen aufrecht. So wie sie dem Abt nach Porta einmal im Jahr vor Weihnachten ein Reh zusenden ließ, bekam der Kurfürst Hechte aus ihrem Teich und der Prior des Augustinerklosters in Grimma Forellen oder Starkkuchen aus der Klosterbäckerei. Derlei Geschenke erhielten die freundschaftlichen Beziehungen.

Der Rosenstock im Innenhof des Kreuzgangs war gut angewachsen und hatte schon mehrmals Blüten getragen. Wie im Flug waren für Käthe die Jahre verflossen. Unzählige Knäuel Wolle und Garn hatte sie gesponnen und mehr als eine Altardecke mit den Klostergefährtinnen gestickt. Immer wieder durfte Käthe die Klausur sogar für ein oder zwei Tage verlassen, etwa um die Äbtissin bei der Eintreibung der Zinsen zum Michaelistag im September oder zum Martinstag in Torgau zu begleiten – ein besonderer Vertrauensbeweis. Ab und zu, an einem ruhigen Weg durch den Wald, gestattete Margarethe sogar, dass Käthe für ein Stück selbst die Zügel des Gespanns in die Hand nahm und die Pferde durch Zuruf und Peitschenknall lenkte, wobei sich die junge Nonne gar nicht so ungeschickt anstellte.

„Recht so, mein Kind", sagte die Äbtissin dann mit zufriedenem Lächeln, „eine Klosterfrau sollte jede Tätigkeit einmal ausgeübt haben. Sie sollte kochen und keltern, brauen und fuhrwerken können. Von Viehzucht und Fischhaltung im Teich muss sie auch etwas verstehen, sonst macht der Klosterverwalter, was er will."

Sie selbst war das beste Beispiel: Manchmal, wenn der Kutscher müde geworden war, übernahm sie die Zügel. Dann ließ sie die Peitsche knallen und trieb die behäbigen Klostergäule an, dass der Wagen immer schneller dahinratterte. Ja, Margarethe von Haubitz frönte der Sünde der Ungeduld, und diese Ungeduld verleitete sie auch dazu, das reparaturbedürftige Kloster an mehreren Ecken gleichzeitig umzubauen.

Mit den Bauleuten, die die Äbtissin bestellt hatte, stellten sich Unruhe und Veränderung im Kloster ein. Wagen, gezogen von schweren Arbeitsgäulen, mit aufgetürmtem Bauholz und Steinen dröhnten heran. Die Öfen für die Ziegelsteine vor der Umfassung stießen stinkende schwarze Rauchwolken aus, die die Nonnen zum Husten brachten. Mauern wurden unter ohrenbetäubendem Lärm niedergebrochen. Überall staubte es, so dass selbst die frischgewaschene Wäsche nach kurzer Zeit grau an der Leine hing. Gleich an zwei Seiten des Kreuzgangs wurde gehämmert und gemeißelt. Das Dach der Kirche wurde neu eingedeckt und der Bau des neuen Refektoriums begonnen. Stirnrunzelnd standen die beiden Patres dabei. Es sei unmöglich, die Klausur noch einzuhalten, wie es sich gehöre, wenn Wände eingerissen würden und Tagelöhner Steine aufschichteten, beanstandeten sie. Die Nonnen, so verlangten sie, sollten die Gebetszeiten in der Kirche verlängern und, wenn sie an den Baumaßnahmen vorbeigingen, die Hände vor die Augen halten. Diese Anordnung wurde von der Äbtissin sofort aufgehoben, nachdem zwei betagte Nonnen gestolpert waren und die eine sich sogar das Becken gebrochen hatte und seitdem unter Schmerzen im Infirmarium lag. Täglich erhaschten die Nonnen nun, ob es ihnen gefiel oder nicht, Blicke auf schwitzende Bauleute und ihre Aufseher. Sogar zu kurzen Wortwechseln zwischen den Geweihten und den Arbeitern kam es, ohne dass es sich verhindern ließe. Und durch die vielen Menschen, die nun zusätzlich im Kloster anwesend waren, arbeiteten, aßen und gelegentlich Hilfe brauchten, lockerten sich die strengen Gebräuche der Benediktsregel. Es war schlichtweg unmöglich, in völligem Schweigen einen vom Dach gefallenen Mann zu bergen oder einem Arbeiter mit Sonnenstich zu Hilfe zu kommen. Zwangsläufig fingen die Nonnen auch Gesprächsfetzen der Fremden auf. Kurzum: Die Welt war stärker in das Kloster Mariathron eingedrungen, als die Äbtissin sich das vorgestellt hatte, als sie die ersten Bautrupps in die Waldeinsamkeit des Klosters beorderte.

Doch davon abgesehen veränderte sich Käthes Leben nach der Profess mit den ewigen Gelübden nur wenig. Im Refektorium bei den Mahlzeiten hatte sie ihren Platz wie schon als Novizin am Hinteren Tisch bei den jüngeren Nonnen zwischen den Schönfeld-Mädchen und den Zeschau-Schwestern Veronika und Margarethe. Laneta und Else waren nochmals älter und entsprechend ruhiger. Älteste am Tisch war die Chormeisterin Magdalena von Staupitz, die nach wie vor die jüngeren Nonnen im Lateinischen unterrichtete und mit ihnen die Gesänge für die Gottesdienste einübte. Die Priorin Schwester Eufemia saß neben Muhme Lene, der Siechenmeisterin, mit der uralten Ursula Osmond und den greisen Nonnen am Vordertisch. Beide Essensrunden hielten das Silentium nicht ganz regelgerecht ein und gestikulierten während der Mahlzeiten auf alle Fälle heftig mit den Händen in der Zeichensprache. Nur selten war die Äbtissin bei den Mahlzeiten anwesend, insofern fühlten sich die Nonnen ganz unter sich und waren im Umgang unbekümmert. Nur die Dienstmägde aus der Küche, die das Essen brachten und hinterher wieder abräumten, hätten sie bei den Patres Maximin und Antonius anschwärzen können. Doch Lise und Walburgis waren treue Seelen, die ab und zu auch Botengänge für einzelne Nonnen ausführten, ohne bei den Patres oder der Äbtissin deshalb um Erlaubnis nachzufragen.

Neu war lediglich, dass Käthe nun eine eigene Zelle bezog und in der Nacht allein war.

Mitten im Gesang der Nonnen während des Stundengebets war ein Rumpeln zu hören. Klatschend schlug ein Dachziegel auf den Boden vor ihnen und zerbrach in tausend Stücke. Dann stürzte eine Gestalt vom Himmel in den Chor hinab. „Der Teufel!“, schrie Schwester Ursula mit brüchiger Stimme und bekreuzigte sich.

Einige der Nonnen hatten versucht, den Stürzenden aufzufangen, und waren aufschreiend mit ihm gemeinsam zu Boden gefallen. Die Orgel, an der Schwester Magdalena saß, gab einen Heulton von sich. Durch ein offenkundiges Wunder, bewirkt durch die Heilige Jungfrau, der das Gebet gegolten hatte, war niemand verletzt, abgesehen von Schwester Eufemia, die sich den Arm verrenkt hatte. Der Herabgestürzte war nicht nur ein Mann inmitten der geheiligten Klausur, er war auch noch halbnackt und verschwitzt. Sich darüber Gedanken zu machen, war nicht der Augenblick.

„Wir müssen ihm helfen“, stieß Gretchen von Schönfeld hervor.

Lene von Bora war schon bei ihm und tastete seinen Körper ab. „Seid unbesorgt. Auf wunderbare Weise hat Gott der Herr Euch errettet“, stellte sie fest.

Er habe den Halt verloren und sei in die Tiefe gestürzt, stammelte der Dachdecker, der schreckensbleich war.

„Ich geleite Euch hinaus und erstatte der Mutter Äbtissin Bericht“, sagte Muhme Lene. „Lasst Euch in der Küche einen Trunk Wein zur Stärkung geben und ruht eine Weile aus.“

Schwester Eufemia schloss sich den beiden an. Die übrigen Nonnen beteten zwei Ave Maria zum Dank für die Errettung des Verunglückten, dann verließen auch sie den Chorraum. Else von Canitz bückte sich und hob eine Druckschrift auf, ein Flugblatt, das dem Mann aus dem Kittel gefallen war, und nahm sie an sich. Käthe, die als Letzte den Chor verließ, hatte sie dabei beobachtet, und natürlich war sie neugierig auf die Schrift, die auf so ungewöhnliche Weise den Nonnen vor die Füße gefallen war. Alle Nonnen waren interessiert daran, etwas vom Leben außerhalb des Klosters aufzuschnappen.

„Kinder“, sagte Magdalena von Staupitz, die ihre Orgel verlassen hatte. „Geht in eure Zellen und betet dort noch still weiter. Erholt euch von dem Schrecken. Leicht hätte ein großes Unglück geschehen können.“

Zum ersten Mal in ihrer Klosterzeit konnte Käthe sich nicht in ihr Gebet vertiefen. Der Mann, der vor ihre Füße gestürzt war. Der Rosenkranz in ihren Händen zitterte. Und dann die Schrift, die er verloren hatte. Die Schrift, die Else mit sich in ihre Zelle genommen hatte. Dass solch ein Mann, der Dachziegel legte, überhaupt des Lesens kundig war. Es musste eine Druckschrift mit Bildern und in deutscher Sprache sein.

Wenig später beugte sie sich in Elses Zelle mit Else gemeinsam über die seltsame Schrift, die aus dem Kittel des Verunglückten gefallen war. *Iulius Exclusus* war sie betitelt, und es ging darin um die Untaten des verstorbenen Papstes Julius, den der heilige Petrus nicht in den Himmel einlassen wollte. Der Verfasser der Schrift war nicht genannt. Else und Käthe kicherten in sich hinein, während sie die komischen Holzschnitte betrachteten mit dem herrischen Papst vor der Himmelstür und dem heiligen Petrus, der dem Papst den Eintritt zum Himmel verweigerte, weil dieser so viele Kriege geführt hatte.

„Glaubst du, wir können sie auch den anderen zu lesen geben?“, flüsterte Else.

„Es geht ja gegen den Papst. So etwas zu lesen ist Sünde“, murmelte Käthe.

„Meinst du, ich darf die Schrift behalten?“

„Bücher sind eine andere Art von materiellem Besitz.“ Käthe erinnerte sich wieder an die Worte der Äbtissin. „Man eignet sie sich an, wenn man sie liest. Manche Bücher muss man immer wieder lesen.“

Das schien Else nicht so ganz einzuleuchten: „Aber diese Schrift ist eine Schmähschrift“, wandte sie ein.

„Sei dem, wie es sei: Jetzt können wir sie nicht mehr abgeben, nachdem wir sie gelesen haben“, entschied Käthe.

Und nun war es wieder so wie damals mit Metze. Else und sie teilten ein sündiges Geheimnis miteinander, eine Schrift über die Verfehlungen von Papst Julius, die ihnen vom Himmel vor die Füße gefallen war.

Die Worte des Mönchs

Im Refektorium herrschte bis auf die Stimme der Vorleserin völlige Stille. Die Nonnen vom Hinteren Tisch saßen an ihren gewohnten Plätzen: Jede mit ihrem Nähzeugbeutel ausgerüstet, stickten sie an einer über den Tisch gebreiteten Altardecke goldene Palmzweige und dazwischen Tauben aus Silberfäden. Die Handarbeit erforderte höchste Konzentration und gute Augen bei Tageslicht. Deshalb waren die jüngeren Nonnen dafür von der Äbtissin bestimmt worden. Sie durften an diesem Tag zwei der Gebetseinheiten in der Kirche auslassen, während die älteren Schwestern vom Vordertisch in der Kirche beteten und sangen.

Die Äbtissin hatte der Chormeisterin die Lektüreauswahl überlassen. Magdalena von Staupitz las diesmal aus einer Schrift des Schülers und Nachfolgers ihres Bruders. Schwester Magdalena, die nur wenig über dreißig Jahre alt war, galt wegen ihrer Klugheit und guten Lateinkenntnisse nach der Äbtissin und der Priorin als die höchstrangige Nonne des Konvents. Es war vorgekommen, dass der Prior Wolfgang von Zeschau sie bei einem Gastmahl im Augustinerkloster Grimma irrtümlich mit „Abbatissa“ angesprochen hatte – ein verzeihlicher Irrtum, klang doch „Staupitz“ fast wie „Haubitz“.

Gretchen von Schönfeld schrie auf. Vor Aufregung über die Sätze, die sie hörte, hatte sie sich in den Finger gestochen. Käthe, die ihr gegenübersaß, biss sich auf die Lippen und starrte auf den Taubenflügel vor ihr im roten Samt: Er war schief und ungleichmäßig geraten.

„Aus den Gelübden hat man ein ewiges Gefängnis gemacht. Richtig wäre, wenn die Klöster wieder frei wären und die Nonnen und Mönche Gott mit freiem Willen und nicht mit erzwungenen Diensten dienten." Magdalena von Staupitz verstummte, als sei sie selbst erschrocken über die verwegenen Worte des Mönchs, die sie laut las. Auch die anderen elf Nonnen vom Hinteren Tisch schwiegen zunächst.

„Ist der Verfasser der Schrift ein Bischof?", fragte Käthe.

„Ein Doktor", sagte Veronika. „Er lehrt die Theologie in Wittenberg. Der Kurfürst hat ihn eingesetzt. Ich weiß es von unserem Oheim Wolfgang im Kloster Grimma."

Keine fühlte sich imstande, die Stickarbeit fortzusetzen.

„Mit freiem Willen bin ich nicht ins Kloster gekommen. Viel lieber wäre ich bei meinen Brüdern geblieben", sagte Käthe.

„Mein Vater hat gesagt: Es muss sein, liebe Kinder. Es war seit Generationen immer so", rief Ave von Große.

„Seid leise", mahnte Schwester Magdalena. „Niemand darf uns hören."

„Aber wenn er ein Doktor der Theologie ist, kann er doch nicht auf die Klöster schimpfen und auf die Regeln", wendete Else von Canitz ein.

„Der Doktor ist selbst ein Mönch, ein Augustiner wie mein Bruder", sagte Magdalena von Staupitz. „Mein Bruder kennt ihn und hat mir die Schrift zusenden lassen, sicherlich hat er das Büchlein des Aufrührers selbst gelesen."

Aufruhr. Alle starrten sie betroffen die Chormeisterin an. Es war offener Aufruhr, zu dem der Schüler des Johannes von Staupitz aufforderte. Doch er nannte gute Gründe. Und er kannte die heiligen Schriften besser als sie. Ein Doktor der Theologie an der Universität des Kurfürsten.

„Ave Maria", stöhnte Käthe. Sie alle hatten Gehorsam gelobt. Aber um Gehorsam ging es gar nicht, schrieb der Doktor aus Wittenberg. Die Gelübde von Armut, Keuschheit und

Gehorsam habe Christus nicht eingesetzt oder befohlen, so wenig wie den geistlichen Stand. Vielmehr sei der Ehestand, ebenso wie das Dasein in der Welt als Jungfrau oder als Wittfrau, ein von Gott eingesetzter Stand. Als Obrigkeit, Diener oder Magd in der Welt zu wirken, das sei Aufgabe des Menschen und sein heiliger Stand. Der geistliche Stand aber führe zur Einbildung und Hoffart, dass man sich den Himmel mit eigenen Werken verdient habe. Still saßen die Nonnen am Tisch und dachten über das Gehörte nach.

„Hat dein Bruder sie vielleicht gebilligt? Die neuen Schriften?“ Else wusste, dass Johannes von Staupitz Generalvikar über die Augustinerklöster war. Er hatte Theologie in Wittenberg gelehrt, zu Advent in Nürnberg gepredigt und hielt sich oft in München auf. Alle am Tisch spürten, dass die Sätze der Schrift ernst zu nehmen waren. Ein gelehrter Theologe der Universität Wittenberg hatte sie geschrieben.

„Er war lange nicht mehr hier“, sagte Magdalena. „Und als er zuletzt am Sprechfenster war, haben wir über Doktor Martinus kein Wort verloren.“

„Woher hast du die Schrift, Schwester?“, fragte Laneta.

„Der Buchhändler aus Wittenberg schickt mir von Zeit zu Zeit im Auftrag meines Bruders neue Druckschriften für unsere Bibliothek. Ich lese sie und dann stelle ich sie in die Regale.“

„Aber wir sind hier, damit wir für unsere verstorbenen Familienmitglieder beten“, meldete sich Laneta zu Wort. „Einer muss es tun. Und die anderen auf ihren Burgen und Schlössern haben nicht genug Zeit dafür.“

„Aber unser Beten ist zu nichts nutze“, erwiderte Magdalena von Staupitz. „Der Doktor der Theologie sagt, unser Beten und Singen macht uns nur hochmütig. Und Hoffart ist eine Todsünde.“

„In Grimma lesen die Bürger alle die Schriften des Doktors“, berichtete Veronika. „Der Kurfürst hat ihn als Professor berufen. Doktor Martinus hat das Evangelium studiert, und er sagt, nur durch das Evangelium werden wir gerettet."

„Das Evangelium sagt uns, was wir tun müssen. Nicht der Papst", ergänzte Magdalena. „Päpste und Konzilien hätten schon oftmals geirrt. Deshalb gelte nur das Evangelium." Sie sah sich um, ob sie auch wirklich unter sich waren, und fügte hinzu: „Papst Julius war ein großer Sünder, ebenso wie sein Vorgänger Papst Alexander. Die beiden hatten Frauen und Kinder, die bei ihnen im Vatikan lebten. Diese Päpste schmoren sicher in der tiefsten Hölle."

Else und Käthe zwinkerten sich zu: Julius vor der verschlossenen Himmelstür.

„Dann wird es Zeit, dass wir auch im Kloster das Evangelium lesen", schlug Käthe vor. „Die Äbtissin hat ein Exemplar davon in ihrem Amtszimmer."

„Auch in der Kirche liegt noch eins", sagte Magdalena von Staupitz.

„Selig werden können wir nur, wenn wir täglich im Evangelium lesen oder eine uns daraus vorliest", sagte Veronika. „Mein Onkel hat gesagt, er fürchtet um unser Seelenheil im Kloster, wenn es so weitergeht wie bisher."

Alle waren sie plötzlich erleichtert. Sie hatten die Lösung gefunden. Wenn sie täglich das Evangelium hörten, würde alles gut werden.

„Ich werde Margarethe von Haubitz diesen Vorschlag morgen bei der Besprechung im Kapitelsaal machen", entschied Magdalena. „Sie wird nicht dagegen sein. Es ist ein vernünftiger Gedanke. Wir haben ein Recht darauf, das Evangelium kennenzulernen." Es sei ein langes und schwieriges Buch mit vielen Abschnitten. Am besten wäre es, von Anfang an damit zu beginnen und täglich bis zum Ende einen Abschnitt daraus zu verlesen. Betreten schauten die Nonnen auf die Altardecke. Keine von ihnen wollte jetzt noch weitersticken. Und im Refektorium war so viel geredet worden wie seit Langem nicht mehr.

Exsurge Domine!

An einem frostigkalten Dezemberabend des Jahres 1520 klopfte die Priorin Schwester Eufemia an Käthes Zellentür. Zum Frühmahl solle sie die Klausur verlassen und in die Wohnung der Äbtissin kommen. Dort werde ein hoher Gast verköstigt, der gleich weiterreisen werde. Magdalena von Staupitz, sie selbst und Käthe seien eingeladen, zuzuhören und sich am Tischgespräch zu beteiligen.

„Ein Mann?“, fragte Käthe.

„Ein hoher Herr“, bestätigte die Priorin und schlurfte davon.

Käthe schlief unruhig zwischen den Gebetszeiten, die sie schlaftrunken in der Gemeinschaft der Nonnen hinter sich brachte. Sie freute sich immer, wenn sie für ein paar Stunden im Auftrag ihrer Muhme die Klausur verlassen und sprechen durfte.

Endres begleitete die Nonnen hinauf zum Speisezimmer der Äbtissin und zog Grimassen in Richtung Käthe. „Es ist wegen dem Pferd“, flüsterte er ihr zu. „Wegen Karfunkel dürft Ihr dabei sein, Jungfer.“

Auf dem Tisch war an diesem Morgen alles aufgefahren, was das Kloster zu bieten hatte. Es duftete nach der heißen Suppe und frischem Brot, geräucherte Fasanenbrust lag aufgeschnitten auf einer Silberplatte neben Wildschweinschinken und Aalpastete. Teller mit Äpfeln und Birnen waren ebenfalls bereitgestellt. Pater Maximin und sein Mitbruder Antonius saßen mit strengem Blick bereits an ihren Plätzen, die Nonnen nahmen ihnen gegenüber Platz.

Wenig später trat die Äbtissin mit dem hohen Gast ein. Käthe erkannte Karl von Miltitz sofort wieder. Er trug einen pelzverbrämten schwarzen Oberrock über schwarzen Strumpfhosen und hielt eine schwarze Pumpkappe in der Hand. Sein Blick streifte Käthe nur kurz, ohne dass er sie wiedererkannte. Für einen geistlichen Herrn, schoss es Käthe durch den Kopf, war er zu jung und zu schön. Margarethe von Haubitz stellte den Besucher kurz vor. Seit knapp zwei Jahren sei der Gesandte des Papstes unermüdlich in deutschen Landen unterwegs. Der Heilige Vater persönlich hatte ihn nach Kursachsen geschickt mit dem doppelten Auftrag, dem Kurfürsten das Ehrengeschenk der goldenen Rose zu überreichen und die Ärgernisse mit den neuen Lehren des Augustiners Doktor Martinus Luther aus der Welt zu schaffen. Nur kurz habe er hier im Kloster Aufenthalt genommen, weil sein Pferd lahme. Das Kloster sei stolz auf die Ehre, den kranken Gaul gesund pflegen und dem päpstlichen Boten das Ross Karfunkel für die Weiterreise ausleihen zu dürfen.

Die Äbtissin sprach den Segen über das Frühmahl und schenkte dem Junker mit eigener Hand Suppe in die Schüssel.

Eine Weile gaben sich alle dem Genuss der aufgetischten Köstlichkeiten hin. Erst an Weihnachten war wieder Vergleichbares zu erwarten.

Dann aber richtete die Äbtissin das Wort an den Gesandten des Papstes.

„Wie steht es in der Luthersache, Junker Miltitz?"

Anders als damals bei dem großen Fest auf Scharfenberg war er heute ernst und in Gedanken versunken.

„Die Hetzer haben es allzu weit gebracht", antwortete er missgelaunt. „Alles hat sich zugespitzt. Dabei war das gute Ende fast erreicht."

Aus seiner Umhängetasche kramte er zwei Druckschriften und legte sie auf den Tisch.

„Von der Freiheit eines Christenmenschen“, diesen Sendbrief an den Papst hatte der Augustinermönch Doktor Martinus auf Veranlassung des Boten geschrieben und veröffentlicht. Und fast wäre durch diese Schrift alles wieder gut geworden.

„Wie soll es denn gut werden, wenn der Ketzer täglich neue Schriften zum Drucker bringt?“, erkundigte sich Pater Maximin. In seinem Gesicht stand Verärgerung über die Worte des Junkers.

„Vierzehn Auflagen sind von der Schrift an den christlichen Adel erschienen. Auf jedem Jahrmarkt wird sie feilgehalten.“ Pater Antonius war erstaunlich gut über die Umtriebe des Mönchs unterrichtet. „Er leugnet das Kirchenrecht, er leugnet die Sakramente, er will den Papst nicht als höchste Autorität der Gläubigen anerkennen. Stattdessen: Glaube, die Schrift, Gnade und Christus!“

„Es geht nicht an, dass ein jeder glaubt, was er will“, fügte Pater Maximin hinzu. „Der Heilige Vater ordnet an, was geglaubt wird. Dafür hat man ihn erwählt. Er allein führt die Christenheit.“

„Habt Ihr dieses Büchlein etwa gelesen?“, platzte Käthe heraus.

„Alle scheinen es gelesen zu haben. Und wer nicht lesen kann, lässt es sich vorlesen. Sogar die Marktweiber in Grimma wollen mich über die Geheimnisse der Theologia belehren“, seufzte Antonius. „Wo wird es noch hinführen, wenn das gemeine Volk zu lesen beginnt!“

„Schwester Eufemia und ich, ebenso Schwester Magdalena, auch wir haben einige Schriften des Doktors gemeinsam studiert“, bekannte die Äbtissin. „Wir sind in große Zweifel darüber geraten.“

Gedankenverloren zerkrümelte sie das Brot, das sie in der Hand hielt.

„Das Unglück ist die Buchdruckerei!“, klagte Pater Antonius. Endres goss ihm Wein nach. „Jedermann kann für ein paar Groschen Büchlein und Blätter mit Illustrationen kaufen. Sogar die Weiber lesen neuerdings.“

„Sie hungern einen Tag lang und kaufen sich eine Schrift statt des Brotes, dessen sie bedürfen“, keuchte Pater Maximin. „Das Volk ist verhetzt.“

„Schriften sind ein Lebensmittel“, platzte Käthe heraus.

„Jungfer, schweigt von Dingen, die Ihr nicht versteht“, befahl Pater Antonius mit dünner Stimme.

„Der Papst der Antichrist! Die Gemeinschaft der Heiligen eine Versammlung von Abgöttern! Die Sakramente überflüssig! Das alles will uns Doktor Martinus aus Wittenberg glauben machen“, rief Schwester Eufemia kämpferisch über den Tisch. „Der Mann muss brennen! Wehret den Anfängen! Wo wird es enden?“

„Als Nächstes wird er eine Schrift verfassen, das Evangelium sei die Erfindung von Menschen“, grummelte Pater Maximin. „Sein eigenes Gewissen sage ihm, was gut und böse ist.“

„Die Kirchen wird er niederbrennen lassen und die Obrigkeit aus ihren Schlössern vertreiben“, ergänzte Pater Antonius.

„Jede neue Schrift, die er herausgegeben hat, ist kühner und widersetzlicher geworden“, sagte die Priorin. „Es muss ein Ende haben mit dem Ketzer.“

„Der Kurfürst muss ihn fassen und ausliefern“, sagte Pater Maximin.

„So leicht ist es nicht“, verteidigte sich der Junker. „Hätte ich auch hundertzwanzigtausend Schweizersoldaten, vermöchte ich doch nicht, diesen Mann durch die deutschen Lande bis nach Rom zu schleppen.“

„Warum nicht?“ Schwester Eufemia stemmte die Ellenbogen auf den Tisch. „Mit tausend Söldnern tät ich es vollbringen.“

Käthe stellte sich die Priorin an der Spitze eines Heerzugs von tausend Schweizer Söldnern vor, wie sie die päpstliche Fahne vorantrug.

„Nein“, erwiderte Karl von Miltitz. „Das Volk in den deutschen Landen steht auf der Seite dieses Mannes. Unter den Übelständen, die er anprangert, haben die Menschen lange gelitten. Der päpstliche Stuhl presst immer mehr Geld aus dem Reich. Martinus Luther selbst ist jung und stark. Kein alter Mann hinter dem Ofen, der sich seltsame Bücher ausdenkt, sondern voll Kraft.“

„Die Lüge hat keine Kraft.“ Pater Antonius nahm einen kräftigen Schluck Wein aus seinem Pokal, Karl von Miltitz goss sich mit eigener Hand nach.

„Christus wird siegen. Genau so spricht Doktor Martinus Luther“, sagte er. „Wenn er redet, leuchten seine Augen und man hat Mühe, ihm zu widersprechen.“

„Konntet Ihr ihn nicht widerlegen?“, fragte die Äbtissin. „Ihr, der Vertraute des Heiligen Vaters?“

„Drei Mal habe ich ihn gesprochen. Und bei jedem Mal hat er mich fast überzeugt!“, rief Karl von Miltitz. „Ich habe versucht, ihn mit dem Heiligen Vater zu versöhnen. Die Sache muss zu einem guten Ende gebracht werden.“

„Doktor Martinus steht unter dem Bann des Papstes“, ließ sich Pater Maximin vernehmen. „Wenn er nicht widerruft, wird er gebannt und exkommuniziert. Es wird ihn ein frommer Mann erschlagen wie einen räudigen Hund. Oder man richtet den Scheiterhaufen für ihn.“

„Der Heilige Vater verbrennt keinen, er hätte ihn denn“, seufzte der Junker. Es sei nur die Androhungsbulle, erklärte er dann. Die Bulle „Exsurge Domine“, die der Theologieprofessor Eck angeschlagen hätte, ein schlimmer Hetzer, trete erst in Kraft, wenn nach drei Monaten Papst und Luther sich nicht versöhnt hätten.

Das Schlimmste seien die Zustände an der Kurie in Rom, wo Tag für Tag gefeiert werde. „Sodom und Gomorrha“, seufzte Karl von Miltitz und setzte den Pokal erneut an. „Schlimmer noch, als der Ketzer in Wittenberg es sich vorstellt.“ Oft genug sei er dabei gewesen. Die Verwandten des Papstes, geldgierige Kreaturen. Hohe kirchliche Ämter, alle käuflich. Die Kassen des Papstes, inzwischen ziemlich leer. Sogar bei ihm, Miltitz, habe er sich goldene Dukaten ausgeliehen, die vermutlich verloren seien.

„Schweigt still“, entfuhr es Pater Maximin und die Nonnen am Tisch zuckten zusammen. Immerhin war Karl von Miltitz der Nuntius des Heiligen Vaters.

Käthe konnte sich des Eindrucks nicht erwehren, dass Karl von Miltitz, der Gesandte des Papstes, selbst auf die Seite des Wittenberger Doktors übergegangen war. Alles hatte er getan, um dem Doktor einen Ausweg zu eröffnen. Drei Mal war er mit ihm zusammengetroffen. Nicht mit dem Ziel, ihn zu verhaften, sondern um einen Ausgleich zwischen ihm und dem Papst zu erreichen.

„Wenn ich die beiden zum Gespräch miteinander bringen könnte, dann würde alles gut“, sagte er, während die Priorin und die beiden Patres ihn verständnislos ansahen. „Der Heilige Vater würde ihn verstehen und ihm in manchem Punkt recht geben.“

Die Äbtissin nickte. Als Einzige am Tisch schien sie auf der Seite des Junkers.

„Wo soll es denn hinführen, wenn die Anhänger der neuen Lehren auf die Rechtgläubigen losgehen und Kirchen und Klöster schließen?“, fragte Miltitz in die Runde. „Es darf nicht zum Kampf kommen. Von vier Leuten, die im Wirtshaus beieinander sitzen, ist nur noch einer auf der Seite des Heiligen Vaters. Die andern schreien: Luther hat recht! Ich weiß es wohl, bin ich doch durch alle deutschen Lande geritten."

Nach Wittenberg könne er sich nicht wenden, dort sei er als „Papist" so verhasst, dass man ihn, den Boten des Heiligen Stuhls, am hellen Tag auf der Straße erschlagen würde, seufzte er.

„Zu einer Meerflut ist die Bewegung des Augustiners geworden!", rief Pater Antonius mit schriller, hoher Stimme. „Ich habe mit dem Augustinerprior von Grimma gesprochen, Pater Wolfgang. Er hat mir nicht antworten wollen, wie er über den Mitbruder aus seinem Orden denkt. Überall stehen die Feinde. Selbst in den Klöstern sind sie schon." Alles risse die Flut mit, klagte er weiter. Dämme müsse man gegen sie bauen, sonst werde sie alles zerstören.

Mit der Theologie müsse man den Wittenberger bekämpfen, meinte Pater Maximin. Zweifelnd betrachtete er den päpstlichen Boten. „Und Ihr seid ein Diplomat, kein Theologe", murrte er.

Der Nuntius erklärte, dass Geschäfte auf ihn warteten. Er müsse aufbrechen.

„Lieber Bruder in Christo, ich wünsche Euch, dass Ihr den Ketzer auf den Scheiterhaufen führt", verabschiedete sich Pater Antonius.

„Wünscht lieber, dass ich die gute Endschaft des ganzen Handels erreiche", gab Miltitz zurück.

„Junker, diese Welt ist nicht das Paradies", sagte Pater Maximin.

„Wir Diplomaten versuchen, Blutvergießen und Kriege zu verhindern", widersprach der Gesandte. „Darin besteht unsere Kunst. Und auch Jesus hat, soviel ich weiß, zum Frieden geraten. Liebet eure Feinde, so sagte er."

Aufruhr

Die zwölf Nonnen am hinteren Tisch verzehrten die Abendsuppe mit dem dazugehörigen Brocken Brot. Muhme Lene von Bora stand auf der Kanzel des Refektoriums und las einen Evangeliumstext, der nicht in den Mai passte. Es war ein Ostertext. Sie trug die Stelle vor, an der der Apostel Petrus Jesus verleugnete.

Der süßliche Geruch der blühenden Linden wehte durch das geöffnete Fenster, es war immer noch warm, die Vögel sangen. Käthe sehnte sich plötzlich danach, draußen zu sein und nach Schwarzlock und Je zu sehen wie in den Zeiten vor ihrer Weihe. Damals war die Welt des Klosters noch offen für sie gewesen. Es war nicht leicht, Nonne zu sein. An manchen Tagen war es besonders schwer. Draußen lockte die Welt mit blühenden Obstbäumen, spielenden Kindern, Hunden und Pferden. Irgendwo tanzten Frauen und Männer fröhlich auf der Wiese vor dem Dorf. Entfernt war Musik zu hören. Käthe seufzte. Sie hätte dem Tanz zu gern aus der Nähe zugesehen. Doch das war unmöglich. Ihre Finger zuckten auf der Tischplatte hin und her. Ihre Füße wippten im Takt des Tanzes.

Die Äbtissin war eingetreten, was ungewöhnlich war, da sie ihr Abendessen für gewöhnlich in der Abtswohnung einnahm.

Pater Maximin war der Äbtissin gefolgt. Auch er war ein seltener Anblick in der Klausur. Triumphierend hob er ein Büchlein in die Höhe. Die Nonnen am Hinteren Tisch erkannten es sofort. „Von der Freiheit eines Christenmenschen". Wie war es in seine Hände geraten?

Gretchen schluchzte laut los.

„Eine von euch war beherzt genug, mir euer Vergehen zu bekennen. Es ist ihr nicht leicht gefallen, aber sie hat sich durchgerungen.“ Die Äbtissin sah die Nonnen am Hinteren Tisch düster an.

Gretchen weinte noch verzweifelter und die Blicke der Nonnen richteten sich allesamt auf sie, die Jüngste unter ihnen.

Margarethe von Haubitz sprach weiter.

„Ich kann euch weiter berichten: Der Ketzer Martinus ist auf der Rückreise vom Reichstag verschwunden. Bewaffnete haben ihm aufgelauert. Es heißt, sie haben ihn erstochen und den Leichnam an einem Baum aufgehängt.“ Sie sah in die Runde.

„Gott straft die Ketzer. Seiner Gerechtigkeit entgeht der Sünder nicht“, setzte Pater Maximin hinzu.

Für ein paar Augenblicke wurde es totenstill im Refektorium. Muhme Lene auf der Lesekanzel klappte ihr Buch zu, rührte sich aber nicht von ihrem Platz.

Nein, dachte Käthe. Nein, Doktor Martinus darf nicht tot sein. Ohne ihn ist alles vorbei. Ohne seinen Mut ist die Freiheit der Christenmenschen verloren.

„Er darf nicht tot sein!“, schrie sie.

Margarethe von Haubitz trat auf sie zu und schlug ihr ins Gesicht.

Die Nonnen sprangen von den Bänken auf und warfen sich auf die Knie.

„Herr, sei seiner Seele gnädig. Herr, erlöse Doktor Martinus. Führe ihn in dein Reich“, beteten sie laut und wider jede Vorschrift. Nur Käthe brachte vor Betrübnis kein Wort hervor. Ob er schlimme Schmerzen gehabt hatte, als die Bewaffneten mit ihren Hellebarden auf ihn einstachen?

„Dem Scheiterhaufen in Worms ist der Wurm entkommen. Gottes Gerechtigkeit aber nicht. Auf dem Heimweg hat Gott mit eigener Hand rächend zugeschlagen“, verkündete Maximin das, was er gehört hatte.

„Dann ist er jetzt ein Heiliger im Himmel ganz nahe bei Gott“, rief Käthe.

Die Äbtissin und Pater Maximinus traten entsetzt einen Schritt zurück, als habe Käthe sich in den Leibhaftigen verwandelt.

„Die Priorin wird euch alle geißeln“, sagte die Klosterherrin dann mit schneidender Stimme. „Zehn Schläge für jede von euch, für Käthe von Bora noch einmal fünf dazu. Schwester Käthe, du bist hoffärtig und stolz ohne Ende. Tausend Mal habe ich dich ermahnt, nicht vorlaut zu sein und demütig zu bleiben. Nur wer schweigt, kann die Stimme Gottes in sich hören. Nur tiefes Schweigen ermöglicht das tiefe Gebet zu Gott.“

Käthe umklammerte ihren Rosenkranz.

„Anschließend wird Schwester Eufemia euch alle in den Keller führen. Vierzehn Tage Haft bei Wasser und Brot verhänge ich über euch. Danach werden Pater Antonius und Pater Maximin euch die Beichte abnehmen. Nur wer von Herzen bereut, darf wieder hinauf in die Gemeinschaft der Nonnen.“

Und so geschah es. Die Priorin führte die zwölf Nonnen vom Hinteren Tisch in den Kreuzgang. Magdalena von Staupitz war die Älteste und damit zuerst an der Reihe. Schweigend kniete sie nieder, zog ihr Gewand herab, so dass der Oberkörper entblößt war, und Schwester Eufemia schlug die Geißel klatschend über ihren Rücken. Sie verrichtete die Strafe ohne erkennbaren Zorn oder Eifer, wahrscheinlich sogar mit dem rechten Maß.

Und dennoch erschien die Strafe Käthe ungerecht und grausam. Keine von uns hat etwas Böses getan, dachte sie. „*Tolle, lege*“, „nimm und lies“, so war es dem heiligen Augustinus ergangen. Eine Schrift zu nehmen und zu lesen, noch dazu in Gemeinschaft, war nicht böse, sondern gottgefällig.

Das Evangelium zu lesen, das Wort Gottes, war wichtiger als Singen und Beten. Schriften zu lesen, auch die von Theologen wie Martinus Luther, war nicht aufsässig. Oder war es das doch? Als Nonne hatte sie ewigen Gehorsam gegenüber der Klosterobrigkeit geschworen. Aber ging es nicht letztlich um den Gehorsam gegenüber Gott? Was, wenn die Äbtissin von Mariathron und der Abt von Porta sich irrten?

Magdalena gab keinen Schmerzenslaut von sich. Sie weinte auch nicht. Sogar ihr Gesicht blieb unbewegt.

„Gelobt sei Jesus Christus“, sagte sie, als die Priorin aufgehört hatte, und erhob sich. Wir sind zwölf, überlegte Käthe. Da sie zu den jüngsten Nonnen gehörte, kam sie als vorletzte an die Reihe. Die Priorin war bereits müde. Nach drei Schlägen hörte sie auf.

Ave von Schönfeld trat vor. „Du nicht mehr“, sagte Schwester Eufemia, sichtlich erschöpft. „Ich führe euch jetzt hinab in den Keller. Nehmt euch aus der Vorratskammer jede einen Sack mit, damit ihr nicht auf dem Boden schlaft. Ihr holt euch sonst den Tod. Damit ist niemandem gedient.“

Die Zwölf neigten dankbar die Köpfe. Nachdem sie sich mit Säcken versorgt hatten – Käthe nahm zwei vom Stapel, und Ave und Gretchen taten es ebenso –, folgten sie der Priorin in den Keller. Mit jeder Stufe, die sie hinab traten, wurde es kühler. Sie schritten durch das Gewölbe an den Bierfässern vorbei bis zum Gefängniszimmer ganz am Ende, das durch ein Eisengitter verschlossen war.

„Ganz hinten in der Ecke ist ein Abtritt“, erklärte die Priorin. „Auch im Dunkeln findet ihr durch den Gestank dorthin. Einmal gegen Abend wird eine Nonne kommen und euch Wasser und altes Brot reichen. Betet zu Gott und den Heiligen und bereut euren Hochmut. Seid dankbar, dass ihr die Möglichkeit zur Rückkehr in die Gemeinschaft habt. Es hat Nonnen gegeben, die für immer im Kellergewölbe eingesperrt blieben. Ohne Reue und Absolution sind sie der ewigen Verdammnis verfallen."

Gretchen schluchzte laut auf. Käthe lief ein kalter Schauder über den Rücken. Im Dunkeln griff eine Hand nach der ihren: Es war die von Magdalena von Staupitz. „Hab keine Angst, Kind", sagte die Chormeisterin leise. „Gott ist mit uns."

„Bist du dir sicher?", fragte Käthe.

„Ja, er verlässt die Gefangenen nicht", erklärte Magdalena. „Er kümmert sich um die Verzweifelten und die Verlassenen."

Schwarz

Tagsüber war schwaches Licht von irgendwoher bis in den Verschlag gedrungen, in dem die zwölf Nonnen gefangen waren. Doch später war ihnen, als versänken sie in tiefster Dunkelheit. Wenigstens konnten sie miteinander sprechen, da niemand sie bewachte. Käthe kauerte auf dem Sackleinen und fror. Magdalena von Staupitz stimmte immer wieder den Psalmengesang an, doch inzwischen sang keine mehr mit: „Ob ich wanderte im allertiefsten Tal, der Herr ist mein Hirte …" Ja, hier unten war das tiefste und kälteste Tal. Aber wenigstens waren sie zusammen. Und sie alle teilten das Wissen um Doktor Martinus' Schriften. Und sollten diese nicht vor allem die Geistlichen in den Klöstern aufrütteln, auch wenn sie ebenso von vielen Menschen draußen in der Welt gelesen wurden?

„Mein Bruder wollte morgen zu Besuch kommen", seufzte Ave von Große. „Er wird nach mir fragen."

Nach ihr würde niemand fragen. Morgen nicht und übermorgen nicht. Käthe schluckte.

„Dein Bruder Magnus?" Das war die andere Ave, Gretchens Schwester, aus dem Hause Schönfeld. „Glaubst du, sie lassen ihn überhaupt ein? Er ist doch gerade erst aus dem Kloster entlaufen."

„Er ist mein Bruder. Wenn Verwandte kommen, dürfen sie mit den Nonnen im Sprechzimmer am Gitter reden."

Für ein paar Augenblicke schöpften sie alle neue Hoffnung. Magnus von Große würde erfahren, dass seine Schwester im Klostergefängnis war, und nachfragen. Er konnte ihnen beistehen.

„Hier unten gibt es Ratten“, flüsterte Gretchen.

„Das würde die Äbtissin nie zulassen“, sagte ihre Schwester.

„Eine ist an mir vorbeigelaufen, ich hab sie genau gespürt“, beharrte Gretchen.

„Lasst uns beten!“, schlug Käthe vor.

„Ja, wegen der Ratten“, seufzte Laneta. „Der Herr soll die Ratten von uns fernhalten.“

„Nein, für Doktor Martinus.“ Käthe versuchte, die anderen in der Dunkelheit zu erkennen, doch das war unmöglich. „Dass er ihn belohnt für all das Gute, das er mit seinen Schriften bewirkt hat.“

„Wenn er jetzt als Heiliger neben Gottes Thron sitzt, können wir zu ihm beten, dass er uns gegen die Ratten beisteht“, ließ sich Gretchen mit dünner, ängstlicher Stimme vernehmen. Sie saß ganz hinten an der Rückwand des Kellers bei Ave.

„Wir wollen beten, dass Gott ihn rettet. Vielleicht ist er schwer verwundet,“ überlegte Magdalena von Staupitz.

„Nein, Magdalena, du hast doch gehört, dass sie ihn erstochen haben und seine Leiche auf einem Baum aufgehängt wurde.“ Das war Else von Canitz.

„So oder so“, entschied Käthe und machte den Anfang: „Herr, wir bitten dich inständig, steh Doktor Martinus bei in seiner Not. Ob er tot oder lebendig ist, hilf ihm und tröste ihn.“

„Wir würden ihn begraben“, stimmte Laneta ein, und die anderen sprachen leise mit, „doch wir sind arme, eingesperrte Nonnen. Wir wissen nicht, an welchen Ort sie dich, Doktor Martinus, gebracht haben.“

„Hol ihn heraus aus dem Keller, in den sie ihn geworfen haben, oh Herr, und befreie ihn von den Ratten“, war Gretchen zu hören.

„Die Ratten tragen die Pestilenz in sich“, klagte Laneta. „Es ist nicht gut, hier unten zu sein. Wir werden sterben, wenn man uns nicht bald befreit.“

„Lasst uns für Doktor Martinus beten“, meldete sich die Chormeisterin wieder zu Wort. „Er ist in größerer Not als wir.“

An dieser Stelle begann Gretchen zu weinen. Alle hatten sie fast keine Hoffnung mehr. Entweder war der Doktor tot, oder es ging ihm noch schlechter als ihnen. Auch er war dann ein armer verlassener Gefangener in einem tiefen Kerker, noch dazu verwundet. Niemand pflegte seine Wunden.

„Wie Christus“, sagte Gretchen in die Stille. „Er leidet wie Christus am Kreuz.“

„Wir müssen weiter für ihn beten.“ Käthe wischte sich die Tränen vom Gesicht. „Niemand kann das so gut wie wir. Wir müssen alle Stärke in unser Gebet legen und Gott anflehen, dass er diesen Mann befreit und ihm hilft. Gott hat Lazarus von den Toten auferweckt. Er hat die Kraft, auch jetzt ein Wunder zu vollbringen und Doktor Martinus ins Leben zurückzuholen.“

Die Gefangenen griffen zu ihren Rosenkränzen. „*In nomine patris et filii et spiritus sancti*“, begann Magdalena von Staupitz, und eine nach der anderen stimmten sie in die vertraute, beruhigende Litanei ein, die Finger um die Perlen der Rosenkranzketten gelegt. Das Gebet für den bedrohten Augustinermönch gab ihnen allen wieder Trost und Halt. Gott, der Herr, die Jungfrau Maria und der ferne Doktor Martinus verschmolzen in der Dunkelheit und Kälte zu einem lichterfüllten, wärmenden Bild, fast so, als knieten sie in der Kirche vor einem der Heiligenaltäre mit seinen flackernden Kerzen.

„Ein neuer Elias“

Es war völlig still, als die zwölf Nonnen vom Hinteren Tisch, angeführt von Magdalena von Staupitz, in den Kapitelsaal einzogen. Neun Tage hatten sie im Kellergewölbe ausgeharrt bei Wasser und Brot, singend und betend. Völlig unerwartet, ohne Begründung hatte die Priorin sie vor Ablauf der Strafzeit aus dem Gefängnis geholt. Es konnte nur so sein, dass die Äbtissin ihnen die letzten fünf Tage erlassen hatte. Nach einem warmen Bad durften sie frische Kleidung anlegen und bekamen einen stärkenden Trunk Suppe gereicht, bevor Schwester Eufemia sie wortlos in den Kapitelsaal führte, in dem die Nonnen vom Vordertisch auf sie warteten.

„Hört zu“, begann Margarethe von Haubitz und stützte sich auf ihren Abtsstab. Ihr sonst so faltenlos glattes Gesicht schien zermürbt, als sei sie eine Zeit lang krank gewesen. „Liebe Kinder, Ihr müsst bereuen. Es gibt keinen anderen Weg als den der Buße. Die Schriften des Doktor Martinus sind ketzerisch, er selbst wurde erst vom Papst gebannt und danach vom Kaiser. Ob er tot ist oder lebendig, kann kein Mensch mit Sicherheit sagen. Ich habe mit Seiner Kurfürstlichen Gnaden gesprochen und mit dem Abt von Porta. Nicht einmal ihnen ist bekannt, wo der Doktor sich befindet und was aus ihm geworden ist.“

Gespannte Stille breitete sich aus. Die Äbtissin lächelte den Nonnen vom Hinteren Tisch zu. „Jetzt dürft ihr alle sprechen, liebe Kinder. Dies gilt auch für die Sünderinnen. Wer etwas zu sagen hat, trete vor und spreche laut und deutlich vor der Versammlung.“

„Dieser Mann ist ein Prophet", rief Magdalena von Staupitz, „ein neuer Elias!"

Margarethe von Haubitz fuhr unbeirrt fort: „Lasst uns beten, dass der Ketzer tot ist und die Unruhen in den deutschen Ländern und Städten ein Ende finden. Lasst uns beten, dass Ruhe und Frieden in die Klöster und Kirchen zurückkehren und die Sünder und Aufrührer den Weg zurück finden."

„Wir bitten dich, erhöre uns", beteten die Nonnen vom Vordertisch, die sich von ihrer Bank im Kapitelsaal erhoben hatten.

„Er war ohne Furcht und lehrte uns alle, dass es die Schrift ist, die über dem Papst und den Konzilen steht", meldete sich Else von Canitz zu Wort.

„Viele Männer haben ihre Klöster verlassen", sagte Veronika. „Mein Onkel am Augustinerkloster in Grimma hat es getan und andere auch."

„Einzelne Mönche haben sich geirrt. Sie haben ihre Gelübde gebrochen und sind hinaus in die Welt gegangen. Klosterfrauen haben diese Möglichkeit nicht. Ich warne euch alle: In der Welt wird euch niemand behilflich sein. Eure Familien werden euch nicht unterstützen. Ohne den Schutz des Klosters werdet ihr in der Gosse landen und eure Körper verkaufen müssen." Die Äbtissin schwieg.

„Nein", sagte Käthe in die entstandene Stille. „Gott wird uns helfen."

„Ja", erwiderte die Klosterherrin. „Dessen bin ich gewiss. Er wird euch Einsicht gewähren, dass ihr in Demut und Buße wieder in die Gemeinschaft von Mariathron zurückkehrt. Dafür haben wir hier oben jeden Tag und jede Nacht gebetet, als ihr im Keller wart."

„Kinder", rief die Kellermeisterin hinüber zu der Gruppe der Sünderinnen. „Der Wittenberger Doktor hat den Papst den Antichristen genannt. Noch nicht einmal die Hussiten sind zu ihrer Zeit so weit gegangen!"

„Ein wahrer Elias“, murmelte Magdalena von Staupitz.

„Er ist ein Ketzer“, erklärte die Siechenmeisterin. „Am Ende wird er im Feuer des Scheiterhaufens brennen. Ganze Länder sind in Aufruhr. Nur seinetwegen wird es blutige Kriege geben!“

„Genug von alledem“, rief Margarethe von Haubitz und klopfte mit dem Hirtenstab auf den Boden. „Wir alle haben Gehorsam gelobt, außerdem Demut und dass wir in diesem Kloster bleiben für immer. Bereut, Kinder!“

Die Zwölf vom Hinteren Tisch senkten die Köpfe, was die Äbtissin als Zeichen des Einverständnisses und der Buße deutete. Zum ersten Mal in der Zeit ihres hohen Amtes war es zu einem offenen Aufstand gegen sie gekommen. Zum ersten Mal war sie ratlos, wie sie mit den Aufrührerinnen verfahren sollte. Sie gab Schwester Eufemia ein Handzeichen.

„Geht in eure Zellen“, befahl die Priorin, „und betet weiterhin um Erleuchtung durch den Heiligen Geist und Christus unseren Herrn.“

Die zwölf Nonnen senkten die Köpfe noch tiefer. Ja, sie würden beten wie bisher, um Erleuchtung und Erkenntnis. Vor allem aber um Rettung für Doktor Martinus.

Der Hintere Tisch

So klug und umsichtig die Äbtissin eigentlich war, hatte sie doch versäumt, die Besetzung des Hinteren Tisches zu verändern. Seit zwei Wochen schon saßen die Aufrührerinnen wieder bei jeder Mahlzeit vereint nebeneinander im Refektorium. Sie waren immer noch blasser als früher und jede von ihnen war abgemagert. Die beiden Zeschau-Schwestern hatten einen unangenehmen Hautausschlag von dem Kelleraufenthalt behalten, Magdalena von Staupitz bekam ihren Husten nicht los, Käthe selbst verspürte immer wieder Anfälle von Frösteln und schwitzte nachts, als hätte sie Fieber. Jedenfalls tat es allen gut, wieder heiße Suppe zu schlürfen. Zu ihrem Erstaunen bekamen sie reichliche Fleischportionen, und auch an den ersten Kirschen aus dem Obstgarten wurde nicht gespart. In den zurückliegenden Jahren waren die ersten Kirschen, der Stolz des Klosters, auf dem Markt in Grimma verkauft worden, in diesem Jahr hatte Margarethe von Haubitz bestimmt, dass sie den Nonnen zum Essen zusätzlich gereicht würden.

Auch die Zeichenunterhaltung während des Essens fand wieder wie früher statt. Veronika und Margarethe von Zeschau hatten Besuch von ihrem Onkel Wolfgang erhalten. Durch das Gitter des Sprechzimmers hatte er ihnen die unglaubliche Mitteilung gemacht, dass Doktor Martinus am Leben sei. „Gestern“, zeigte Veronika mit den Händen. „Ich soll es euch allen weitersagen.“

„Gott sei Lob und Dank“, rief Käthe spontan aus und brach damit das Silentium. Am Vorderen Tisch hoben die Nonnen die Köpfe von den Suppenschüsseln und warfen der Störerin entrüstete Blicke zu. Käthe senkte den Kopf und entschuldigte sich mit Handzeichen, welche die Priorin mit einem Nicken akzeptierte. Magdalena von Staupitz und alle anderen vom Hinteren Tisch hielten einen Augenblick inne und schickten ihren Dank gen Himmel. Dann sahen sie sich lächelnd an und hoben die Trinkbecher. Obwohl auch das wortlos geschah, hatten sie alle den gleichen Gedanken: Auf Euer Wohl, Doktor Martinus! Möget Ihr hundert Jahre werden!

Er sei irgendwo versteckt tief in den Wäldern, wo er sicher sei vor seinen Verfolgern.

Ob es dafür Beweise gebe, fragte Ave zaghaft mit den Händen.

Ganz sichere sogar. Er habe Briefe an Leute in Wittenberg geschrieben, berichtete Veronika. Und er wolle bald zurückkehren.

Und irgendwann, zeichnete Käthe, kommt er hierher nach Nimbschen und predigt für uns in dieser Kirche.

Das wäre nur gerecht, nachdem wir so viel um ihn gelitten haben, zeigte Magdalena von Staupitz.

Das war der Moment, in dem Muhme Lene an den Hinteren Tisch trat.

Schwestern, gestikulierte sie, hört auf, von dem Ketzer zu sprechen. Ich habe euch zugesehen und so einiges mitbekommen. Hört auf, für diesen Mann zu beten. Er wird auf dem Scheiterhaufen enden, so wahr ich Nonne in Kloster Nimbschen bin. Sie strich Käthe leicht über den Kopf, als wollte sie sagen: mein armes, dummes Kind.

Muhme, ich bin so froh!, zeigte Käthe mit den Fingern.

Wenigstens widersprach Muhme Lene ihr nicht. Freute sie sich vielleicht sogar insgeheim ein wenig mit ihr?

Wittenberg, Januar 1540

„Ihr müsst das Wasser aus dem Glas trinken, Doktorissa“, sagte Orthe verschwörerisch. „Ich habe abgewartet, bis der Doktor fort war. Er darf nichts davon wissen.“

Sie hob den klobigen Glasbecher an Käthes Lippen und träufelte ihr langsam das Wasser in den Mund. Käthe umfasste das kleine Gefäß mit beiden Händen.

„Wasser des Lebens“, flüsterte Orthe, „aus dem Trinkglas der Heiligen Elisabeth. Sie hilft den Frauen bei schweren Geburten und gegen das Kindbettfieber.“

„Nur die Schrift“, murmelte Käthe, „nur der Glaube, nur die Gnade, nur Christus.“

Das Glas der heiligen Elisabeth hatte Kurfürst Johann dem Doktor persönlich geschenkt, als er vor zehn Jahren den Reliquienschatz im Gewölbe der Schlosskirche auflöste.

„Nur die Schrift“, wiederholte Käthe.

„Und das Glas der Heiligen Elisabeth“, beharrte Orthe und bettete Käthes Kopf zurück auf das Kissen.

„Ich werde bald aufstehen“, murmelte Käthe. „Die Kraft kommt zurück. Ich spüre es.“ Eine Fehlgeburt war es gewesen, ein totes, zu früh geborenes Kind, eins, das noch ohne Seele war, jetzt wusste sie es wieder. Satan, der ewige Widersacher, hatte sie und den Doktor gepeinigt, Fieber und Siechtum in ihren Körper gebracht und sie fast niedergezwungen.

„Ich hole Rosina. Wir halten Euch, und Ihr versucht ein paar Schritte.“

„Trag das Glas zurück und leg es in den Kasten zu den Schenktalern und Kleinodien“, befahl Käthe. „Sei vorsichtig, wenn du es auswischst.“

Die Beine knickten ihr ein, als sie aufzutreten versuchte, Rosina und Orthe hatten sie unter den Schultern gefasst und zogen sie langsam durch die Stube. Käthe lächelte. Sie brachten sie zum Fenster. Es war geschlossen, doch draußen war Bewegung zu erkennen. Menschen kamen und gingen durch das Tor, und ein Wagen stand im Hof. Vielleicht schien es ihr auch nur so. Ihre Beine waren schwer und dick und ihre Füße angeschwollen. Käthe war schweißgebadet, als die Köchin und die Magd sie zurück ins Bett schoben. Es war mühsam, sich wieder zu bewegen. Wie flink und schnell sie damals gewesen war als junge Schwester Katharina in Mariathron ...

Fliehen

Das Jahr 1522 brachte bedeutsame Änderungen: Papst Leo X. war am 1. Dezember 1521 in Rom verstorben, und am Weihnachtsfest schwirrten die deutschen Lande vor Spekulationen: Wer würde sein Nachfolger werden? Im Januar 1522 wurde dieser gewählt, Papst Hadrian VI., ein in Utrecht geborener Niederländer, ein enger Vertrauter und Ratgeber des regierenden Kaisers Karl.

Unaufhaltsam hielt die Reformation in Kursachsen Einzug. Das Volk in allen deutschen Landen las die Schriften Luthers. Im kursächsischen Gebiet verließen Mönche die Klöster. Sie wurden Handwerker und Ehemänner. Die ersten Priester heirateten, ein ganzer Stand begann sich aufzulösen.

Die Äbtissin hielt eine Ansprache an ihren Konvent im Kapitelsaal: Auf den neuen Papst setze die Christenheit große Hoffnung. Er werde die Kirche besser machen und gegen einige Ärgernisse der letzten Jahrzehnte angehen. Ganz gewiss werde es jetzt zur Beendigung der Glaubensspaltung in den deutschen Landen kommen, zu einer Einigung der Kirche. Mehr und mehr redete sie sich in Begeisterung. Aufgabe der Nonnen sei es, täglich für die Einigung der Kirche zu beten.

Doch ansonsten setzte sich das Klosterleben mit seinen Wiederholungen fort, jeder Tag dem anderen so ähnlich wie die Perlen einer Rosenkranzkette, gegliedert durch die Stundengebete, unterbrochen von Wollespinnen, dem Besticken von Altardecken, Lesungen im Refektorium, kleinen Ansprachen der Priorin oder der Äbtissin. Alle zwei Wochen samstags das Bad in der Badstube und danach die Beichte. Selbst an das

Hämmern und Klopfen der Bauleute hatten sich die Nonnen inzwischen gewöhnt.

Und dennoch hatten die Zwölf vom Hinteren Tisch neben ihrem offenkundigen Nonnenleben ein zweites, geheimes Leben angefangen, jede für sich mit eigenen Gedanken und eigenen Sünden, die sie ihrem Beichtvater nicht mehr mitteilten.

„Nachdem man die Schriften des Wittenberger Doktors gelesen hat, kann man nicht mehr zurück“, sagte Else von Canitz einmal leise zu den anderen. Ihr Leben war verändert durch Martin Luthers Lehre, dass das Wort Gottes über den Verfügungen der Päpste stehe. Sie legten keine vollständigen Beichten mehr ab. Mehr noch: Die meisten von ihnen hatten für sich entschieden, dass dieser Zustand der Sünde keine Sünde war. Sie nahmen nach der Feier der Eucharistie die Hostie aus der Hand des Priesters, ohne sich schuldig zu fühlen. Christus war für sie gestorben und hatte sie erlöst. Mehr noch, Christus hatte ihren Doktor der Theologie erlöst. Und dieser Doktor würde eines Tages vor dem Tor des Klosters stehen und Einlass begehren. Sie hatten keine Angst mehr vor der ewigen Verdammnis und dem Höllenfeuer. Magdalena von Staupitz erklärte ihnen, was sie in den Schriften des Doktors gelesen und erkannt hatte. Der Kern der Nuss, so sagte sie, sei, dass Christus die Menschheit erlöst habe. Nicht um fromme Werke im Leben gehe es, sondern um den Glauben, die Schrift, die Gnade Gottes, um Christus. Nein, die Heiligen mitsamt den Reliquien in der Wallfahrtskirche führten nie und nimmer zum Heil der Erlösung. Abgötterei sei es, zu ihnen um Beistand zu beten.

Hier regte sich Widerstand unter den Nonnen. Was war mit der Mutter Gottes? Um ihre Fürsprache musste man vernünftigerweise weiter beten. Niemand war Christus schließlich so nahe wie die eigene Mutter.

Und ganz falsch könne es doch nicht sein, mit einem für Geld erkauften Sündenablass die armen Seelen verstorbener Verwandter vom Fegefeuer loszukaufen, wandte Gretchen von Schönfeld ein.

„Wie Jesus die Tische der Geldwechsler im Tempel von Jerusalem umgestürzt hat, so wird Doktor Martinus hier die Heiligenaltäre aus der Kirche schieben", verkündete Magadalena von Staupitz eines Abends, als sich die Zwölf in Veronika von Zeschaus Zelle umeinander drängten. Veronika hatte beim Besuch ihres Onkels von ihm wieder eine neue Schrift des Doktors unter der Hand zugesteckt bekommen. Wolfgang von Zeschau hatte inzwischen sein Kloster der Augustiner-Eremiten in Grimma verlassen. Mit ihm waren andere Mönche gegangen, die keinen Sinn mehr in Stundengebet und Heiligenverehrung sahen. Und auch in Wittenberg löste sich das Kloster der Augustiner-Eremiten gerade ganz auf, die Mönche hatten es verlassen.

„Stellt euch vor, einige haben geheiratet", flüsterte Veronika. Auch das hatte ihr Onkel erzählt, der jetzt dem Spital der Johanniter in Grimma vorstand.

Käthe wagte die Frage nicht zu stellen, die ihr durch den Kopf ging. Hatten auch Nonnen schon ihre Klöster verlassen? Konnten Nonnen diesen Schritt so einfach tun wie die Männer in den Klöstern? Schließlich waren sie ja mit Jesus verheiratet, seine Bräute. Sie hatten ein Ehegelöbnis abgelegt. Durfte eine Nonne jemals im Leben dieses höchste aller Gelübde brechen? Und selbst wenn sie das Kloster verließ, was war dann mit dem Keuschheitsgelübde? Was mit der Bindung an ihren Gemahl Jesus?

„Aber wenn die Mönche nicht mehr im Kloster bleiben", begann Gretchen plötzlich, „warum sollen wir Nonnen dann hier bleiben und die Stundengebete abhalten? Unser Doktor sagt, es ist Sünde."

Betroffen sahen sich die jungen Nonnen an. Ihr Klosterdienst war Sünde und nutzte niemandem. Es fiel schwer, das zuzugeben oder nur darüber nachzudenken, dass sie Jahre ihres Lebens in Irrtum und Sünde verbracht hatten.

„Ich werde unserem Onkel einen Brief zusenden. Endres wird ihn bringen", sagte Veronika leise.

„Der Doktor schreibt, die Ehelosigkeit sei die wahre Sünde. Denn Gott hat die Menschen zur Ehe erschaffen von Anfang an", sagte Magdalena mit blitzenden Augen. Männer und Frauen hätten so wie die Tiere Geschlechtsorgane zur Fortpflanzung von Gott erhalten. Das Wort Gottes sei eindeutig: Wachset und mehret euch, hieß es in der Genesis. Die jüngeren Nonnen sahen die Chormeisterin an. Es war, als sei sie plötzlich zehn Jahre jünger geworden. Ihr Körper hatte sich gestrafft, ihre Augen leuchteten – was ging nur in ihr vor? Auch sie werde einen Brief an ihren Neffen senden, ohne der Äbtissin davon zu berichten, verkündete sie. Was sie dem Neffen schreiben wollte, verstanden alle, auch ohne dass sie es aussprach: Magdalena von Staupitz war jetzt bereit, das Kloster zu verlassen.

Wenn wieder einmal die Rede auf den Augustinermönch kam, sprachen sie jetzt nur noch von „unserem Doktor". Jede Einzelne fühlte sich ihm durch die inbrünstigen Gebete für seine Sicherheit in der gefährlichen Zeit nach dem Reichstag zu Worms auf besondere Weise verbunden. Magdalena von Staupitz sah sich gar fast als nahe Verwandte, war doch ihr Bruder sein Beichtvater und Augustinereremitenoberer. Veronika und Margarethe von Zeschau hatten Onkel Wolfgang, den ausgetretenen Prior im Augustinereremitenkloster in Grimma, der ihn persönlich kannte. Ave von Großes Bruder Magnus hatte in Chemnitz alle Schriften Luthers studiert. Käthe von Bora aber war überzeugt davon, dass sie am meisten und flehentlichsten für den Doktor gebetet hatte. Ihr verdankte er sein Leben.

In der Kirche bei den einzelnen Stundengebeten ließ die Äbtissin immer wieder auch „gegen die Ketzerei im Lande“ und „für den Heiligen Vater in Rom“ beten. Dann verstummten die Zwölf, während die Nonnen vom Vordertisch in das Gebet der Äbtissin einstimmten.

„Gretchen müssen wir zurücklassen“, flüsterte Käthe. „Bei der Beichte wird sie wieder alles ausplaudern.“

„Ich kann Gretchen doch nicht allein im Kloster lassen“, sagte Ave. Das sei ihr unmöglich.

„Kinder, wir sagen es ihr erst unmittelbar, bevor wir aufbrechen“, schlug Magdalena vor. Man müsse ihr doch das Ganze nicht erklären. Es genüge, sie mitzunehmen.

Ave geriet in Aufregung. Sie werde ihre Schwester behutsam vorbereiten und werde dafür sorgen, dass Gretchen diesmal nicht wieder alles Pater Antonius gestand.

Sie einfach mitzunehmen im letzten Augenblick, ohne dass sie ihr Einverständnis klar geäußert hätte, sei nicht anzuraten, gab Else von Canitz zu bedenken.

„Macht euch klar, liebe Schwestern, wenn uns die Flucht misslingt, wird es kaum eine zweite Gelegenheit geben, zu entkommen“, warnte Magdalena und brach in Husten aus. „Die Äbtissin und der Abt in Porta werden die Klausur verstärken und die Ausgänge bewachen. Es wird nicht leichter für die, die zurückbleiben.“

„Aber wir haben keine Schuhe in der Osternacht“, gab Else zu bedenken. „Sollten wir nicht warten, bis wir die neuen an den Füßen haben?“

„Genau deshalb rechnet niemand mit unserer Flucht“, erklärte Magdalena. „Um zu entkommen, muss man bereit sein, barfuß zu flüchten.“

Käthe seufzte leise in sich hinein. Sie wollte dabei sein. Die Flucht musste gelingen.

Der Doktor

Jahre später hätte Käthe nicht mehr sagen können, wie es im Einzelnen gewesen war. Vor der Ostervigil in der Nacht lagen die Äbtissin und die Nonnen vom Vordertisch im Tiefschlaf. Hellwach jedoch waren die neun Verschworenen. Drei der zwölf vom Hinteren Tisch wollten bis Pfingsten warten. Dann sollten ihre Verwandten, denen sie Briefe geschrieben hatten, sie ganz offiziell aus dem Kloster nehmen. Diese drei hatten das Glück, dass ihre Eltern und Geschwister bereit waren, sie bei sich aufzunehmen, was bei den neun anderen nicht der Fall war. Sie mussten das Risiko einer Flucht tief in der Nacht auf sich nehmen. Alle hatten sie Angst und waren zugleich von Hoffnung erfüllt. Magdalena von Staupitz hatte es in die Hand genommen, Leonhard Koppe zu verständigen, ihren Verwandten in Torgau, der wiederum die Befreiung der Nonnen aus Mariathron mit Doktor Martinus abgesprochen hatte.

Als die Glocke zehn Schläge läutete, verließen die Neun in Strümpfen fast lautlos ihre Zellen. Ave von Schönfeld hielt Gretchen fest an der Hand. Magdalena von Staupitz schritt durch den langen Gang voran durch die Dunkelheit. Käthe machte den Schluss. Behutsam öffnete Magdalena das Fenster neben dem Necessarium und half Else von Canitz auf den Sims. Im Mondlicht war Endres zu sehen, der unten im Gras stehend die Leiter gegen die Mauer hielt. Eine nach der anderen kletterten die Nonnen hinab, Magdalena unmittelbar vor Käthe. Unten angekommen drückten sie Endres wortlos die Hand und hasteten über den feuchten, kühlen Boden zur hinteren Umfassungsmauer des Klosters. Das Tor stand halb offen, sie mussten nur hindurchgehen. Koppe und ein weiterer Gehilfe tauchten in der Dunkelheit auf und halfen den Flüchtlingen auf den Planwagen. Unter der Plane ragten Holzfässer aus dem Stroh. Es roch nach Wein und Hering. Die Entkommenen drückten sich in die Tonnen und hinter sie ins Stroh, keine sprach bei all dem ein Wort. Die Pferde schnaubten im Dunkeln. Plötzlich bellte ein Hund auf, ein zweiter stimmte ein, alle Hunde im Klosterhof heulten und bellten. Eine Tür schlug auf und wieder zu. Rufe waren zu hören. Doch da rumpelte der Wagen schon durch die Nacht.

„*Ave Maria*", betete Käthe inbrünstig und umklammerte den Rosenkranz ihrer Mutter, „*gratia plena, dominus tecum, benedicta tu in mulieribus et benedictus fructus ventri tui, Iesus.*"

Es war der Dienstag nach Ostern. In Torgau hatten die Neun am Ostermontag den Gottesdienst besucht, den Pfarrer Gabriel Zwilling hielt, und das Abendmahl in zweierlei Gestalt genommen, die Hostie und den Wein aus dem Kelch, so wie Jesus es seinerzeit den Jüngern aufgetragen hatte. Gabriel Zwilling, verwachsen und einäugig, war Augustiner im Kloster des Doktor Martinus in Wittenberg gewesen. Die Nonnen bestürmten ihn mit Fragen nach dem Doktor und irgendwie schien Zwilling enttäuscht, dass sie nur nach dem Wittenberger Theologen fragten. Zum ersten Mal sah Käthe eine „evangelisch" eingerichtete Kirche. Es war ein ungewohnter Anblick. Der Kirchenraum wirkte hell und aufgeräumt. Alle Bilder und Figuren an den ehemaligen Heiligenaltären waren entfernt. Nicht einmal ein Bild der Gottesmutter war mehr zu sehen, was Käthe bedauerte. Gerne hätte sie eine Kerze für Maria angesteckt oder wenigstens vor ihrem Altar gebetet.

„Ihr seid den Papisten entkommen. Gott selbst hat euch aus dem Kloster geleitet, liebe Kinder!“, rief der Einäugige in der Predigt, die von der Errettung der neun Nonnen aus qualvoller Klosterknechtschaft handelte. Bei der Beschreibung der Leiden der neun unschuldigen „Maidlein“, wie er sie nannte, übertrieb er, fand Käthe. Und „Maidlein“ oder „Kinder“ waren sie allesamt nicht mehr, am wenigsten Magdalena von Staupitz, die auf die Vierzig zuging. Hätte sie länger im Kloster geharrt, wäre sie zweifellos Priorin und eines Tages Äbtissin geworden. Einige Leute in der Kirche hinter ihr schluchzten auf, als er die Kerkerhaft der armen Nonnen im Klosterkeller ausmalte. Krank seien sie seitdem, und wie zur Bekräftigung bekam Magadalena von Staupitz mitten in der Predigt einen schweren Hustenanfall.

Den Rest des Tages hatten sie nach einem festlichen Mahl im Haus von Leonhard und Audi Koppe ausgeruht und ihren Gastgebern von den letzten Wochen im Kloster erzählt. Gemeinsam sangen sie ein Lied, das Doktor Martinus gedichtet und in Töne gesetzt hatte. Koppe teilte gedruckte Blätter mit dem ganzen Text aus:

„Nun freut euch, lieben Christen gmein,
Und lasst uns fröhlich springen,
Dass wir getrost und all in ein
Mit Lust und Liebe singen,
Was Gott an uns gewendet hat
Und seine süße Wundertat
Gar teur hat ers erworben.“

Aus jeder der zehn Strophen, von denen sie keine einzige ausließen, klang der Dank für die Wohltaten Gottes. Nur Laneta saß etwas abseits von ihren Klostergenossinnen am Fenster und war mit einer Näharbeit beschäftigt.

„Was stickst du da?", fragte Käthe und stellte zu ihrem Erstaunen fest, dass Laneta ihr Nähzeug aus dem Kloster mitgenommen hatte mitsamt ein paar farbigen Seidenfäden, Nadeln und Fingerhut.

„Die Rätin hat mir einen Kopfkissenbezug geschenkt", sagte Laneta leise und glücklich in sich hineinlächelnd.

„Und den bestickst du mit Engeln?" Käthe konnte es nicht fassen.

„Für Doktor Martinus. Ich will ihm etwas schenken." Laneta setzte unbeirrt Stich für Stich auf das Leinen, und Käthe überlegte, ob der Doktor sich über Lanetas Geschenk freuen würde. Inzwischen stellte die Magd den Topf mit der dampfenden Frühsuppe und geschnittenes Brot auf den Tisch. Die Geflüchteten saßen im Haus des Ratsherrn Koppe um den schweren Eichentisch, angenehm gewärmt vom Kachelofen in der Ecke. Die Frau des Ratsherrn umarmte nocheinmal jeden Gast und teilte Löffel aus. Gabriel Zwilling baute sich am Kopfende der Tafel auf und hielt eine kleine Ansprache: Den rechten Weg hätten die mutigen Klosterjungfern gewählt. Aus dem sicheren Wohlstand des Klosters hätten sie sich in die Unsicherheit der Welt gewagt. Ihr falsches Leben hätten sie riskiert, um ihr wahres Leben zu gewinnen. Nach diesen Worten musste er sich schnäuzen, bevor er die Mahlzeit endlich segnete. Die Neun beteten mit. Danach warteten sie geduldig, bis die Reihe an ihnen war. Jede löffelte gerade so viel, dass für die anderen noch genug übrig blieb. Käthe, die Letzte am Tisch, ließ einen kleinen Rest übrig, vielleicht musste die Magd ja noch davon satt werden. Die heiße Graupensuppe mit Gemüsestückchen hatte sie alle durchwärmt. Die Magd schleppte wollene Decken herbei und gab jeder der Nonnen eine davon. „Jungfern, hüllt euch warm ein", mahnte der Verwachsene. „Der Wagen wartet schon draußen, er ist offen, und es weht ein kalter Wind. Jungfer Magdalena, Ihr hustet schon arg."

Vor dem Haus des Ratsherrn schnaubten die schweren Pferde, die vor den offenen Wagen gespannt waren. Es waren nicht die schnellen Gäule, die in der Osternacht den überdeckten Wagen gezogen hatten. Gabriel Zwilling nahm vorne neben dem Fuhrknecht Platz, die Nonnen kletterten hoch. Gretchen und die beiden Aves kicherten übermütig. Laneta und Else waren noch müde, sie hatten in der Nacht kein Auge zugetan. Auch Käthe hatte unruhig geschlafen. Noch war die Flucht nicht gelungen. Bei jedem ungewohnten Geräusch schrak sie zusammen. Was, wenn der Kurfürst Reisige geschickt hatte? Ob sie jetzt singen dürften, fragte Gretchen. Gabriel Zwilling nickte. Die Stadt sei nicht mehr weit.

„Dann sehen wir endlich den Doktor und können ihm danken", seufzte Ave von Schönfeld.

Nach den Jahren in der Klausur genossen es die Neun, im Wagen über Land zu fahren. Es gab unglaublich viel zu sehen. Sie freuten sich über jeden Baum und jeden Strauch am Straßenrand. Gretchen und Ave von Schönfeld vergnügten sich damit, sich die Namen der Bäume, die sie sahen, zuzurufen.

„Eine Pappel! Schon wieder eine Pappel!"

„Das ist bestimmt ein Lindenbaum!"

„Zwei Eichen!"

„Die Birnbäume blühen!", schrie Ave von Große, außer sich vor Begeisterung.

Käthe schloss überwältigt die Augen. Sie war müde, schon wieder hungrig und fröstelte unter der Wolldecke in der Morgenkühle. Das neue Leben hatte begonnen, und ihre Gedanken überschlugen sich. Zurück zur Stiefmutter, den Brüdern und der Schwester konnte sie erst einmal nicht. Das Land rundum lag flach. Auf den Äckern spross grün das Getreide. Am Straßenrand blühten die Weißdornbüsche.

Die Nonnen sangen *Te deum laudamus*, eine Strophe nach der anderen, Käthes Lieblingslied. Sie sangen zuversichtlich und fröhlich, so schnell und heftig, dass die Patres Antonius und Maximin es sofort verboten hätten. Mit jeder Drehung der Wagenräder entfernten sie sich weiter von Kloster Mariathron. Manchmal spähte Käthe zurück, ob Reisige auftauchten, um sie aufzuhalten. Bei jedem Wagen, der sich dem ihren näherte, zuckte sie zusammen. Sofern Gottes Wille darin bestand, dass sie den Rest ihres Lebens im Kloster zubrachte, würde die Flucht scheitern. Der Mensch wusste nicht genau, was der göttliche Wille war. Er konnte nur vermuten, hoffen und beten. Sie, die Flüchtigen vom Hinteren Tisch, hatten außerdem die Schriften studiert, verbotene Schriften, und erkannt, dass sie den Garten des Paradieses verlassen mussten. Gerne hätten sie es im Einverständnis mit ihren Familien und der Äbtissin getan, doch das hatte sich als unmöglich erwiesen. Käthe schreckte aus ihren Gedanken auf, als der Wagen über Steinpflaster holperte. Gerade fuhren sie in den Hof vor dem „Schwarzen Kloster" der Augustinermönche ein und hielten unter einem knorrigen Birnbaum, der in voller Blüte stand. Ihr Blick blieb an der Bank darunter hängen. Ob der Doktor manchmal hier saß und in seinen Schriften las? Sie ließ die Blicke schweifen: das Kloster, ein lang gestreckter Bau, von dessen Fassade der Putz abblätterte, mit einem Fachwerkturm an der Seite und ein paar niedrigen Stall- und Nebengebäuden davor, war gar nicht schwarz, sondern gelblich getüncht. Die Dachrinne hing schief. Magere Hühner scharrten im Sand vor dem Eingang. Ein paar gefleckte Schweine liefen im Freien herum und suchten nach Nahrung. Plötzlich schämte Käthe sich, dass sie keine Schuhe an den Füßen und das alte Klostergewand am Leib trug. Ave von Schönfeld in dem neuen Klosterkleid hatte ihre Haare gestern Abend noch schnell gewaschen und war wie immer die Schönste trotz des kurzen Nonnenhaarschnitts.

„Wir küssen ihm die Hände. Er ist unser Retter", sagte sie.

„Aber erst knien wir vor ihm nieder", rief Gretchen.

Gabriel Zwilling schien sich hier gut auszukennen. Auf sein Klopfen an der Eingangstür öffnete der bucklige Famulus des Doktors und führte die Gruppe eine Treppe hoch zur Gaststube im ersten Geschoss. „Wolf", der Famulus, hatte eine komische Aussprache. „Jo mei", brummelte er, und: „Ois guat?"

Käthes Herz klopfte ungestüm. Wie mochte der Doktor wohl aussehen, den sie sich mit ihren Leidensgenossinnen so oft vorgestellt hatte, für den sie alle inständig gebetet hatten? War er nicht eigentlich von ihnen aus dem Tod zurück ins Leben gebetet worden? Ja, er war ihr Doktor. Er hatte sie alle mit seinen Schriften aus dem Kloster zu sich nach Wittenberg hervorgeholt. Als sie in die Gaststube des Klosters traten, sahen sie einen Moment nichts. Düster war es darin trotz des hellen Tages. Beim Gehen wirbelten Staubwolken vor ihnen auf. Stöße von Büchern lagen übereinander geschichtet auf dem Dielenboden. Hier war lange nicht mehr gefegt und entstaubt worden. Am Fenster saß vor einem wuchtigen Schreibtisch ein Mönch in schwarzer Kutte. Das musste Doktor Martinus sein, denn Zwilling fiel dem Mitbruder mit den Worten „Es ist vollbracht. Ich bringe sie dir" um den Hals.

„Ois guat ganga", sagte der Famulus und lachte den Nonnen zu.

„Ich dachte schon, Ihr kämt erst morgen", entschuldigte sich der Doktor und ließ das Buch sinken. Seine Stimme war angenehm klar. Der Augustiner erhob sich. Er war kein Riese, sondern von mittlerer Größe, hager, ein Mann in mittleren Jahren. Seine Augen schienen Feuer zu sprühen.

Ave und Gretchen warfen sich auf die Knie vor ihm nieder und begannen zu weinen. Ave zog die Hände des Doktors zu sich und küsste sie mehrfach.

„Man sieht schon jetzt, dass Ihr ein Heiliger seid, Herr Doktor“, rief Gretchen. „Der Papst wird Euch gewiss heiligsprechen nach Eurem Tod. Danke, dass Ihr uns gerettet habt!“

Die anderen Nonnen zuckten zusammen. Mit den Heiligen sollte es ja vorbei sein, aber um das zu verstehen, brauchten sie alle noch Zeit. Er, der Doktor, war schon jetzt ein Heiliger in seinem Erdenleben, durchschoss es Käthe.

„Steht wieder auf, Kinder“, wehrte der Doktor ab. „Nicht ich habe Euch gerettet, Christus hat’s vollbracht und Euer Glaube an das Evangelium. Von heute an ist Schluss mit der gotteslästerlichen Klosterei.“

Magdalena als die Älteste führte das Gespräch. Sie seien zu neunt, erklärte sie, drei weitere Nonnen würden demnächst das Kloster offiziell verlassen, unterstützt von ihren Familien.

„Dann seid Ihr also die Schwester meines lieben Lehrers von Staupitz?“, fragte der Doktor und rückte einen Stuhl für sie her. Magadalena stellte ihre Mitschwestern der Reihe nach vor. Der Doktor starrte Ave von Schönfeld ein paar Augenblicke zu lang an.

„Wir danken Euch, lieber Herr Doktor“, sagte nun Laneta artig, kniete vor ihm nieder und wollte ihm die Hände küssen.

„Lasst das, Jungfer“, wehrte er ab und zog sie wieder hoch. „Ich bin kein Abgott, da sei Gott davor. Das papistische Denken müsst Ihr Euch abgewöhnen, da habt Ihr zu tun, liebes Kind.“

„Ave Maria“, erwiderten Ave und Gretchen wie aus einem Munde.

„Seht, liebe Kinder“, sagte der Doktor mit seiner hellen, kräftigen Stimme. „Genau das ist gemeint. Nicht die Mutter unseres Schöpfers sollt Ihr anrufen, sondern ihn selbst. Und auch zu den Heiligen dürft Ihr tunlichst nicht beten.“

„Aber einen ganzen Rosenkranz werden wir heute Abend doch für Euch beten“, erklärte Käthe, die auch etwas für den

Doktor tun wollte, wenn sie ihm schon nicht die Hände küssen durfte.

„Den Rosenkranz werft Ihr am besten weit fort", rief Martinus Luther. „Nie wieder sollt Ihr den beten in sinnloser Repetition. Die Rosenkranzbeterei ist Abgötterei."

Käthe zuckte zusammen. Die Rosenkranzkette war das Einzige, was sie von ihrer seligen Mutter hatte, das Einzige, was ihr gehörte außer den Kleidern, die sie auf dem Leib trug. Und wie konnten die Gebete des Vaterunsers und des an die Gottesmutter gerichteten Ave Maria sinnlos und Abgötterei sein? Sie trat einen Schritt zurück.

Magdalena von Staupitz und die anderen Nonnen legten jede ihren Rosenkranz auf dem Schreibtisch des Doktors nieder. Sie waren in langen Klosterjahren zum unbedingten Gehorsam erzogen worden, und jetzt gehorchten sie ihm, ihrem Retter und Wohltäter.

„Und Ihr, Jungfer?", fragte der Doktor. „Habt Ihr keinen bei Euch?" Vorwurfsvoll blickte Magdalena von Staupitz zu Käthe. Nach einem winzigen Zögern hob Käthe trotzig das Kinn: „Ich werde ihn behalten", sagte sie mit fester Stimme.

Nur ganz kurz blickte sie dabei dem Doktor in die Augen. Sie waren dunkelbraun mit einem gelblichen Ring um das Braune und strahlten kampfeslustig. Löwenaugen, durchschoss es Käthe. So stellte sie sich den Blick eines Löwen vor. Der Löwe war verärgert über sie, die gerade erst voller Hoffnungen in seine Stube getreten war. Sofort senkte sie wieder den Kopf, wie es sich für eine Jungfer aus adligem Haus gehörte.

„Wir haben keine Schuhe", erklärte Magdalena von Staupitz. „Die alten wurden wie jedes Jahr in der Karwoche verschenkt, und die neuen hätten wir nach dem feierlichen Einzug in die Kirche zum Osterfest aus den Händen der Äbtissin erhalten. Aber da waren wir schon in Torgau."

Der Doktor seufzte.

Käthe sah ihn noch einmal an. „Wir sind Bettler, das ist wahr“, sagte sie.

Wittenberg

Das Haus des Syndikus Reichenbach roch nach Gewürzen und Ostergebäck. Käthe, Ave und Margarethe standen auf Strümpfen in der Stube. Ein Porträt des Ehepaars Reichenbach hing an der Wand über der gepolsterten Sitzbank neben dem Kachelofen. Vom Turm der Stadtkirche läuteten die Glocken. Der Syndikus, ein Mann unbestimmbaren Alters, sah streng aus und so, als plagten ihn schwere Sorgen. Er sei ein guter Freund des Doktor Martinus, hatte der hinkende Pfarrer Zwilling den Mädchen versichert, als er sie an der Haustür der Dienstmagd anvertraut hatte. Wie sich gezeigt hatte, war es gar nicht so einfach, von einem Tag auf den anderen eine Wohnstätte für neun unversorgte Jungfern zu finden, denn die Stadt war überlaufen von jungen Studenten, die alle ein Dach über dem Kopf haben mussten und einen Platz an einem Kosttisch. Schutzlose junge Frauen könne man auch nicht einfach so in einen fremden Haushalt geben, erklärte Zwilling sorgenvoll, die Welt sei voller Gefahren. Laneta wollte demnächst zu ihrer Schwester nach Colditz weiterreisen, Magdalena von Staupitz hoffte, ihr Bruder Günther werde sie auf sein Gut nach Motterwitz abholen. Ave von Große wollte sich mit ihrem Bruder Magnus zusammentun, der schon vor ein paar Wochen sein Kloster verlassen hatte. Auch Else von Canitz hoffte auf Unterstützung durch ihre Geschwister. Im Gegensatz zu ihren glücklicheren Mitschwestern konnten Käthe und die beiden Schönfeld-Mädchen keinesfalls zu ihren Familien zurückkehren, die ihre Güter im Herrschaftsgebiet von Herzog Georg hatten. Georg der Bärtige war streng papistisch gesinnt, die Familien hätten den Zorn ihres Lehnsherrn zu spüren bekommen, hätten sie sich zu ihren aus dem Kloster entlaufenen Töchtern bekannt.

„Sobald der Doktor das Geld aufgetrieben hat, bestellt er den Schuhmacher. Dann bekommt Ihr Schuhe angepasst“, versprach der alte Reichenbach. „Ohne Schuhe könnt Ihr ja nicht einmal in die Stadt gehen. Und in die Kirche hinein dürft Ihr auch nicht in schmutzigen Strümpfen.“

„Mir macht es nichts aus, in Strümpfen zur Kirche zu gehen“, sagte Käthe trotzig.

„Schuhe und Kleider für neun Nonnen muss er bezahlen, der arme Doktor Martinus“, seufzte Philipp Reichenbach. „Er hat reiche Freunde am Hof des Kurfürsten. Sie werden schon ein paar Gulden herausrücken und vielleicht auch Stoff für neue Kleider.“

„Ach Jungfer Käthe, Eure Beine sind blau angelaufen, so sehr friert Ihr“, jammerte Philipp Reichenbachs Ehefrau. „Am liebsten würde ich Euch meine Holzschuhe geben, aber die sind so laut. Das stört, zumal Ihr jung und lebhaft seid.“ Sie hätte immer Kopfschmerzen, erklärte sie. Schon das Klappern der Magd mit den Küchengeräten sei ihr eine Qual. Die drei Mädchen müssten leise sein, das sei die Bedingung dafür, dass sie im Hause Reichenbach aufgenommen worden seien. Am besten sei es, sie würden hier im Haus so schweigen, wie sie es von der Klausur im Kloster gewohnt seien. Ave öffnete den Mund, um etwas zu erwidern. Doch dann senkte sie den Kopf und schwieg.

„Kalte Füße sind nichts Schlimmes“, sagte Käthe. „Und das beste Mittel dagegen ist, barfuß zu laufen, hat Muhme Lene immer gesagt.“ Die drei Mädchen wurden von der Magd am Abend unter das Dach in eine Stube geführt, in dessen Wand drei Betten eingebaut waren. Strohsäcke, Leinentücher und wollene Decken lagen darauf. „So sehr anders als im Kloster ist es nicht“, murmelte Ave und ließ sich auf das neben der Tür befindliche Bett fallen. Gretchen bezog das an der Hinterwand des Raums neben dem von Käthe. Alle drei waren sie müde und froh, endlich unter sich zu sein.

Käthe blies das Talglicht aus und schlief sofort ein, als sie die Decke über sich gezogen hatte. Mitten in der Nacht wurde sie wach. Neben ihr schluchzte Gretchen deutlich vernehmbar. Ave schnarchte ruhig und gleichmäßig, als sei sie im Kloster Mariathron.

„Ich bin bei dir“, murmelte Käthe. „Hab keine Angst. Alles wird gut.“

„Darf ich zu dir kommen?“ Ohne die Antwort abzuwarten, kletterte Gretchen neben Käthe ins Bett. „Käthe“, sagte sie leise, „ich will zurück nach Nimbschen. Die Äbtissin hat nicht dauernd nachgerechnet, für wie viele Groschen wir gegessen und getrunken haben.“

„Wir sind freie Christenmenschen geworden“, flüsterte Käthe. „Versteh doch, das ist viel besser.“

„Als wir noch nicht frei waren, hatten wir Schuhe und ein zweites Paar Strümpfe“, jammerte die Kleine. Käthe war nahe daran, mitzuweinen. So schwierig hatte sie sich das neue Leben außerhalb des Klosters nicht vorgestellt. Und dass es so wenige Schuhe und Kleider in Wittenberg gab, erstaunte sie. Margarethe von Haubitz war den Armen gegenüber immer großmütig gewesen. Nie hätte sie ihnen vorgerechnet, was die Mahlzeiten aus der Klosterküche für sie oder gebrauchte Schuhe kosteten.

„Käthe, ich friere. Den ganzen Tag über war mir kalt.“

„Der Doktor und seine Freunde suchen Schuhe und neue Kleider für uns“, sagte Käthe, bemüht, Festigkeit in ihre Stimme zu legen.

„Vielleicht bekommen wir niemals Schuhe und dürfen nie mehr in die Kirche, weil wir so arm sind.“ Gretchen weinte laut auf und war nicht zu beruhigen. „Ich hätte gern ein wollenes Tuch, das ich über die Schultern legen kann."

„Freu dich, du darfst bald heiraten", sagte Käthe. „Einen richtigen Mann. Irgendwann hast du dann kleine Kinder. Mit denen kannst du den ganzen Tag spielen."

„Ich will gar nicht heiraten. Der Doktor soll mich morgen zurück ins Kloster bringen."

„Ja, ja", murmelte Käthe und legte den Arm um sie. „Das wird er bestimmt tun."

Endlich war Aves jüngere Schwester eingeschlafen. Käthe aber lag noch lange hellwach. Bald gibt es im ganzen Land keine Klöster mehr, hatte Gabriel Zwilling gesagt. Bald würden alle Frauen heiraten und viele Kinder bekommen. Und sie würden kein Latein mehr lernen und singen und Spitze klöppeln in dieser neuen Welt ohne Klöster. Käthes Herz klopfte laut und unruhig. Wer würde dann die Kranken umsorgen und die Armen aufnehmen? Ob der Kurfürst und seine Räte den Bettlern die Füße waschen würden wie die Äbtissin? Und wenn das mit den heiligen Reliquien und den zwölf Nothelfern und dem heiligen Antonius alles Unsinn war: Zu wem sollte sie um Hilfe flehen, wenn sie etwas verloren hatte? Wer würde ihr jetzt helfen, zu neuen Schuhen zu kommen? Wer würde ihre Fragen beantworten? Doktor Martinus sicher nicht. Sie seufzte. Dieser redete nur mit seinen Studenten und disputierte mit den anderen Professoren an der Universität. Und die Äbtissin, Muhme Margarethe? Käthe hatte die Herrin des Klosters niemals weinen gesehen. So wenig, wie sie laut geschrien hatte. Sie hatte getröstet, geschimpft, bestraft und gebetet. Immer wieder hatte sie Käthe vor den anderen Mädchen ausgezeichnet und gelobt, obwohl die Klosterregel solche Bevorzugungen verbot. Und doch hatte sie die Muhme, die so große Hoffnung auf sie gesetzt hatte, verraten. Die Worte des Mönchs und seine Schriften hatten ihr Gewissen wachgerüttelt. Beten und Singen brachten sie nicht näher zu Gott. Im Kloster wurden Mönche und Nonnen nur eitel und stolz auf ihre guten Werke, die doch in Wirklichkeit zu nichts gut waren. Sie war jetzt ein freier Christenmensch. Irgendwann würde sie wieder Schuhe haben, auch wenn es schwer für den Doktor war, sie für die geflüchteten Nonnen aufzutreiben. Bei Muhme Margarethe gingen solche Dinge schneller. Irgendwie gelang es ihr immer, Brot für die Armen, einen neuen Kittel für einen Bettler zu finden. Und einmal hatte sie Anfang des Winters ihre eigenen Schuhe verschenkt und war wie eine Magd in Holzschuhen durch die Gänge des Klosters geklappert. Daran musste Käthe jetzt in der Dunkelheit der Schlafstube denken. Sie fand keinen Schlaf. Klöster waren nicht nur schlecht und ganz bestimmt nicht gegen den Willen Gottes. Umgekehrt war die Welt hier draußen nicht der Ort der Freuden und der Leichtigkeit. Das Leben in der Welt war für eine junge Frau anstrengend. Der Weg, den sie gehen sollte, war nicht mehr klar vorgezeichnet. Vielleicht gab es ihn gar nicht. Sie selbst, Katharina von Bora, musste herausfinden, wohin sie wollte. Irgendwo stand Gott und lächelte ihr zu. Auch ohne Schuhe kommt man zum Ziel, Käthe, flüsterte er.

Ganz arm sein

Das Küchengewölbe des Reichenbachschen Hauses war mit der Tür und einem Fenster zur Gartenseite gerichtet. Es hatte einen aufgemauerten Kamin, an dessen eisernem Haken Kochtöpfe befestigt waren, einen Sandsteintrog in der Wand neben der Tür mit einem Ablauf, ein Bord an der Wand, auf dem Salz und Schmalz in Tontöpfen bereitstanden, sowie einen Schrank, in dem die kleinen Säcke mit Mehl, Linsen und Graupen vor den Mäusen geschützt waren. Gretchen wusch Geschirr in der Küche sauber, während Ave auf einem Brett die Zutaten für die Abendsuppe klein hackte. Draußen im Garten zwitscherten die Vögel, ein lauer Wind wehte. Die beiden Mägde im Hause Reichenbach waren krank. Käthe fegte mit dem Reisigbesen durch das untere Geschoss des Hauses. Von der Arbeit wurde ihr warm an den Füßen. Noch immer hatten die drei jungen Frauen keine Schuhe. Käthe überlegte, dass es um mehr als die Schuhe ging. Auch einen eigenen Rocken hätte sie gar zu gern gehabt.

„Wir haben ja alle das Gelöbnis abgelegt, für immer arm zu sein", spöttelte Gretchen, als ginge ihr der gleiche Gedanke durch den Kopf.

„So darf es nicht bleiben", sagte Ave. „Zu Hause auf der Burg lassen sie es sich wohl sein, und wir haben nicht einmal Schuhe an den Füßen und keine Strümpfe zum Wechseln."

Die Reichenbachin war nicht im Hause, keiner hörte sie. Käthe lehnte den Besen in die Ecke der Küche.

„Armut ist schrecklich", stellte Ave fest. „Wir arbeiten den ganzen Tag im Haus. Jeder Tagelöhner im Kloster hat am

Abend seinen Lohn bekommen und konnte sich davon kleiden und ernähren."

„Ich will nicht mein ganzes Leben lang arm sein", erklärte Käthe. „So hat es uns die Äbtissin doch gelehrt. Arbeitet und erwerbt etwas, dann können wir das Refektorium endlich neu bauen."

Ave und Gretchen mussten lachen. „Für Margarethe von Haubitz war es auch nicht leicht, den Schuldenberg ihrer Vorgängerinnen abzubezahlen. Sie hat schlecht geschlafen wegen der Schulden. Doch schließlich war es so weit: Sie konnte die Leute für den Neubau bestellen."

„Nein", widersprach Ave. „Es ist anders gekommen. Zwölf Nonnen haben das Kloster verlassen. Wahrscheinlich bestellt sie die Bauleute in diesen Tagen wieder ab. Jetzt braucht das Kloster keinen größeren Speisesaal mehr."

Der Kosttisch im Cranachhaus

An den Papst schickte die heilige Katharina einmal fünf goldgelbe eingemachte Pomeranzen und schrieb dazu: Ich will von Euch alle Bitterkeit genommen sehen, so wie es bei diesen Pomeranzen, die eigentlich bitter sind, geschehen ist: Man entfernt die Schale und legt sie in kochendes Wasser, und siehe, ihr Aroma wird angenehm und ihr Äußeres ganz golden. Feuer und Wasser ziehen die Bitterkeit heraus, nachdem zuvor die grobe Schale, die Eigenliebe, entfernt wurde, und erfüllen die Seele mit einer Geduld, die sich mit dem Honig tiefer Demut und Selbsterkenntnis vereinigt." Käthe hielt inne und klappte das Buch zu. Es war das Buch, das die Äbtissin ihr am Tag der ewigen Profess geschenkt hatte. Käthe hatte es vor der Flucht in ihren Nähbeutel gesteckt. Ein Buch war ein Lebensmittel für schwierige Zeiten, und sie las neuerdings mehr darin als in ihrer Klosterzeit.

Es war warm geworden. In Wittenberg war es viel heller als in dem von Wald und feuchten Wiesen umgebenen Kloster Mariathron. Mit Ave und Gretchen hatte Käthe das Reichenbachsche Haus verlassen. Die drei jungen Frauen waren in das große Haus des Meisters Cranach übergesiedelt, bei dem es mancherlei Arbeiten zu erledigen gab. Ave und Gretchen halfen in der Apotheke aus, die der Meister neben dem Weinausschank und seiner Malerwerkstatt besaß. Pferde wieherten aus den Ställen unter den Wohnungen in dem Anwesen der Cranachs, denn immer wieder war der Meister mit seinen Gehilfen in Torgau, wo sie das Schloss ausschmückten, oder in der Lochau im Jagdschloss. König Christian von Dänemark und Schweden, ein Neffe des Kurfürsten, hatte einen Boten gesendet mit der Nachricht, er werde bald nach Wittenberg kommen und bitte um Unterkunft im Hause Cranach am Markt. Für den hohen Besuch wurden Vorbereitungen getroffen. Seine Gemahlin Isabella war die Schwester Kaiser Karls. Doch sowohl der König wie seine Gemahlin waren evangelisch gesinnt und Anhänger der Lehren des Doktor Martinus.

„Das gefällt mir", sagte Barbara Cranach und richtete sich im Bett auf. „Wie gut, dass du mir vorlesen kannst."

Die Meisterin litt an einer Krankheit, die sie schon seit Monaten die meiste Zeit im Bett hielt. Den Haushalt besorgten die Mägde, und um die Kinder kümmerte sich nun Käthe. Manchmal rief Barbara Cranach nach der neuen Haushaltshilfe, gab ihr Anweisungen, was sie auf dem Markt einkaufen und was für den Mittagstisch in der Küche zubereitet werden sollte. Die Einkäufe mussten genau geplant werden, weil die verschiedensten Menschen bei Meister Cranachs Familie mit am Tisch saßen, vor allem die Studenten, die sich am Kosttisch eingekauft hatten. Hieronymus Baumgartner, ein breitschultriger Hüne mit durchdringender Stimme und dunklem Lockenkopf, war nicht zu übersehen und zu überhören. Er hatte schon fertig studiert und war nur ein paar Wochen zu Besuch in Wittenberg, wo er seinen alten Lehrer Philipp Melanchthon treffen wollte. Auch beim Essen sprach er Latein.

„Auf ein Tertium", rief er Käthe zu, als sie gerade mit dem Ausschenken der Suppe fertig war.

„Magister, Ihr esst mehr als Ihr studiert", rief Meister Cranach zu ihm über den Tisch. Hieronymus kam aus Ingolstadt und hatte in Wittenberg viel mehr als jeder andere studiert. Juristerei und Theologie, außerdem Mathematik und Philosophie und Griechisch und Latein. Wenn er über die Straße ging, sah und hörte er nichts, weil er im Gehen immerzu in einem kleinen Buch las, das er vor der Brust hielt.

„*Multas horas*“, begann er dann, als sie ihm einen weiteren Löffel Erbsensuppe eingoss. „Viele Stunden möchte ich Euch, Schönste der Schönen zusehen, wie Ihr Suppe ausgebt.“

Käthe errötete bis an die Haarspitzen. Ja, dachte sie, beim Essen liest er nicht in seinem Buch, deshalb sieht er die Leute. Kein Wunder, dass er mich für die Schönste hält. Die anderen auf der Straße schaut er ja nicht an.

„Glaubt ihm kein Wort“, sagte Meister Cranach, obwohl er nicht genug Latein verstand, um der Unterhaltung zu folgen.

„Es gibt noch Braten, Herr Magister“, wendete Käthe ein, als Hieronymus ihr bittend schon wieder sein Schüsselchen hinhielt.

„Umso besser“, lächelte er. „Bitte noch ein Quartum.“

Käthe hielt inne. „Es wird Euch übel werden, Herr Magister, und außerdem ist es Völlerei. Ich gebe Euch kein Quartum Suppe mehr.“

„Ihr werdet dereinst eine strenge Hausfrau sein, Jungfer.“

„Eine sparsame“, gab sie zurück. „Und außerdem ist der Topf leer.“

„Mein Verstand arbeitet nur, wenn ich satt bin“, begann Hieronymus aufs Neue, als die Magd den Braten auf den Tisch neben die Salatschüssel setzte.

Es war wieder Käthes Aufgabe, mit der Salatschüssel zu jedem am Tisch zu gehen, dass er sich eine Portion davon auf die Brotscheibe vor sich legen konnte.

„Oh, ich schmecke Borago daran!“, lobte Hieronymus, als er die Raukenblätter in den Mund gesteckt hatte. „Ist ein wohlschmeckend Kraut.“

„Ein Händler auf dem Markt hat es angeboten“, erklärte Käthe.

„Hätte man es doch im Garten vor dem Haus“, überlegte Meister Cranach. „Dann müsste man es nicht kaufen.“

„In Nürnberg wächst es in den Gärten“, versicherte Hieronymus. „Ich lasse Euch Samen davon schicken.“ Nürnberg war die Stadt, in der seine Schwestern wohnten und in der er hoffte, bald Ratsherr zu sein. Käthe blieb stehen. Ihre Augen trafen die des vielstudierten jungen Mannes. Wäre ich ein Mann, dachte sie, möchte ich so sein wie er, so gelehrt, so klug. Er ist ein Vielfraß auch in der Wissenschaft und mit den Büchern. Er will alles essen und alles wissen. Nur eine Sache auf Erden wäre ihm zu wenig.

Sie verstand ihn nur zu gut.

Nur er

Hieronymus Baumgartner hatte Wittenberg verlassen. Er werde ihr schreiben und bald schon wiederkommen, hatte er Käthe beim Abschied versichert. An den Tagen danach nahm Käthe ein großes Buch zur Hand, in dem Ansichten der Stadt Nürnberg in Kupfer gestochen waren. Meister Cranach besaß viele Bücher mit Holz- und Kupferstichen, mit den Porträts berühmter Männer, Landkarten und Bildern exotischer Tiere. Eine prächtige Stadt war die freie Reichsstadt im Fränkischen, in der sie, Käthe nun bald an der Seite ihres gelehrten, stolzen und schönen Gemahls leben würde. Mit seinem älteren Bruder musste Hieronymus vorher noch alles besprechen. Auch seinen Schwestern und ihren Ehemännern wollte er die frohe Nachricht bringen. „Du wirst sehen, sie werden dir schreiben, Käthchen“, hatte er gelacht.

„Mein Vielfraß, mein Bücherfresser.“ Das waren ihre Abschiedsworte gewesen.

Am Fenster des Verkaufsraums der Apotheke im Cranachhaus am Marktplatz war Baccalaureus Basilius Axt beschäftigt, Kräuter auszuwiegen. Ave von Schönfeld war ihm dabei behilflich. Sie setzte die winzigen Bleigewichte auf die zweite Schale des Wiegegeräts. „Welche Medizin würdet Ihr gegen die Pest anwenden, Baccalaureus?“, fragte Ave.

„Derzeit gibt es in der Umgebung keine Pestfälle mehr“, erwiderte der hellblonde Apothekenvorsteher. „Vielleicht kommt sie nie wieder hierher.“ Er war kein Mann der großen Worte, dennoch bemühte er sich, Ave und Käthe sein Wissen zu vermitteln. An der Universität bereitete er sich eigentlich auf seine Doktorprüfung vor, doch da er von armen Leuten abstammte, war er gezwungen, zusätzlich noch einer täglichen Arbeit gegen Lohn nachzugehen. Allein die Doktorgebühren waren für einen Studiosus unbezahlbar, wenn er keinen reichen Gönner oder betuchte Eltern hatte. „Riechäpfel aus Moschus in der Hand zu halten, das hilft wohl gegen die Ausdünstungen der Pestilenz. Reinlichkeit ist ebenfalls wichtig", sagte er nach einer Weile. „Man muss die Kleider der Kranken im Feuer verbrennen und die Krankenzimmer ausräuchern. Immer wieder aufs Neue muss man räuchern. Myrrhe und Weihrauch wären gut dafür, aber sie sind auch die teuersten Mittel. Rosmarin ist wirksam für das Räuchern, aber auch das gibt es in der ganzen Stadt kaum genug." Käthe überlegte. Die Pest war von Satan geschickt, um die Menschen zu quälen. Oder von Gott als Zeichen, dass sie sich bessern sollten. Warum half dann das Räuchern?

„Und Alraunenblätter?", fragte sie.

Basilius Axt war sich da nicht sicher. Sie linderten Schmerz und Fieber, ob sie aber die Krankheit bekämpften, sei unklar.

Meister Cranach, ein Mann um die Fünfzig, der mit seinem streng geschnittenen Fransenpony und den großen braunen Augen wie ein trauriger Landsknecht aussah, schaute immer einmal im Verkaufsraum im Haus Marktplatz Nr. 4 selbst vorbei. Er hatte die Apotheke am Marktplatz erst vor ein paar Jahren übernommen. Seine Hoffnung, auf diese Weise gutes zusätzliches Geld einzunehmen, hatte sich schon bald erfüllt. Der Maler hatte sich verpflichtet, Doktoren und Studenten der Medizin darin zu beschäftigen und für die Bereitung der Medikamente zu Rate zu ziehen. Käthe und Ave halfen gerne aus, von Muhme Lehne hatte Käthe sich einiges abgeschaut, was ihr jetzt nützlich war. Sie kannte die meisten Heilkräuter beim Namen und konnte Salben herstellen.

Die Tür quietschte wieder auf, und diesmal war es Martinus Luther in seiner schwarzen Kutte, der hereintrat. „Gott zum Gruß, Jungfer Käthe."

Käthe verneigte sich. Wie immer, wenn der Theologe auftauchte, verschlug es ihr ein paar Momente die Sprache. Und zugleich wusste sie, dass er ihr helfen konnte. Er hielt so viel von Hieronymus und dieser von ihm.

„Habt Ihr noch etwas da von der Wurzel?", fragte der Doktor. „Ursach: Der Stein in meiner Niere schmerzt wieder." Einige Krankheiten plagten ihn, und Käthe überlegte, wie alt er wohl sein mochte, wenn ihn bereits Blasensteine, Kopfschmerzen und Ohrensausen quälten. Sicher würde er mit all diesen Leiden nicht alt werden. Gut, dass ihr Hieronymus so jung und gesund war. „Ich werde sie frisch für Euch reiben", sagte sie. Frisch gerieben sei die Wirkung stärker. Er solle ein Lammfell um die Hüften binden. Sie suchte nach dem Korb mit den Hauhechelwurzeln im Regal und bearbeitete sie am Ladentisch mit der Reibe. Viele ältere Leute litten unter Nierensteinen und kamen in die Apotheke, um sich Heilmittel zu kaufen. Sie kratzte die Medizin in einen kleinen Tiegel und band sie mit einem Faden und einem Stück Tuch zu. „Habt Ihr Nachricht von ihm, Herr Doktor? Er hat Euch sicher geschrieben." Käthes Stimme überschlug sich vor Aufregung.

„Der Bote hat nichts von ihm mitgebracht", erwiderte der Augustinermönch.

„Ich weiß, Ihr wollt mich nicht beunruhigen. Ihr dürft mir sagen, wenn er krank geworden ist. Ich halte es aus."

„Jungfer", sagte Dr. Martinus. „Gibt Meister Cranach Euch nicht genug zu essen? Ihr seid mager geworden."

„Sie hat keinen Hunger", sagte Meister Lukas, der hinter der Theke am Wandschrank lehnte. „Wir sorgen uns um sie. Magister Vielfraß ist nach Nürnberg gezogen und lässt nichts mehr von sich hören."

Doktor Martinus und der Meister tauschten Blicke miteinander. „Jungfer Käthe“, sagte der Meister sanft. „Geht in die Küche und lasst Euch einen Napf Suppe geben.“

„Er hat versprochen, dass er –“ Käthe brach ab. Ja, was hatte Hieronymus eigentlich zugesagt? Dass er alles mit seiner Familie und dem Oheim besprechen würde. In der Laube unter den Kletterrosen war das gewesen. Noch viel mehr hatte er ihr an jenem Abend gesagt. Für Käthe stand ohne jeden Zweifel fest, dass er baldmöglichst zu ihr zurückkommen würde.

„Ein braver Sohn muss seinen Eltern gehorsam sein“, sagte der Doktor. „Es hängt alles davon ab, wie die Eltern Baumgartner entscheiden.“

„Hieronymus ist Waise. Er wollte mit seinem Oheim sprechen. Schreibt Ihr ihm doch noch einmal und fragt ihn, wie es steht“, schlug Käthe vor. „Ihr kennt mich jetzt doch und wisst, wie ich bin.“

„Jungfer“, sagte der Doktor mit einem Seufzer. „Der Oheim wird sagen: Sie ist eine entlaufene Nonne und außerdem arm.“

„Ist das wichtig? Würdet Ihr eine entlaufene Nonne nicht zur Ehe nehmen?“

„Jungfer, fragt mich das nicht. Ein Häretiker wie ich darf nicht heiraten. Auf mich wartet der Henker oder der Scheiterhaufen. Meine Ehefrau würde ein übles Los erwarten, nachdem die römische Kirche mich dereinst als Ketzer verbrannt hat.“

„Aber wenn Ihr heiraten würdet, dann käme doch für Euch auch eine entlaufene Nonne in Frage?“ Käthe dachte an Magdalena von Staupitz. Sie wäre eine passende Gemahlin für den gelehrten Doktor.

„Nicht, wenn sie so mager wäre wie Ihr! Eine schöne mit runden Backen wie Ave von Schönfeld, die ließe ich mir gefallen.“ Alle drei lachten.

Nein, heiraten werde er nie, schloss der Doktor das Gespräch. Er sei zu alt, habe viele Krankheiten und ein übles

Temperament. Kaum, dass er einmal gute Tage hätte. Zu oft plagten ihn schwere Anfechtungen.

„Überlegt es Euch mit der Ehe", sagte Meister Lukas und lächelte verschmitzt. „Was wäre ich ohne meine Barbara?"

„Ihr seid ein angenehmer Mensch, und ich bin ein unangenehmer."

Bei diesen Worten des Theologen überkam Käthe neue Traurigkeit. Draußen in der Laube hatte Hieronymus ihr sein Bild geschenkt und ihr versichert, er werde nur kurz in Nürnberg bleiben. Und dann, Käthe seufzte auf bei der Erinnerung, eigentlich war es doch so, dass er schon ihr heimlicher Gemahl war. Das aber durfte sie keinem Menschen erzählen, sonst hätten alle schlecht von Hieronymus gedacht. Käthe zog sich die Nase hoch vor Verzweiflung. Wenn er tatsächlich nicht zurückkam, um sie nach Nürnberg heimzuführen, war sie verlassen. Dann hätte er sie verraten. Auch wenn es noch keiner wusste, so hatte sie doch ihre Ehre verloren. Heiß und kalt wurde Käthe bei dem Gedanken an den Abschied von Hieronymus.

Der Doktor war in der Tür stehen geblieben.

„Weint nicht, Jungfer", sagte er unbeholfen. „Ich werde Eurem Hieronymus noch einen Brief zugehen lassen mit dem nächsten Boten, der nach Nürnberg reitet. Mit einer Jungfer wie Euch treibt man keine dummen Scherze. Er hat versprochen, Euch zu heiraten, und das soll er auch tun, wenn er ein Ehrenmann ist."

„Er hat sein Wort gegeben", rief Käthe.

„Ach Jungfer", sagte der Doktor nur, legte zwei Groschen auf die Theke und ging mit seiner Medizin.

„Wenn die Pferde doch schneller wären", sagte Käthe. „Wenn die Reisewagen nicht so voll mit Leuten wären und die Straßen besser. Dann wäre mein Hieronymus schon hier."

„Ach Jungfer Käthe", seufzte Meister Lukas.

„Ihr meint doch auch, dass er ein Ehrenmann ist?"

„Jungfer Käthe, die Stadt Nürnberg ist mehrere Tagesreisen entfernt. Der junge Mann möchte den Segen seiner Familie haben. Ohne diesen kann eine Ehe nicht glücklich werden."

„Meister, Hieronymus Baumgartner ist seit Jahren Waise. Und auch sein Vormund hat ihm nichts mehr zu sagen. Er allein entscheidet über seine Zukunft. Ich bete jeden Tag."

„Gott tut, was er für richtig hält. Gebete können ihn nicht zwingen."

„Aber Meister, ich bitte ihn ja um etwas Gutes und Gottgefälliges. Solche Wünsche erfüllt er."

„Gott ist für die Menschen nicht zu durchschauen. Er ist klüger als wir."

„Meister, seid Ihr etwa gegen mich?"

„Ich bin nicht gegen Euch, Jungfer. Aber ich bin über fünfzig Jahre alt und weiß, wie das Leben ist. Heiraten ist keine leichte Sache."

„Wollt Ihr damit sagen, er kommt nicht zurück nach Wittenberg?"

„Gar nichts will ich behaupten. Aber ich denke, dass er nicht schreibt, ist kein gutes Zeichen."

Damit verließ der Meister den Verkaufsraum. Zitternd stand Käthe vor den Säcken mit Kräutern. Dass Hieronymus überhaupt nicht schrieb, war tatsächlich kein gutes Zeichen.

Winter

Vor dem Fenster zum Marktplatz fiel Schnee in dichten Flocken. Von der Wittenberger Marienkirche läuteten die Glocken zwölf Uhr. Der neunjährige Hans Cranach und sein Bruder Lukas kauerten auf den Holzdielen vor dem grünen Kachelofen. Mit Kohlestiften malten die beiden einträchtig das Jesuskind in der Krippe auf einen Bogen Papier. Hans zeichnete das Wickelkind und Lukas den Ochsen und den Esel. Auf einem Schemel neben ihnen sah die kleine Anna, das Patenkind des Doktor Martinus, ihnen zu. Sie sollte zum Schluss den Stall über das Geschehen ziehen.

„Der Stall ist am schwersten“, versicherte Lukas und griff in den Kasten mit den Lebkuchen, die der Bote gestern mitgebracht hatte.

„Käthe, warum isst du keinen Kuchen?“, fragte Anna.

Statt einer Antwort schluchzte Käthe. Sie saß am Fenster, wo das Licht am besten war, und besserte mit Nadel und Faden eine zerrissene Kinderhose aus.

„Die Verliebten müssen immer weinen“, sagte Hans. „Hieronymus hat die Pfefferkuchen aus Nürnberg geschickt, damit du dich freust.“

Anna stand auf und ging zu Käthe ans Fenster, ihre Brüder folgten ihr. „Es ist gut, dass Hieronymus nicht kommt und dich nach Nürnberg mitnimmt“, sagte sie. „Es ist viel besser, wenn du bei uns bleibst. Mutter hat gesagt: Was würde ich anfangen ohne Käthe von Bora?“

„Du bist jetzt unsere große Schwester“, sagte Lukas und kletterte auf Käthes Schoß.

„Wenn dich keiner haben will, werde ich dich heiraten, wenn ich groß bin", sagte Hans. „Der Vater hat gesagt: Die Käthe ist erbärmlich arm, deswegen will der Hieronymus sie nicht."

„Ich werde sie heiraten!", schrie Lukas. „Ich bin der schönere Junge!"

„Ich bin der ältere. Deswegen heirate ich sie."

Die Magd Elise hatte auf dem Familientisch im Nebenraum schon das Essen aufgetragen, Heringstücke und heißes Sauerkraut mit Schwarzbrot. In der Fastenzeit vor Weihnachten gab es abwechselnd Eierspeisen oder Fisch. Meister Cranach war im Raum erschienen und klatschte in die Hände.

„Hört auf, euch zu prügeln, Knaben! Der Doktor hat sich zum Essen angesagt. Er wird gleich bei uns sein! Was soll er von euch denken?"

Käthe wischte sich mit dem Ärmel die Tränen aus dem Gesicht. Der Doktor! Bestimmt brachte er Nachrichten von Hieronymus mit. Am liebsten wäre Käthe die Treppe heruntergelaufen, um ihn schon an der Tür abzufangen und nach Hieronymus auszufragen, aber stattdessen wusch sie den Cranach-Kindern am Wandbrunnen die Hände sauber und achtete darauf, dass sie ihre Plätze am Tisch einnahmen. Gleichzeitig eilten einer nach dem anderen die hungrigen Studenten an den zweiten Tisch, den Kosttisch für zahlende Studiosi. Käthe schenkte ihnen nicht einen Blick. Keiner von ihnen konnte es mit Hieronymus und seiner Büchersammlung aufnehmen.

Keiner von ihnen war so vornehm, so fleißig und so klug wie er. Jeden Tag, den er fort war, fehlte er mehr. Was für eine Frechheit – einer der Burschen saß doch tatsächlich auf Hieronymus' Stuhl und wartete, dass der Meister mit seiner Frau und dem Gast kam. Elise setzte einen Topf Suppe vor den Studenten nieder. Erwartungsvoll griffen sie alle nach ihren Löffeln, die sie im Innenteil ihrer Jacken mitgebracht hatten.

Endlich kam der Meister mit seinem Gast. Barbara Cranach hatte sich bereits bei den Kindern niedergelassen. Der Doktor in der zerschlissenen Mönchskutte hatte heute neue Schuhe an, elegante gelbe Stiefel, die überhaupt nicht zu ihm passten. Auch die Studenten schauten erstaunt auf die Füße des Doktors. Der Theologe breitete segnend die Hände über das Essen aus und sprach ein kurzes Gebet. „Danket dem Herrn, denn er ist freundlich." Sein Blick traf jetzt auf Käthe, und er lächelte ihr zu. Er hatte eine gute Nachricht von Hieronymus, zweifellos, nur das konnte sein Lächeln bedeuten.

„Und seine Güte währet ewiglich; der allem Fleische Speise gibt, der dem Vieh sein Futter gibt, den jungen Raben, die ihn anrufen. Er hat nicht Lust an der Stärke des Rosses, noch Gefallen an Jemandes Beinen: der Herr hat Gefallen an denen, die ihn fürchten und die auf seine Güte warten. In Ewigkeit. Amen." Alle setzten sich, die Stühle scharrten auf den Dielen. Die Studenten löffelten ihre Suppe aus dem Topf, der reihum weitergeschoben wurde.

Er brauchte dringend eine neue Kutte. Oder, besser noch, einen Rock wie die anderen Professoren, eine schwarze Schaube aus gutem festem Tuch. Käthe sah zu, wie der Gast sich aus der Sauerkrautschüssel auf den zinnenen Teller gab, und wartete auf ein Wort an sie oder den Meister. Sie schenkte dem Doktor aus dem Bierkrug ein, aber er war so vertieft in sein Essen, dass er sie nicht bemerkte. „Sicher hat Euch Euer Studiosus Hieronymus einen Brief zukommen lassen", wagte sie sich vor.

„Jungfer Käthe", der Doktor wischte sich den Mund am Ärmel der Kutte ab und spickte mit dem Messer ein Stück Hering auf. „So schön und fein, wie Ihr seid, und dann noch von vornehmem Geblüt, müsst Ihr Euch keine Sorgen machen, wer Euch einmal heimführt. Da gibt es einige, die sich nach Euch die Finger lecken."

Käthe goss weiter Bier in die Trinkbecher und setzte sich mit gesenktem Blick neben der Meisterin nieder. „Nimm dir doch, Kind“, sagte Barbara Cranach, „solange noch etwas da ist. Alle am Tisch haben guten Hunger.“ Käthe trank ein paar Schlucke Bier und biss in ein Stück Brot. Der Doktor verschwieg ihr etwas. Ganz gewiss wusste er mehr. Es konnte nicht sein, dass Hieronymus sie nicht mehr liebte. Ein Leben ohne ihn? Tränen liefen unaufhaltsam über ihr Gesicht, sie schämte sich nicht.

„Weint doch nicht um den dummen Hund, Jungfer“, sagte der Doktor und warf ihr einen hilflosen Blick aus seinen hellen Löwenaugen zu, mit denen er alles sah. „Ja, das ist er, ein dummer Hund, glaubt mir. Er ist Eure Tränen nicht wert.“

Sie waren tatsächlich allein in der großen Stube, nur Elise fegte nach dem Essen noch einmal durch. Die Studenten, der Meister und die Meisterin, alle waren ihrer Wege gegangen. „Es werden andere kommen und Euch freien wollen“, sagte der Doktor. „Ihr seid zwar hoffärtig, aber doch recht hübsch.“

„Ich will keinen andern“, erwiderte Käthe. „Man kann nicht erst den einen lieben und dann gerade so einen andern.“ Eine Pause entstand. Käthe brachte kein Wort mehr heraus. Dann hatte Hieronymus sich also von ihr abgewendet. Und ihm, dem Doktor, hatte er es mitgeteilt.

„Doch, Jungfer Käthe“, sagte der Doktor schließlich. „Glaubt mir, es ist so. Man liebt erst den einen. Man verliert ihn. Und irgendwann ist es so weit und man liebt einen anderen.“

„Und warum habe ich Hieronymus verloren?“ Ganz leise kam ihr die Frage über die Lippen.

„Jungfer Käthe, die Ursach ist: Als Bürger einer freien Reichsstadt untersteht er dem Gesetz des Kaisers. Das kaiserliche Gesetz aber verbietet aufs Strengste, eine entlaufene

Nonne zu heiraten. Würde Euer junger Liebster Euch heimführen, könnte er niemals im Rat seiner Heimatstadt wirken. Das ist ihm klar geworden, als er wieder in Nürnberg war."

„Und Ratsherr seiner Vaterstadt zu werden, ist ihm wichtiger als meine Person?"

„Er wird Euch selbst schreiben, was in ihm vorgeht."

„Darauf verzichte ich gern", sagte Käthe. „Er ist feige."

„Nicht alle sind immer stark. Ihr dürft von den Menschen keine Stärke verlangen. Die meisten sind bequem und gehen den leichten Weg."

„Ihr jedenfalls seid ohne Furcht, Herr Doktor. Ihr geht Euren Weg wie ein Mann. Ihr würdet Euer Wort halten."

„Jungfer Käthe", erklärte er. „Ursach: Ich kann es ohne Mühe, weil ich ganz auf Gott vertraue. Er schützt mich und zeigt mir den Weg."

„Dann sind wir uns ähnlich", seufzte Käthe. „Auch ich weiß, dass Gott mich beschützt und mir den Weg zeigt."

„So trauert auch nicht mehr wegen des furchtsamen Hieronymus. Jungfer Käthe, Ihr seid unter Gefahr für Leib und Leben dem Kloster entronnen. Das war eine Tat etwa so, wie wenn ein Ritter in die Schlacht reitet. Aus solchem Holz ist Hieronymus nicht geschnitzt." Seltsam, der Doktor hatte die Natur ihres Liebsten durchschaut. Käthe seufzte tief auf. Ja, er war nicht mutig, das war ihr klar. Sie hätte ihn so gerne beschützt, den riesigen Kerl mit der Ängstlichkeit in der Brust. Aber ihm fehlte sogar der Mut, sich von ihr beschützen zu lassen.

„Hieronymus wagt nicht, Euch zu schreiben. Doch ich versichere Euch, er wird es bald tun", versuchte der Doktor sie zu trösten. Plötzlich begriff Käthe, dass sie es war, die es auf sich nehmen musste.

„Ich werde ihm selbst schreiben, dass er sich nicht gebunden fühlen soll. Was meint Ihr?" Und als sie es sagte, war ihr leichter. „Ich werde ihn freigeben. Er soll Ratsherr werden und sich um mich nicht sorgen."

Blutiger Frühling

Der Mai des Jahres 1525 war gekommen, kein fröhlicher Monat für die Menschen im Land. Die Bauern hatten sich an vielen Orten im ganzen Reich gegen Adel und Kirche erhoben. Des Lesens unkundig, trugen sie gleichwohl die Flugschriften Martin Luthers mit sich und verlangten nach „Freiheit".

In ihren „Zwölf Artikeln" forderten sie die freie Wahl des Pfarrers, die reine Predigt des Evangeliums, aber auch die Linderung von Frondiensten und Zinsen und die Aufhebung der Leibeigenschaft. Und dabei beriefen sie sich auf die Wittenberger Reformatoren Luther, Melanchthon und Bugenhagen.

„Fleischlich" wollten die Bäuerlein die christliche Freiheit machen, schimpfte der Doktor. Missverstanden hätten sie ihn. Der reformatorische Prediger Thomas Müntzer stellte sich an ihre Spitze. „Gegen die Pfaffen und Affen" erhob er das Wort. Am 24. März des Vorjahres bereits ging nach einer seiner Predigten die Marienkapelle in Mallerbach in Flammen auf. Luther und die Fürsten distanzierten sich von Andreas Karlstadt und Thomas Müntzer. So weit war es gekommen. Im ganzen Reich brannten Klöster und Burgen. Die Welt ging auf ihr Ende zu, und das hätten die Bauern angerichtet, predigte der Doktor.

In dieser schweren Zeit starb Kurfürst Friedrich, der freundliche verfettete alte Dachs, dem Käthe in Mariathron begegnet war, und wurde in der Schlosskirche zu Wittenberg über dem Gewölbe mit den mehr als viertausend Reliquienschätzen seines „Heiltums" zu Grabe gelegt. In allen Kirchen wurde für seine Seele gebetet. Der neue Kurfürst, sein Bruder Johann, konnte wegen des Aufruhrs nicht bei der Beerdigung dabei sein. Herzog Georg von Sachsen war an der Seite des jungen Landgrafen Philipp von Hessen gegen die Aufrührer in die Schlacht gezogen. Auf der Gegenseite stand das Heer der Bauern, angeführt von Thomas Müntzer. Gottes Wille würde geschehen, gewiss, aber alle fürchteten sich. Am Ende würden die Bauern noch in Wittenberg einfallen und plündern und brandschatzen. Hunderttausende waren unterwegs, mit Dreschflegeln und Heugabeln bewaffnet, bereit, jedes Gesetz zu brechen. So hart man die armen Teufel auch bestrafte, jeden Tag liefen dem Heer der Bauern erneut junge Kerle zu.

Vor Käthe lagen die neuesten Schriften des Doktors „Ermahnung zum Frieden“ und „Wider die räuberischen und mörderischen Rotten der Bauern“. Sie rochen noch scharf und frisch nach der Druckerschwärze. Wie tolle Hunde sollten die Fürsten die Bauern erschlagen.

„Das gefällt mir“, sagte Barbara Cranach. „Der Doktor ruft die Fürsten auf, die Bauern streng zu bestrafen.“

„Streng bestrafen bedeutet, sie zu hängen, ihnen die Augen auszustechen und die Finger abzuhacken“, gab Käthe zu bedenken.

Der Meister trat herein und schenkte sich schweigend einen Trunk Bier aus dem Krug auf dem Tisch ein. Dann lehnte er sich an die Wand. „Schwere Zeiten“, sagte er schließlich.

„Habt Ihr Neuigkeiten von Kurfürst Johann gehört?“ fragte die Meisterin.

„Zwanzig Aufrührer hat er hinrichten lassen bei Jena. Der jüngere Feylitzsch war unten in der Werkstatt und hat davon erzählt. Der Scharfrichter hat Rotz und Wasser geheult, als es vorbei war. Man hätte ihn gezwungen, Unschuldige zu richten. Für den entflohenen Vater den unschuldigen Sohn und umgekehrt. Einige Fälle waren darunter. Es sollte ein Zeichen gesetzt werden. Der Scharfrichter musste es ausführen.“

„Warum hat er es dann getan?“, wollte Käthe wissen.

„Jungfer, für jeden Enthaupteten gibt es einen Gulden. Für jeden, dem die Finger abgeschlagen, die Augen ausgestochen werden, einen halben an Meister Augustin von Brandenburg und wie sie sich alle nennen.“ Cranach drehte sich um und hielt noch einmal inne, bevor er ging. „Einer der Gerichteten war Endres, der Bursche für die Botengänge der Äbtissin in Nimbschen. Alt genug, um zu wissen, worauf er sich eingelassen hatte“, sagte er. „Ein- oder zweimal bin ich ihm begegnet.“

„Alles hat seinen Preis. Jede Tat zieht ihren Lohn nach sich“, fügte die Meisterin hinzu.

Armer, unglücklicher Endres. Immer wieder hatte er den Nonnen und den Klostermädchen geholfen. Die Zeiten waren grausam, und Käthe verstand sie nicht mehr. Als der Doktor in die Stube eintrat, mit ernstem Gesicht, machte Käthe ihm Vorwürfe. Sie war außer sich. Nein, die Bauern wären keine tollen Hunde. Er sei mit daran schuld, dass der Endres gerichtet worden sei, klagte sie ihn an. Wer zum Teufel dieser Endres sei, dass sie sich seinetwegen so in Hitze rede, wollte er wissen. Das machte sie noch viel wütender: Er habe den Nonnen bei der Flucht geholfen. Er habe sich für sie prügeln lassen und ihr jeden Dienst erwiesen. Wahrscheinlich wäre die Flucht aus dem Kloster ohne ihn nicht möglich gewesen. Käthe wurde immer lauter.

„Lasst uns hinaus in das Gemüsegärtchen gehen“, schlug der Doktor vor. „Dort können wir dann weiter streiten.“

Es war ihr nur recht und sie setzten sich auf die Bank unter den schief gewachsenen Aprikosenbaum, der nicht recht gedeihen wollte.

„Hört zu“, begann der Doktor, „Ihr hattet Amsdorff gesagt, dass Ihr entweder ihn oder meine Person bereit wärt, zum ehelichen Gemahl zu nehmen.“

„Mitten im Krieg will ich überhaupt niemanden mehr heiraten“, sagte Käthe. „Am besten wärs, ich ginge zurück ins Kloster zur Muhme Margarethe.“

„Sie wird Euch wieder in den Keller sperren“, sagte der Doktor. Schweigend saß er neben ihr. Ein paar Spatzen stritten sich um Körner auf dem Beet vor ihnen. Über das Thema Heiraten konnte sie inzwischen nicht mehr lachen, es war für sie eine zu traurige Angelegenheit geworden. Doktor Martinus ging umher und versuchte, seine noch unverheirateten Freunde zu beschwatzen, doch die Bora zu nehmen, damit er sie endlich vom Hals hatte. Zuletzt war er auf Philipp Glatz, den Pfarrer von Orlamünde, verfallen, einen zänkischen alten Geizkragen. Nikolaus von Amsdorff hatte ihr die Botschaft überbracht, dass man endlich einen geeigneten Gemahl für sie gefunden hätte. Immerhin ein Doktor der Theologie, pries Amsdorff den Alten an. Und sie dürfte nicht zu wählerisch sein, sonst wäre sie irgendwann zu alt. Glatz auf keinen Fall, hatte Käthe abgewehrt und, halb im Scherz, hinzugesetzt, aber ihn, Amsdorff, oder den Doktor Martinus, wenn es Gottes Wille sei, durchaus. Den Doktor hatte sie in letzter Zeit im Verdacht, dass er sie verabscheute, weil sie ihm so oft widersprach. Immerhin war sie die einzige der Neun, die ihren Rosenkranz behalten hatte.

„Tätet Ihr mich denn noch nehmen?“, fragte er nach einer Weile mit verlegener Stimme.

„Ihr seid ein Possenreißer“, sagte sie. „Die gehenkten Bauern sind noch nicht mit Erde bedeckt, und Ihr macht schlechte Scherze.“

„Es ist kein Scherz“, erwiderte er. „Vor dem Tag des Jüngsten Gerichts wollt ich dem Teufel und den Papisten noch ein Schnippchen schlagen und mich in den Stand der Ehe begeben, bevor ich sterbe.“

„Dann nehmt doch Magdalena von Staupitz. Sie ist fast so alt wie Ihr und sehr gelehrt. Außerdem die Schwester Eures

Lehrers. Sie wäre das rechte Gemahl für Euch, Herr Doktor."

„Warum wollt Ihr mich nicht, Jungfer Käthe? Liebt Ihr immer noch den Hieronymus?"

„Man hört nicht einfach auf zu lieben", sagte Käthe.

„Ein Verlobungskuss ist nicht so bedeutsam, dass man nicht darüber hinweg kommen könnte." Dass sie seine Werbung, wenn es überhaupt eine war, ablehnte, schien ihn zu schmerzen.

„Herr Doktor, es war mehr als ein Kuss. Viel mehr. Ich sags Euch nur, weil Ihr um meine Hand angehalten habt. Wenn Ihr wüsstet, was es alles war, würdet Ihr mich gar nicht haben wollen."

„Dann war es also eine Eheschließung zwischen Euch und dem Hieronymus? Er ist Euer Buhle geworden?"

„Ihr seht doch selbst, dass es keine Ehe ist. Ich bin arm und verlassen. Nicht einmal Philipp Glatz hätte mich haben wollen, wenn er die Wahrheit erfahren hätte." Käthe schaute trotzig auf ihre Füße. Jetzt, nachdem er es wusste, würde er sie verachten, weil sie ihre Ehre verloren hatte. Und geschwätzig, wie er war, würde er es allen seinen Freunden weitererzählen und berichten: Käthe von Bora ist keine Jungfrau mehr.

„Ich habe es mir gedacht", sagte der Doktor behutsam. „Hört auf, Euch zu schämen. Schämen sollte sich nur Hieronymus."

„Er konnte nicht anders", sagte Käthe. Und sie hatte schließlich auch nicht anders gekonnt. Der Doktor schien das alles zu verstehen.

Sie könnte ihn vielleicht nicht lieben, überlegte Käthe. Oder wenn, dann nur auf andere Art als den Hieronymus. Und war es nicht außerdem Verrat an Hieronymus, sich einem anderen Mann anzuvertrauen?

Am Verrat sei kein Vorbeikommen, erwiderte der Doktor. Das sei sogar Petrus so gegangen, der Christus verraten hätte.

Wie viele Menschen hätten schließlich die Ehefrau oder den Ehemann durch den Tod verloren und wieder geheiratet. Jede Liebe sei Verrat. Und oft genug könne man gar nicht sagen, wer nun wen verraten habe.

Das verstehe sie nicht, sagte Käthe.

Er zog sie an sich und küsste sie, und sie schloss die Augen und lächelte.

„Das war jetzt unser Verlobungskuss“, sagte er. „Ihr wisst, Jungfer Käthe, dass ich ein Mann bin, der sein Wort hält. Bringen wir den Teufel zum Weinen und die Engel zum Lachen.“

Adam und Eva

Schon am 13. Juni folgte die Hochzeit vor den Juristen. Möglichst schnell sollte sie stattfinden und alles dem Brauch nach vollzogen werden, das war der Wunsch des Doktors, damit die Lästerzungen sich nicht das Maul zerrissen. Selbst seinen Freunden traute er nicht, weshalb er den Magister Philippus nicht einlud. Dass er heiraten solle, würden sie alle befürworten, aber bei der Braut hätten sie mitreden wollen. „So seind sie, meine Gesellen“, sagte der Doktor. Und auch der Satan mische sich nur zu gern in nicht vollzogene Geschäfte.

„Ihr habt Angst vor dem Tod“, sagte Käthe, worauf er lächelte wie ein beim Äpfelstehlen erwischter Schuljunge.

Hand in Hand betraten Käthe und Doktor Martinus die Schlafstube im ersten Stock des Augustinerklosters hinter dem Raum mit dem Kachelofen. Der dicke, freundliche Jurist Justus Jonas, Propst Johannes Bugenhagen und die beiden Cranachs folgten ihnen. Lukas Cranach schloss die Tür. Es roch nach frischer Farbe und Firniss. Käthe starrte fassungslos auf das breite Bett in der Mitte des Raums. Die leinenen Vorhänge an dem Gestänge darüber waren zur Seite gezogen. Kornblumen und Mohnblüten lagen auf der Überdecke. Das also war das Bett, in dem sie in Zukunft neben ihrem Gemahl die Nächte verbringen würde. Am Fußende der Liegestatt war ein Tafelbild aufgestellt, und Käthe erkannte die Szene darauf sofort. Ein Löwe und ein Lamm standen freundschaftlich beieinander auf einer Wiese. Im Hintergrund erhob sich ein Apfelbaum mit verlockenden Früchten, darunter lagen ein Mann und eine Frau völlig nackt in inniger Umarmung im

Gras. Die Frau war viel jünger als der Mann. Käthe trat auf das Bild zu, um genauer sehen zu können. Die Frau mit dem dunkelblonden Haar und den schräg stehenden Augen sah ihr selbst ähnlich. In der Ecke des Gemäldes wand sich eine geflügelte Schlange. Der Mann mit dem braunen Lockenhaar, dessen Gesicht man nicht ganz sah, hielt in der herabhängenden Hand ein schwarzes Barett umklammert. Ein Apfel war der Frau gerade aus der Hand gerollt: Adam und Eva im Paradies.

Lukas Cranach lächelte breit. „Ein Maler kann nur Bilder zur Hochzeit verschenken“, sagte er. „Ein Heiligenbild hätte der Doktor gewisslich nicht haben wollen.“

Der Doktor nickte Käthe freundlich zu, dann bückte er sich und zog die Stiefel aus. Käthe schlüpfte ebenfalls aus ihren Schuhen und legte sorgsam das gefältelte schwäbische Schultertuch auf den Stuhl neben dem Lager.

„Also dann“, sagte Doktor Martinus und entledigte sich des Gelehrtenrocks, den Bugenhagen ihm abnahm und auf einen Wandhaken hängte. Hilfesuchend sah Käthe zu Barbara Cranach hinüber, die ihr vielsagend zulächelte und die Decke hochschlug. Käthe leistete der stummen Aufforderung Folge und setzte sich steif aufgerichtet ins Bett, den Rücken an das steile, reichverzierte hölzerne Kopfende gelehnt. Auf der anderen Seite tat es ihr Martinus gleich. Mit fester Stimme sprach Johannes Bugenhagen den Brautsegen, Barbara Cranach zog die Überdecke über das Paar. „Glück und Gottes Segen für euch beide“, sagte Justus Jonas mit brüchiger Stimme und wischte sich die Augen. Lukas Cranach zog den Vorhang vor dem Fenster zu. „Nun seid Ihr Mann und Frau unter einer Decke. Wir bezeugen es alle und lassen Euch jetzt allein“, schloss der Jurist und öffnete die Tür. Barbara Cranach zog feierlich die Vorhänge um das Beilager zu. Einer nach dem andern verließen die Zeugen der Hochzeit den Raum. Die Tür fiel zu.

Käthe lehnte den Kopf an die Schulter ihres Ehemanns. Von draußen war Vogelgesang zu hören. „Fürchte dich nicht, Käthe“, sagte der Doktor. „Wir seind jetzt Adam und Eva im Paradies.“

„Aber draußen vor dem Tor“, murmelte sie, „ist die Welt blutig und schrecklich.“

Kein Apfelbaum im Paradies

Zum festlichen Frühmahl am Mittwochmorgen nach dem Brautlager waren nochmals die Trauzeugen mit ihren Gemahlinnen in die Abtsstube des Augustinerklosters gekommen. Sie hatten Wein und Kuchen mitgebracht, waren aber bald wieder gegangen. Wolfgang Sieberger und der Doktor erhoben sich von ihren Stühlen.

„Jetzt, liebe Käthe, zeige ich dir die ganze ehemalige Klosterwirtschaft, mit der du dich in der nächsten Zeit herumschlagen wirst", sagte Martinus.

„Ois guat", begann Wolf. Gewisslich würde der Herr Doktor bald schon mit seiner Gemahlin das heruntergekommene Kloster verlassen und ein neues, kleineres Wohnhaus in der Stadt erwerben, näher am Schloss gelegen und bei den Wohnungen der anderen Professoren, meinte er dann. Der neue Kurfürst werde ihnen behilflich sein beim Bau oder Kauf des Stadthauses. Der Doktor stimmte ein. Es gebe behaglichere und besser ausgestattete Wohnstätten als das hässliche Kloster mit seinen gänzlich ungeeigneten Räumen. Bald schon sollten sie es verlassen und sich am besten gar nicht erst eingewöhnen.

„Eigentlich gefällt mir das Kloster nicht schlecht", erwiderte Käthe. „Lasst uns nun die erste Inspektion vornehmen, Herr Doktor."

„Mein Herr Käthe, ich bin bereit." Der Doktor schwankte leicht beim Aufstehen, Wolfgang stützte ihn ab.

„Wird man uns denn eine Zeit lang hier wohnen lassen?", wollte Käthe wissen.

„Zweifellos, Herr Käthe, so ist es doch am bequemsten für den Hof. Die Räte müssen nichts Neues verfügen, und es kostet sie beinahe nichts."

Käthe schloss einen Moment lang die Augen.

„Euch schreckt das große Gebäude mit dem Land davor und dahinter", seufzte Wolfgang.

„Wir werden morgen selbander zum Juden gehen und Vieh kaufen, Herr Doktor", sagte Käthe. „Damit die Ställe wieder gut gefüllt sind. Dann können wir zum Winter schlachten und Würste machen."

Der Doktor hielt dies für einen Scherz und lachte laut los.

„Da Ihr hier ein Brauhaus habt, dürft Ihr gewiss auch Bier brauen?", erkundigte sich Käthe. Die Räumlichkeiten des eigentlichen Klosters hatten sie schnell durchschritten und hatten jetzt das aus Backsteinen erbaute Brauhaus erreicht, das neben dem Durchgang zum Garten auf der anderen Seite nicht weit vom Eingang zum Hof seinen Platz hatte. Wolfgang schob die Holztür auf, die es verschloss. An der Wand hingen große kupferne Pfannen, kupferne Kessel standen auf dem gemauerten Boden. Die Brauausstattung war ziemlich vollständig beieinander geblieben. Es roch nach Hefe und abgestandenem Bier. Offensichtlich war in diesen Räumen lange nicht mehr gebraut worden.

„Bis jetzt hat der Kurfürst jedes Jahr die nötige Gerste und den Hopfen herbeifahren lassen", berichtete der Doktor.

„Zwei Gebräude im Jahr", antwortete der Famulus. „Das hat nicht ganz ausgereicht für die Brüder im Kloster, aber für Euch müsste schon eins genügen. Ob der neue Fürst die Erlaubnis geben wird, bleibt abzuwarten."

„Fragt doch Euren Freund Spalatin deswegen. Er soll bei

Kurfürst Johann ein gutes Wort für Euch einlegen. Was wollt Ihr denn trinken, wenn Ihr kein Bier im Keller habt?"

„Wir könnten's wohl kaufen auf dem Markt."

„Das wird zu teuer. Unser täglich Getränk müssen wir im Hause haben. Aus diesem Grund haben die Haushalte ja das Schankrecht." Käthe war erstaunt über die Unwissenheit ihres gelehrten Gemahls in wirtschaftlichen Dingen. Als Nächstes inspizierte Käthe den Schweinestall, dessen Bewohner mit dem Schweinehirten Johann unterwegs waren, der sie zu einem Eichenwäldchen vor der Stadt getrieben hatte. Fünf Schweine hätte das Kloster derzeit, erfuhr Käthe.

„Es fehlen allerdings gute Mutterschweine", bemerkte Wolfgang. „Unsere Tiere sind mager und klein gewachsen." Früher hätten sie auch einige Kühe gehabt. Doch beim Auszahlen der Abfertigungen für die ausgetretenen Mönche hätte man sie verkaufen müssen. Die zwei verbliebenen Ziegen des Klosters seien mit der städtischen Herde unterwegs. Abends werde der städtische Hirte sie zurückbringen.

„Warum nur zwei?", wollte Käthe wissen.

Das Geld im Klostersäckel hätte nicht ausgereicht, um jeden der ausziehenden Mitbrüder zu entschädigen. Dafür hätten sie sich Vieh und Geflügel ausgesucht, erklärte der Doktor und schien erfreut, dass seine Freunde keine Not leiden mussten. Auch vom Hausrat hätte jeder der Ausgetretenen sich mitnehmen dürfen, was er brauchen konnte. Schüsseln aus der Küche, Bettleinen und eine Wolldecke. Viele hätten obendrein ihr eigenes Bett und anderes Mobiliar mitgenommen.

„Auch Hühner und Ferkel und zwei Mutterschweine", seufzte der Famulus, der die Angelegenheit aus der Sicht der Zurückgebliebenen betrachtete. Und hundert Gulden seien fast einem jeden mitgegeben worden für das neue Leben.

„Hundert Gulden!", rief Käthe.

„Der Bettelsack des Klosters hat ein großes Loch", lachte der Doktor. „Gott wird's wieder geben, mehr als wir brauchen. Der Herr beschenkt die Seinen im Übermaß."

Käthe war nahe daran, ihm zu antworten: Nein, das wird Gott sicher nicht. Wir beide müssen sorgen, dass wir wieder zu Rindvieh und Borstentieren kommen.

„Und die Bienenkörbe dort in der Ecke?" Käthe betrachtete die verwitterten runden Körbe.

„Für die sorge ich", versicherte Wolfgang.

„Zwei Freuden hat mein Famulus", der Doktor lachte beim Erzählen, „die Vogelfängerei und das Imkern."

„Den Honig brauchen wir für die Küche. Ihn auf dem Markt zu kaufen, käme teuer", sagte Käthe.

„Ach, ich sehe wohl, die Doktorissa ist eine Possenreißerin genau wie der Herr Doktor." Wolfgang kicherte vergnügt.

Käthe scherzte nicht. Sie überlegte gerade, dass sie neue Töpfe brauchte, um den Honig einzukellern. Sie musste alles aufschreiben, damit sie nichts vergaß. Sorgenvoll betrachtete sie auf dem Rückweg auch den alten Birnbaum im Hof, an dem nur wenige Früchte hingen.

„Der Baum benötigt einen kräftigen Rückschnitt zu Winteranfang, damit er im Frühjahr gut austreibt und Frucht ansetzt."

Es war viel zu tun, der Gemüsegarten auf der anderen Seite des Klosters war ungepflegt und verwildert. Es wuchs etwas Kohl darin, Rüben, die sich selbst ausgesäht hatten, eine Brombeerhecke wucherte seitlich in die Höhe. Man musste sie mit einer Sense gerade stutzen, überlegte Käthe. Irgendwann vor Jahren war hier einmal ein geordneter Gemüseanbau betrieben worden. Bohnenstangen ragten in die Höhe, doch nur vereinzelt rankte sich Grün an ihnen empor. Zwischen Brennnesselstauden erspähte sie ein paar magere Salatköpfe. Sogar einen Komposthaufen gab es, auf dem Kürbispflanzen wuchsen. Käthe lächelte. Ab heute war das der Garten, in dem sie jäten und harken würde. Bohnen, Erbsen, Sträucher mit Stachelbeeren, Reihen mit Rüben und Rettichen, rote und weiße Zwiebeln. Ja, Muhme Margarethe, Muhme Anna, Muhme Lene, das würde Euch gefallen. Wenn Ihr mich doch nur sehen könntet in meinem Garten. Ihr sollt stolz auf mich sein. Wie eine heilige Dreifaltigkeit waren sie für sie gewesen, die drei Muhmen. Jede der drei hatte ihr etwas anderes Wichtiges vermittelt, und jetzt konnte sie dieses Wissen anwenden.

„Hier wurden früher die Mönche begraben, deshalb gedeiht alles gut in der Erde“, erklärte der Doktor.

„Ich werde gleich nachher anfangen, etwas Unkraut zu harken, und du, Wolfgang, magst mir behilflich sein. Oh, da ist ein Rosenstock! Warum gießt ihn niemand? Er ist ja fast vertrocknet.“

„Es liegt alles darnieder, weil die zuständigen Brüder das Kloster verlassen hatten. Als sie noch hier waren, hatte jeder seine Arbeit. Jetzt verwildert der Garten. Wunderlich, wie schnell es damit zugeht.“

„Es mangelt an einem Brunnen“, stellte Käthe fest. „Herr Doktor, könntet Ihr nicht von dem Geld, das uns zur Hochzeit geschenkt wurde, ein paar Apfelbäumchen kaufen und Kirschbäume?“

Das Innere des Klosters war ebenso heruntergekommen wie Hof und Garten. In allen Ecken hingen Spinnweben, und Staubflocken flogen hoch, als sie durch die Räume gingen. Sorgenvoll betrachtete Käthe den Herd in der rauchgeschwärzten Küche.

„Seind eiserne Töpfe da“, berichtete der Famulus stolz. „Und ein eiserner Dreifuß. Auch tönerne Töpfe gibt es einige. Damit kocht Orthe jeden Tag Suppe. Zwei Bratspieße liegen an der Wand auf dem Boden.“ Orthe war die Magd, die in Wittenberg wohnte und morgens ins Kloster kam, um nach dem Rechten zu sehen, und am Abend wieder ging.

„Männerwirtschaft“, murmelte Käthe und nahm die eisernen Kochgeschirre einzeln in die Hand. Zwei Grapen in verschiedenen Größen gab es, die man auf ihren Noppen ins Feuer stellen konnte.

„Ich denke, Doktor, das Geld reicht wohl aus, um einen neuen Herd aufzumauern“, schlug sie vor.

„Ich gedachte, ein paar Bücher davon zu erwerben, mein Liebchen.“

„Dafür waren die Gulden sicher nicht gedacht. Seht doch, Herr Doktor, wie viel zu tun ist.“ Käthe eilte hinüber in das Refektorium mit seinem Tisch und den langen Sitzbänken. „Am besten wäre es, dies alles wäre Küche. Dann könnten wir dort Vorratskammern für Brotgetreide, Mehl und Speisen einbauen. Man müsste nur die Wand zwischen der alten Küche und dem Refektorium niederlegen, dann wäre hinreichend Platz. Ich muss ja jeden Morgen Brot backen, Mittagessen vorbereiten und das Abendessen.“ Kalk für die Wände und Mauersteine brauchte sie als Nächstes. Auch Bauhölzer. Blitzschnell überlegte sie. Das Kloster gehörte dem Kurfürsten. War er nicht der, der es eigentlich instand setzen musste?

„Nun seind wir ja sehr viel weniger Menschen im Kloster als zur Zeit des Klosterbetriebs“, mischte sich der Famulus wieder ein.

„Es werden aber wieder Studenten einziehen, die hier wohnen und essen. Freunde und Verwandtschaft des Doktors werden kommen. Und eine Burse werdet Ihr doch wohl unterhalten wollen.“

„Eine Burse für die Studenten im Haus“, murmelte der Doktor und sah plötzlich glücklich aus. „Seind viele hier, die nach einem Freiplatz an einem Kosttisch suchen.“

„Auf einen Freiplatz“, erklärte Käthe, „braucht es zwei zahlende Studenten. Anders geht die Rechnung nicht, Herr Doktor.“

„Wunderlich, wie Ihr zu rechnen versteht, liebste Käthe." Sie gingen langsam zurück in die Küche. Der Doktor lehnte sich an die rauchgeschwärzte Wand neben dem Herd und versank in Nachdenken.

„Und die Flüchtigen", ergänzte er dann. „Es wäre gut, wenn wir ihnen für die ersten Tage Herberge geben könnten."

Stolz öffnete er eine Falltür, die zu einem Kellergewölbe führte. Käthe kniete nieder und spähte nach unten. Sie erkannte ein Heringsfass, ein kleineres, das wohl Sauerkraut enthielt, und ein großes Bierfass. Beherzt raffte sie ihre Röcke und kletterte die wacklige Leiter hinab. Unten angekommen klopfte sie gegen das Bierfass: Gott sei Dank, es war gut gefüllt. Im Heringsfass lag noch ein Bodensatz von Fischen, und das Sauerkraut reichte wohl ebenfalls für ein paar Wochen. Und an der Wand in der Ecke des Gewölbes hing eine Speckschwarte.

Mit dem Keller sei es so eine Sache, wendete Wolfgang ein. Eigentlich hätte das Kloster fast keine Gewölbe unter dem Erdgeschoss, weil die Elbe zu nahe und es schwer sei, wasserdichte Keller zu schaffen.

„Derzeit ist das Kloster arm", sagte Martinus. „Und arm ist auch Euer Gemahl, liebster Herr Käthe. Der Kurfürst hat uns fürs Erste das Kloster zum Wohnen überlassen. Auch Feuerholz und Malz hat er zugesagt. Doch mich dünkt, wir werden bald hinüber in das kleine Haus vor dem Kloster ziehen."

„Das wäre nicht gut. Es werden noch mehr Studenten zu Euch kommen, und für die braucht es einen Kosttisch", gab Käthe zu bedenken. „Dafür sind die Räumlichkeiten im Kloster gut geeignet. Die Wände müssten ausgebessert und getüncht werden und die Küche muss instand gesetzt werden."

„Das Instandsetzen schafft Lärm und Unruhe", wendete Wolfgang ein. „Und teuer ist es ohne Ende."

Schweigend sah Käthe ihn an. Das Kloster musste hergerichtet und umgebaut werden – es war der ideale Ort für den

Doktor und seine Studenten. Ein Anwesen, auf dem sie auch in schlechten Zeiten bei guter Wirtschaft für den Doktor ein standesgemäßes Leben schaffen konnte. Es bot ausreichend Platz für Milchkühe, Schweine, Pferde und Wagen. Eine Burse, ein Kosttisch und Schlafgelegenheiten für die Studenten, größer als in den Häusern von Cranach und Philipp Melanchthon, war hier ohne weiteres zu schaffen. Vorratskeller mussten gebaut werden, und neue Fässer würde man kaufen müssen. Gleich morgen würde sie mit Barbara Cranach darüber sprechen.

„Und hier ist die Badstube, die Ihr ja schon kennt", Wolfgang klappte die Holztür zur Badstube auf. Im hellen Tageslicht war zu erkennen, wie verschmutzt die hölzernen Zuber waren, in denen die Mönche seit zwei Jahrzehnten ihre Bäder genommen hatten. Den Doktor muss ich mir anders gewöhnen, ging es Käthe durch den Sinn. Es muss hier alles sauberer werden. Mit den Gulden, die uns jetzt gehören, werden wir einiges Gerät für den Garten und die Küche anschaffen.

„Gott wird uns geben, sorge dich nicht, liebe Käthe", sagte der Doktor, doch sein Gesicht war ernst geworden. „Wolfgang", wendete er sich an den Famulus, „ich werde noch heute an meinen ehemaligen Mitbruder Wenzeslaus in Nürnberg schreiben, dass er mir Sämereien für den Garten schickt." Ein paar Momente stand er da, und plötzlich lächelte er.

„Und Drechselgerät soll er mir besorgen. Wer weiß, was den Papisten noch einfällt wider mich. Seind der Feinde viele. Du, Wolfgang, und ich, wir werden das Drechseln erlernen. Davon verstehen sie hier im Sächsischen noch nichts. Zur Not kann ich dann mit meiner Hände Arbeit Weib und Kind ernähren." Seine Worte waren wie ein kalter Windstoß. Das Paradies war bedroht. Käthe fröstelte es plötzlich.

„Ma woaß ned, was no kommt", bemerkte Wolfgang weise.

Die Feier

Der 27. Juni des Jahres 1525 war wieder ein Dienstag, also ein Glückstag. Seit zwei Wochen war Käthe im Augustinerkloster als rechtmäßige Ehefrau des einstigen Mönchs eingezogen. In dieser Zeit hatte Martinus Einladungsbriefe an Verwandte und Freunde geschrieben, die zur großen Feier, der „Wirtschaft“, und dem vorangehenden gemeinsamen Kirchgang des Ehepaars Luther kommen sollten. Dabei hatte er gezweifelt, ob überhaupt einer in diesen unruhigen und gefährlichen Zeiten den Weg auf sich nehmen würde. Der Vater hatte ihn immer wieder angefleht zu heiraten. Verzweifelt war er gewesen, nachdem ihm die ältesten Söhne Veit und Heinz beide im Jahr 1505 an der Pest gestorben waren. Zu der Zeit war Martinus in das Kloster nach Erfurt eingezogen, und auch dort wütete die Pest. Die Eltern hatten damals auch um ihn gefürchtet. Dem Tod konnte man nichts entgegensetzen als eine neue Generation, glaubte der Alte. Dem Tod müsse man das Vertrauen in Gottes Willen entgegenhalten, erklärte Martinus Käthe, während er über dem Schreiben an die Eltern saß, und schlug mit der Faust gegen die Holztäfelung der Abtsstube. Ohnehin gebe es für den Gläubigen keinen Tod, sondern nur ein Fortleben mit Christus. Das Jesuskind auf dem Schoß der Gottesmutter in Meister Cranachs Bild erzitterte unter dem Schlag. Das Bild, von den evangelisch gewordenen Mönchen in einer Ecke abgestellt, hatte Käthe als erste Tat wieder über der Bank im Abtszimmer an seinem alten Platz angebracht. Dazu hatte sie ihrem Ehegespons weder etwas erklärt noch sich vor ihm gerechtfertigt. Lächelnd hatte er ihr zugestimmt, so wie er es gebilligt hatte, als sie den alten verfaulten Strohsack in seinem Mönchsbett auf die Mistkaute warf. Es schien sogar so, als geniere er sich etwas wegen seiner Nachlässigkeit. „Ich wusste nichts darum", murmelte er, als sie ihm das schwärzlich verfärbte, schimmlige Stroh der Füllung zeigte. Ihrer beider Leben waren nun andere geworden. Sie mussten sich um die weltlichen Dinge sorgen: um saubere Strohsäcke, neue Schuhe, neue Töpfe. Den Auftrag an den Böttcher zu zwei Badezubern hatte Käthe ebenfalls erteilt.

Ein richtiges, großes Hochzeitsfest sollte es sein, beharrte Martinus. Alle sollten mit Wein, Bier und Tanz bei dem Fest fröhlich sein, das die Verehelichung der Nonne mit dem Mönch feierte.

Nun schritt Käthe an der Seite ihres Doktors durch den Eingang der Stadtkirche. Sie trug ein Kleid, das Katha Jonas, die Gattin des Juristen, ihr geschenkt hatte, ein wahrhaftiges Sonntagskleid mit seidenem Besatz, und dazu das Schwäbisch um die Schultern. Hinter ihnen gingen Johannes Luther und seine Frau Margarethe, ein kleiner, magerer Mann im pelzverbrämten Rock und eine kleine, von der Arbeit verhutzelte alte Frau, die ihrem berühmten Sohn erstaunlich ähnlich sah. Der jüngere Bruder Jakob Luther, größer gewachsen als sein Vater, war zu Martinus' großer Freude ebenfalls aus Mansfeld gekommen, und die Schwestern mit ihren Ehemännern. Ein Verwandter war auch der Rat aus Mansfeld, Dr. Johann Rühel, mit seiner Frau Hanna. Neben ihnen gingen die mansfeldischen Räte Kaspar Müller und Johann Thür. Der rothaarige Spalatin war aus Altenburg gekommen, von Amsdorff aus Magdeburg und Leopold Koppe mit seiner Gemahlin Audi aus Torgau. Und Magister Zwilling befand sich ebenfalls im Hochzeitszug. Wenzeslaus Linck war von Nürnberg herbeigeeilt und viele andere ehemalige Mitbrüder aus dem Wittenberger Kloster ebenfalls. Die meisten dieser Männer waren jetzt Pfarrer an den verschiedensten Orten. Viele von ihnen hatten geheiratet oder waren dabei, es demnächst zu tun. All die unbekannten Namen, so viele unbekannte Gesichter – Käthe schwirrte der Kopf.

Inzwischen walteten Orthe und die Mägde im Augustinerkloster ihres Amtes. Zwei Rehböcke und ein Wildschwein hatte der Kurfürst vor ein paar Tagen im Hof abladen lassen: Die Gäste würden ein üppiges Mahl mit mehreren Gängen haben. Hinzugefügt war diesem Geschenk zum Hochzeitsschmaus zu Käthes großer Befriedigung ein Schreiben mit einem Beutel von 100 Gulden für die ersten Anschaffungen im Haushalt. Der Rat der Stadt hatte ein gewaltiges Fass Einbecker Bier gebracht, das im Hof vor dem Kloster aufgebaut war. Leonhard Koppes Hochzeitsgeschenk war ein nicht minder großes Fass voll Torgauer Bier daneben. Die Kirche war gefüllt bis zum letzten Platz. Es gab ihr einen kleinen Stich, dass sich auf den Einladungsbrief an die Stiefmutter niemand gemeldet hatte. Kein Bote war erschienen, um einen Brief oder ein Geschenk zu überbringen. So war sie nicht nur die arme Braut ohne Mitgift, sondern auch noch die von ihrer Familie Verlassene. Käthe sagte sich zugleich, dass ihre Brüder und die Stiefmutter unmöglich hatten kommen können. Von Herzog Georg war ein hämischer, drohender Brief an ihren Gemahl abgegeben worden. Und anders als Doktor Martinus konnte Käthe nicht darüber lachen, sondern spürte jedesmal einen heißen Stich der Furcht im Magen, wenn sie an die zornigen Worte dachte. Der Landesfürst war ein gefährlicher Mann und fanatischer Papist. Gnadenlos ließ er „Lutheraner" in seinem Land bei Wasser und Brot einkerkern. Sie umklammerte die Hand ihres Doktors. Nein, die Zeiten waren nicht gut. Und das Herzogtum Sachsen lag ganz nahe an dem Land des Kurfürsten. Was, wenn dessen Gunst umschlug? Was, wenn Kurfürst Johann sich unter dem Druck von Kaiser und Papst anders besann und wieder altgläubig, papistisch wurde? Entschlossen straffte Käthe ihre Haltung: Es war ihr erster Kirchgang an der Seite ihres Herrn Gemahls, sie durfte auf keinen Fall weinen. Was sollten die Leute nur denken! Am Ende noch: Die entlaufene Nonne reut es, dass sie den entlaufenen Mönch geheiratet hat. Käthe von Bora sehnt sich zurück nach ihrem Kloster.

Scheiterhaufen, schoss es ihr durch den Kopf. Die Papisten sind stärker als die Evangelischen. Der Kaiser steht auf ihrer Seite. Und irgendwann wird Kaiser Karl nach Wittenberg kommen und den Ketzer in Haft nehmen. Er wird nicht gnädig sein oder nobel wie damals auf dem Wormser Reichstag, als er die Geleitzusage für den Doktor einhielt. Sie musste wachsam sein. Sie, Käthe, würde mit dem Doktor rechtzeitig an einen sicheren Ort fliehen. Gott würde sie beide schützen, weil sie sein Wort verteidigten. Heute durfte sie sich nicht sorgen. Heute war der Tag der Freude, und nur Freudentränen durften fließen.

Bugenhagen hielt die Predigt, doch Käthes Gedanken wanderten weit ab. Wie mochte es ihnen wohl in Lippendorf gehen, den Brüdern, der Schwester und der Stiefmutter Margarethe? Ob sie an sie dachten? Vielleicht beteten sie für sie und ihren Ehegemahl und wünschten ihr wenigstens heimlich viel Glück.

Die Hochzeitsgesellschaft feierte zunächst draußen im Hof vor dem Augustinerkloster im Freien unter dem Birnbaum. Mit mürrischem Gesicht beglückwünschte Magister Philippus das Brautpaar. Käthe spürte, er war nicht für diese Heirat. Seine Ehefrau war nicht mitgekommen. An acht Tischen verteilten sich die Gäste. Verführerischer Bratenduft zog über sie alle hin. Ein Nürnberger Student namens Johannes Pfister eilte als Mundschenk geschäftig hin und her und füllte die Krüge und Pokale abwechselnd mit Bier und mit Wein.

Eine Gruppe Studiosi des Doktors hatte sich aufgestellt und spielte mit Flöten und Trommeln Musik. Die Eltern des Doktors fielen Käthe um den Hals, küssten sie und nannten sie „Tochter". Schon wieder schossen ihr die Tränen in die Augen. Ja, jetzt war sie nicht nur Eheweib, sondern hatte auch wieder Eltern gefunden. Die Musik wurde lauter, und sie dachte daran, wie gern ihre Geschwister tanzten.

Käthe sprach dem Wildschweinbraten zu, zu dem es in Butter gesottene zarte gelbe Rüben gab. Unter dem Tisch streichelte der Doktor ihre Hand. Solche Sorgen seiner Angetrauten verstand er wunderbarerweise, er war eben ein Theologe, hatte oft genug die Beichte von Menschen gehört. Der Studiosus schenkte ihr roten Malvasier in den silbernen Trinkpokal ein. Es war ein größeres, lauteres Fest als das ihrer ersten Hochzeit nach der ewigen Profess mit Jesus. Die Gesichter der Gäste an den Tischen röteten sich, die Witze wurden derber, ab und zu fiel ein Becher zu Boden. Frauen quietschten auf und Kinder schrien. „Auf zum Tanz, meine Käthe", sagte der Doktor und reichte ihr die Hand. Vor dem Birnbaum tanzten sie den ersten Tanz, so wie sie früher mit Metze und Ave zu den Klängen von Muhme Margarethes Hackbrett gehüpft war. „Käthchen, du bist eine gute Tänzerin", flüsterte der Doktor ihr ins Ohr. Sie tanzten weiter, bis er außer Puste war, ohne auch nur einen Blick auf die anderen Paare zu werfen, die sich um sie herum drehten.

Gegen Abend wechselte die Gesellschaft hinüber in die Räume des Klosters. Im Refektorium waren zwei lange Tische festlich geschmückt. Einige Gäste waren schon gegangen, andere kamen erst jetzt. Rat Rühel verabschiedete sich von seinem Freund, dem Doktor, und übergab ihm ein Schreiben des Mainzer Kurfürsten Albrecht mitsamt einem Säcklein voll goldener Gulden, wie er lächelnd erklärte.

„Bringt's zurück, lieber Freund!", rief der Doktor. „Werde

ich doch kein Geld von dem Papisten für meinen Haushalt nehmen."

„Zwanzig Gulden sind es, die er Euch durch mich senden lässt." Johannes Rühel war entrüstet. „*Non olet*, sagten die alten Römer."

„Natürlich stinken sie. Sie haben den Geruch des Antichristen an sich!" Der Doktor wandte sich ab, um neu eingetroffene Gäste zu begrüßen.

„Gebt her", sagte Käthe sanft, „und richtet dem Herrn Erzbischof Albrecht den Dank von Käthe Lutherin aus und wie sehr sie die Gabe zu schätzen weiß." Vorsichtig packte sie den samtenen Beutel in ihre Gürteltasche aus Saffian, die der Doktor ihr geschenkt hatte, und begleitete den Mansfeldischen Rat und seine Frau Hanna noch bis ans Tor. Die beiden hatten Unterkunft im kurfürstlichen Schloss für die Nacht gefunden. Am Tor band gerade ein dunkel gekleideter Mann sein Pferd an den Pfosten und hob einen Gitterkasten herunter.

„Gewiss wollt Ihr zum Fest", begrüßte Käthe den Unbekannten, der sich die Kappe tief ins Gesicht gedrückt hatte. Statt einer Antwort fiel er ihr um den Hals und küsste sie.

„Du bist es, Hans", sagte sie, völlig fassungslos. „Komm mit zu uns. Hörst du die Musik?"

„Schwesterchen", sagte Hans und blickte um sich, ob jemand sie beobachtete, „Niemand darf wissen, dass ich gekommen bin. Wenn Herzog Georg es erfährt, macht er uns allen das Leben schwer."

„Und trotzdem bist du gekommen." Käthe drückte und herzte ihn. „Aber wenigstens ein Stück Braten und ein Krüglein Wein nimmst du dir mit. Wolfgang bringt es dir ans Tor."

„Ich werde gleich wieder zurückreiten. Du weißt ja, Pferde finden auch im Dunkeln den Weg. Und die Nächte sind jetzt kurz."

Einen jungen Pfau hatte er von Lippendorf in einem Kasten aus Holzstäben mitgebracht. „Für euren Geflügelhof", lachte er. „Viel Glück wünschen wir dir alle. Auch Maria. Sie wird bald heiraten."

„Und du? Wirst du auch heiraten?"

Er lachte verlegen. Das Geld fehle an allen Ecken und Enden. So gehe es vielen Edelleuten auf dem Land, während die Bürger in den Städten mit ihren Handelsgeschäften reich würden. Die Gunst des Herzogs zu erwerben, sei derzeit schwer. Sie solle beten, dass er mit der Verfolgung der Evangelischen aufhöre. Dann senkte er die Stimme. Er sei in Nimbschen gewesen und hätte Muhme Lene besucht. Sie hätte ihm mitgeteilt, dass sie das Kloster verlassen werde. Von der Heirat Käthes wusste sie bereits. Die Äbtissin hatte es allen Nonnen im Kapitelsaal erzählt.

„Muhme Lene wird zu dir und dem Doktor kommen, lässt sie mitteilen", sagte Hans zum Abschied. „Du könntest sicher Hilfe gebrauchen, meinte sie. Leonhard Koppe wird sie nach Wittenberg bringen, wenn es so weit ist." Und der von Sacktuch umwickelte junge Nussbaum sei der Glückwunsch von Muhme Anna für sie und den Herrn Gemahl. Ein Nussbaum, lasse die Muhme ausrichten, sei immer gut. Diesen hier, eine besonders milde Art aus Frankreich, hätte sie schon gepfropft.

Im Studierstüblein selbander

Einige Wochen waren sie nun schon ein Ehepaar.

Der Doktor hatte aufgehört zu lesen. Käthe zündete das Talglicht auf dem Tisch an und stellte es wieder in die Schale zurück, damit es nicht umfiel. Draußen sangen die Amseln in der Dämmerung. „Erzählt mir doch, warum Ihr Euren Namen Luder zu Luther geändert habt“, bat sie. Schließlich war sie jetzt zur „Lutherin“ geworden. Es gab so viel, was sie ihren Ehegemahl fragen wollte. Tagsüber war er ständig unterwegs, hielt Vorlesungen an der Universität, predigte und sprach mit seinen Freunden. Er habe sich befreit gefühlt, damals, als er die Thesen an den Erzbischof Albrecht von Mainz und Brandenburg absendete, erklärte er. „*Eleutherios*“ sei ein griechisches Wort und es bedeute soviel wie „der Freie“ im Gegensatz zum Gefangenen. Den langen Brief an Albrecht habe er mit der neuen Namensform unterschrieben.

Käthe nickte. Der Albrecht, dem sie die zwanzig Gulden im Gürteltäschchen zu verdanken hatte. Zweifellos ein freundlicher hoher Herr, der ihren Doktor schätzte. Es gab noch einige andere Fürsten dieses Namens. „Was ist mit dem Hochmeister des Deutschen Ordens? Ist er verwandt mit Albrecht von Preußen?“

Diese vermeintlichen Zwei seien ein und derselbe Albrecht, dem er, der Doktor, im Jahr 1522 persönlich begegnet sei, ein noch junger Mann, der auf der Seite des Evangeliums stehe.

„Das ist gut“, seufzte Käthe zufrieden auf. Ein weiterer Fürst, der ihrem Gemahl und seinen Freunden gegen die Papisten beistehen würde. Beide waren sie voll banger Befürchtungen, dass der Papst mit Hilfe des Kaisers seine Anhänger bewegen würde, ein Heer gegen Kursachsen zu schicken, um Luther und die neue Lehre zu bekämpfen.

Nein, erklärte der Doktor mit leuchtenden Augen, es sei keine neue Lehre, die er verbreite, vielmehr Gottes Wort, wie Christus selbst es der Menschheit gegeben habe.

„Das wahre Wort also? Die alte Lehre?“

Das hatte Käthe richtig erfasst. Die Papisten hatten das Wort Gottes, das Evangelium, durch tausenderlei nachträgliches Gesetzeswerk verfälscht und verballhornt, die Abgötterei in Form von Heiligenanbeterei eingeführt, die Ehelosigkeit der Priester, die Klosterei und die Möncherei. Als Folge davon seien die Klöster zu Hurenhäusern verkommen, gegen die jeder Schweinestall ein Ort der Sauberkeit und Rechtschaffenheit sei. Längst sei seine, Luthers, Sache, der Handel mit den Papisten, in Gottes Hand übergegangen und nicht mehr Menschenwerk. Gottes Wille werde sich zuletzt erweisen. Denn sein Wort sei stärker als Menschenwerk, und Gott habe sich seiner, Luthers, bedient, auf dass er die Tische der Krämer und Geldwechsler in seinem Heiligtum umstürze wie seinerzeit Jesus im Tempel. „Gott wird's richten“, sagte Käthes Gemahl. Das alles sei jetzt nicht mehr aufzuhalten. Ganz am Anfang hätte der Papst sich mit den Thesen beschäftigen sollen, dann hätte es vielleicht zur Versöhnung kommen können. Doch statt seine Argumente zu prüfen, hätte man ihn mit Gewalt zum Widerruf zwingen wollen und schließlich mit dem Bann überzogen. Selbst vier Jahre später klang Martinus' Verbitterung über die ungerechte Behandlung noch in seinen Worten nach.

Überraschenderweise freute der Doktor sich, wann immer Käthe die Treppe des Turms hochkam, ihr Spinnzeug und den

Wollkorb unter dem Arm, und dann still bei ihm im Stüblein saß und Wolle spann. Bei ihm in der Studierstube aufzuräumen, hatte sie längst aufgegeben. Das Chaos der durcheinanderliegenden Briefe, Schriften und Bücher enthielt eine geheime, nur dem Doktor verständliche Ordnung. Er fand sich hier sehr wohl zurecht, wusste, wo er Schreibfedern und Papierbögen aufbewahrte, und zog jedes Schreiben hervor, nach dem ihn einer fragte. Nein, er fühle sich beim Briefeschreiben nicht gestört, hatte er ihr versichert. Ungewohnt sei es für ihn, seit der Eheschließung „selbander" zu sein, aber doch angenehm. Und den Teufel halte es auch fern von ihm. Besonders in den Zeiten der Einsamkeit in dem abgelegenen Stüblein auf der Wartburg hätte der Teufel schlimmen Schabernack mit ihm getrieben. Nachts hätte er Nüsse gegen die Zimmerdecke geprellt und entsetzlichen Lärm veranstaltet.

„Vielleicht waren es Marder", schlug Käthe, immer praktisch, vor. „In Mariathron waren auch welche auf dem Dach."

„Glaub mir, es war der schwarze Geselle. Am Schwefelgeruch hab ich es deutlich erkannt."

„Ihr scheint Euch vor dem Teufel nicht zu fürchten, Herr Doktor."

Darauf war ihr Doktor, wie so oft, wenn eines seiner Herzensthemen berührt wurde, ins Dozieren geraten: „Es braucht den Teufel in der Welt. Die heilige Schrift kann man nimmermehr verstehen, wenn man nicht angefochten wird. Den rechten Widersprecher muss einer haben, nämlich den Teufel, welcher es einen wohl lehrt. So hat Paulus auch einen Teufel gehabt, der ihn mit Fäusten geschlagen und also getrieben hat mit seinen Anfechtungen, fleißig in der heiligen Schrift zu studieren. Also hab ich den Papst, die Universitäten und alle Gelehrten, und durch sie den Teufel mir am Halse kleben gehabt. Sie haben mich in die Bibel gejagt, dass ich sie hab fleißig gelesen und damit ihren rechten Verstand endlich erlangt.

Wenn wir sonst einen solchen Teufel nicht haben, so sind wir nur spekulative Theologen, die lediglich mit ihren Gedanken umgehen und mit ihrer Vernunft allein spekulieren, dass es so und also sein solle, wie die Mönche in den Klöstern auch getan haben.“

Käthe hielt den Rocken einen Moment an und fasste den Faden stramm. „Herr Doktor“, begann sie, „Reden war mir schon in der Klosterzeit, als ich es nicht durfte, das Liebste, aber seit ich mit Euch zusammen bin, ist mir noch schöner, Euch zuzuhören. Ach, niederschreiben möchte ich all Eure Gedanken für die anderen Menschen, dass sie sie auch lesen könnten.“

Sie hatte gehört, ihr Gemahl hätte im Jahre 1517 die Thesen am Vorabend des Allerheiligentags, als sich eine Menschenmenge um die Schlosskirche drängte, mit Hammerschlägen am Kirchenportal befestigt. Er wehrte ab. Nicht mit Hammerschlägen hätte das alles begonnen, sondern ganz vorsichtig. Erstaunlich sei vielmehr, dass die Briefsendungen ein solches Echo ausgelöst hätten. Denn eigentlich hätte er Albrecht und anderen Bischöfen am 31. Oktober des Jahres 1517 geschrieben, sie möchten seine Thesen lesen und erwägen und den Ablasspredigern, vor allem Tetzel, Einhalt gebieten. Doch die Bischöfe hätten nicht geantwortet. So sei er gezwungen gewesen, seine Thesen zu publizieren. Erst dann sei eine öffentliche Angelegenheit daraus geworden.

Der Antichrist kommt bald

Käthe stand in der Küche und musste sich einen Moment an der Wand festhalten. All diese Gerüche, der Dampf, ihr war schwindlig. Es war jetzt November, ein klarer, kalter Tag. Fast fünf Monate lang lebte sie schon im Schwarzen Kloster. Wohlgefällig glitt ihr Blick über die frisch gekalkten, weißen Wände mit den an Haken der Größe nach aufgehängten kupfernen Sieben, Kasserolen und Pfannen und den geräumigen Holztruhen davor. Stolz war sie auch auf die grünglasierten Keramikschüsseln. Bei der Erneuerung des Herdes hatte sie sich letztendlich durchgesetzt: Nun konnte man hier richtig kochen, und auch Borde für Teller und anderes Geschirr waren inzwischen eingefügt. Käthes größte Freude aber war eins der Hochzeitsgeschenke, die in Zinn gefasste Glaskanne. Sie stand jetzt auf der Anrichte im Abtszimmer an der Wand neben den silbernen Bechern, die sie ebenfalls anlässlich ihrer Vermählung bekommen hatten. Einen blau-weiß glasierten Krug aus dem Türkenland nannten sie außerdem jetzt ihr eigen. Das einstige Augustinerkloster war ein wahrer Doktorhaushalt geworden. Eine Gefahr dabei gab es: Ihr Gemahl wollte die Prachtstücke an seine alten Klosterfreunde verschenken, wenn sie zu Besuch kamen. Schon zweimal hatte Käthe die wunderbare Glaskanne mit dem Zinn ihrer Freundin Katha Jonas zum Verstecken mit nach Hause in die Kanzlei gegeben, sonst hätte der Doktor sie seinem Nürnberger Freund Wenzeslaus mitgegeben. Wenzeslaus Linck war einige Jahre sein Prior im Kloster gewesen und war seit seinen Kindertagen schon mit ihm befreundet.

Der Doktor hielt seine Vorlesung an der Universität und würde gleich mit ein paar hungrigen Studenten an den Mittagstisch kommen. In zwei großen Töpfen schmorte das Essen auf dem Rand des Dreifußes. Um den Mittagstisch im ehemaligen Refektorium saßen erstaunlich viele Menschen. Oft kamen unangemeldete Gäste einfach mit dem Doktor herein. Unten am Tisch saß das Gesinde, der Schweinehirt, der Famulus, die beiden Mägde und die Köchin. Zu zweit teilten sie sich ein Gedeck, während die Studenten ihre Schüsseln, Löffel und Messer bei sich hatten. Auch ihre Trinkbecher brachten sie mit, und ein jeder säuberte sein Geschirr hinterher selbst im dafür bereit stehenden Wassereimer. Die Nonnen aus Freiberg waren derzeit Gäste im Kloster. Eine davon war Ursula von Münsterberg, die Käthe sofort wiedererkannt hatte. Käthe bewunderte den Mut dieser Frau, denn sie war die Nichte von Herzog Georg und musste mit strengster Strafe rechnen, wenn sie seinen Häschern in die Hände fiel. Dass eine so nahe Verwandte aus einem Kloster in seinem Hoheitsgebiet geflüchtet war, erbitterte den Herzog zutiefst und brachte ihn noch mehr gegen Martinus Luther auf, zu dem aus allen Teilen Sachsens die geflüchteten Mönche und Nonnen kamen, um bei ihm Rat für ihre Zukunft zu holen.

„Nimm den gekochten Kohl weg: Heute soll es etwas anderes geben", stieß Käthe hervor.

„Ach, Frau Doktorin", sagte Orthe, „geht ein bisschen im Garten herum und atmet tief. In den ersten Wochen der Schwangerschaft haben das alle Frauen."

Käthe seufzte. Allen Frauen ging es ähnlich bei ihren Schwangerschaften, am Anfang war es für manche fast unerträglich. So wollte sie nicht sein, aber von einem Tag auf den anderen hatte es sich auch bei ihr so entwickelt, dass sie plötzlich Salatblätter kauen musste oder drei Äpfel hintereinander verzehrte. Manche Gerüche hielt sie jetzt nicht mehr aus, ihr wurde übel, wenn sie in den Schweinestall trat.

„Fürchtet Ihr Euch nicht, Frau Doktorin?“, fragte Orthe und trat einen Schritt zurück.

„Warum soll ich mich fürchten?“

„Dass das Kind ein Wechselbalg wird“, sagte Orthe. „Frau Doktorin, ich glaube nicht, dass es der Antichrist wird. Aber einen Wechselbalg schickt Euch der liebe Gott vielleicht doch. Schließlich habt Ihr Euer Gelübde gebrochen, so wie der Herr Doktor, der ein Mönch gewesen ist.“

„Sei still, Orthe. Das ist dummes Altweibergeschwätz.“

„Ich habe es von einem hohen Herrn gehört, der so mit einem Freund auf der Straße gesprochen hat. Der Antichrist wird das Kind unseres lieben Luther gewiss nicht werden. Das waren seine Worte. Aber man muss fürchten, dass das Kind ein Wechselbalg wird.“

„Kein Wort mehr!“, schrie Käthe. „Hast du kein Vertrauen in Gott? Gott ist nicht grausam und ungerecht!“

„Ich hab nur gesagt, was der hohe Herr geredet hat. Und ein anderer hoher Herr war bei ihm.“ Trotzig rührte Orthe das Schweineragout auf dem Dreifuß über dem Feuer um. „Wenn es darum geht: Die alten Weiber in der Stadt reden noch viel böseres Zeug.“

„Bring den Kohl weg“, stammelte Käthe.

„Der Rotkohl ist beinahe gar. Was soll ich mit ihm machen? Wir müssen doch ein Gemüse zum Schweineragout haben.“

„Du hast ja recht“, sagte Käthe entschuldigend. „Mach das Essen so, wie wir es gestern besprochen haben. Ich muss jetzt in den Hof gehen. Draußen an der Luft wird es besser.“ Aber es wurde draußen nicht besser. Mit hängenden Schultern ging Käthe langsam die Treppe hoch zur Schlafstube, legte sich auf das Bett, das die Magd schon wieder für die Nacht gerichtet und zurechtgezupft hatte, und weinte bitterlich. Ihr armes

Kind, noch ganz winzig, hilflos und schutzlos. Ob es die Reden Orthes vielleicht sogar mithörte und verstand? Alle Augen in der Stadt waren jetzt auf ihren Bauch gerichtet. Alle warteten sie auf das erste Kind des Ketzers und der Mönchshure. Käthe schluchzte erneut auf. Erst hatten die Lästerzungen geklatscht, Luther habe Käthe von Bora heiraten müssen, weil sie von ihm schwanger sei. Jetzt zerrissen sie sich die Mäuler, Feinde, Freunde, Professorenfrauen, was für ein Monster Käthe und der Doktor wohl hervorbringen würden. Druckschriften gingen um mit Verleumdungen über sie, voll erlogener Geschichten und Spottverse. „Mönchshure“ wurde sie da geheißen. „Der Luther und sein Luder“, schrieb einer dieser papistischen Autoren. Gelehrte Männer verfassten hasserfüllte Pamphlete über den Mönch und die Nonne, die gemeinsam den Antichristen hervorbringen würden. Käthe setzte sich auf und wischte die Tränen vom Gesicht. Und wenn du ein Monster wirst, dann bist du eben das Monster, das Gott uns schenkt. Wir werden dich beschützen, der Doktor und ich, egal, wer du bist und wie du aussiehst.

Dreck, Bedrohung und ein Trost

Sie schlief schlecht. Sie träumte unruhig, und es lag nicht daran, dass sie schwanger war. Einmal wachte sie in der Nacht weinend auf. Ihr war, als sei Herzog Georg in ihre friedliche Schlafstube eingedrungen. Ein Schwert in der Hand, wollte er den schlafenden Doktor erstechen.

„Du hast geträumt, Käthchen", sagte Martinus. „Bete mit mir und schlaf wieder weiter."

Beten half nicht, ihre Träume wurden immer schwerer.

„Wie soll ich dich allein lassen? Und doch muss es sein, bei Spalatins Hochzeit will ich ihn und sein Ehegemahl in Altenburg beglückwünschen."

„Aber Herr Doktor, Ihr müsst durch das Gebiet von Herzog Georg. Es ist immer noch die Acht über Euch ausgesetzt."

„Gott schützt mich. Fällt doch kein Sperling vom Dach, ohne dass Gott es will."

Sie überlegte, ob sie ihm den Traum erzählen sollte, den sie ein zweites Mal geträumt hatte. Der Traum war eine Warnung, sie spürte es deutlich.

„Und die Nonnen sind ja bei uns im Kloster", versuchte er sie zu trösten. „Bessere Gesellschaft als die Flüchtlinge aus Freiberg könntest du nicht haben, Herzliebchen."

Es ging ihr nicht um ihre Ängste in der Nacht. Es ging ihr um die Gefahr, in der er sich befand. War er erst unterwegs, konnte sie ihn nicht mehr beschützen. Er musste hier in Wittenberg bleiben, die Zeiten waren wild und rau.

„Herzliebster Doktor", begann sie und konnte nicht weitersprechen vor Weinen. Doch dann erzählte sie ihm den Traum.

Wie er, der Doktor, auf dem offenen Wagen durch den Wald in Herzog Georgs Landen fuhr und die vier Geharnischten mit gezogenen Degen aus dem Gebüsch sprangen und wie Blut aufspritzte, während Ursula von Münsterberg weinend und klagend am Wegrand stand. Zweimal in einer Nacht, als wollte Gott ihr ein Zeichen geben.

„Ich lasse Euch nicht fort“, sie klammerte sich an ihn.

„Mein Kätchen“, sagte Martinus hinterher. „Dann werde ich jetzt einen Brief schreiben und den Boten damit nach Altenburg schicken.“

Und das tat er.

Mein Spalatin,
Wie gerne wollt ich Eurer Hochzeit beiwohnen und mit den Fröhlichen fröhlich sein; doch ist mir ein Hindernis in den Weg geraten, darüber ich nicht kommen mag, nämlich die Tränen meiner Käthe, so da glaubet, dass Ihr nichts weniger verlanget als meine Gefahr. Eine Gefahr aber für meinen Leib und mein Leben hat ihr ahnungsvoll Gemüt, durch einen zweimaligen Traum unterrichtet, gesehen, als ob unterwegs Mörder auf mich lauerten. Welches mir auch nicht unmöglich dünket, maßen zu meinen Ohren gekommen, dass die jüngst geschehene Befreiung der Nonnen aus dem Kloster zu Freiberg einen großen Zorn der Adeligen in Herzog Georgs Landen erwecket. Ob ich nun gleich weiß, dass ich überall in des Allmächtigen Hand stehe und niemand mir ein Haar krümmen darf ohne Gottes Willen, so fühlet doch mein Herz Erbarmen mit meiner lieben Käthe, die sich während meiner Abwesenheit schier zu Tode ängstigen möchte um meinetwillen. Wollet mir derhalben nicht gram sein, dass ich Eurem Ehrentag nicht beizuwohnen vermag, zu welchem ich Euch Gottes reichlichsten Segen und Gnade erflehe.
Wittenberg am Tag St. Martini, den 11. November 1525
Martinus Luther

Zwei Wochen später traf der Antwortbrief des Freundes Spalatin ein. Der Doktor las ihn Käthe vor.

Mein liebster Bruder Martinus!
Wiewohl ich anfangs betrübet war, dass Ihr an dem festlichen Tage fehletet, da ich Eurer Anwesenheit mich am allermeisten erfreuete, so bin ich doch jetzund sehr fröhlich, sintemal ich erkenne, dass Gottes Hand im Spiel gewesen, so Euch vor großer Fährlichkeit hat wahren wollen. Denn es ist verraten worden, dass vier Junker Euch haben auflauern und auf die Seite schaffen wollen, darum dass Ihr deren Schwestern aus dem Kloster befreiet und den Brüdern dadurch eine Schädigung ihres zeitlichen Gutes verursachet, sintemal ihnen nun oblieget, die Heimgekehrten zu ernähren und auszustatten. Einer unter ihnen, Hans von Soldau, ist ganz sonderlich ein wüster, wilder Gesell, von welchem alles Böse zu erwarten. Drücket darum, oh Freund, Eurer lieben Käthe die Hand und danket ihr, denn sie ist unter Gottes Leitung Euer treuer Eckart gewesen.
Gottes Gnade sei mit Euch
Spalatinus

Käthe weinte. Es war furchtbar zu wissen, dass das Leben ihres Gemahls so bedroht war.

In diesen Tagen traf eine weitere ausgetretene Nonne im Kloster ein. Käthe kam es vor, als sei sie nun gerettet vor jeder Gefahr. Denn es war Muhme Lene, die sich auf den Weg gemacht hatte. Im Frieden mit ihrer Äbtissin und den anderen Nonnen war sie geschieden. Alle hatten verstanden, dass Schwester Lene von Bora ihre alten Tage bei ihrer Nichte Käthe in Wittenberg verbringen wollte.

Die Anfechtung im Juli 1527

Der Doktor hatte eine sehr schlechte Nacht gehabt, in der Frühe war der Famulus davongehinkt, um Johannes Bugenhagen zu holen, der seinem Freund wieder Mut eingeflößt hatte. Es war ein Anfall der alten Melancholie, gemischt mit starkem Kopfschmerz. Bei diesen Anfechtungen glaubte der Doktor zu verzweifeln. Er werde als Ketzer auf dem Scheiterhaufen enden. Papst und Kaiser würden nicht ruhen, bis sie ihn gefangen hätten. Herzog Georg hätte Mörder gedungen, die ihm auflauern sollten. Von Feinden des wahren Glaubens sei er umzingelt. Nein, widersprach der sanfte Bugenhagen, von Freunden sei er vielmehr umgeben, die ihm wohlwollten und für die Sache des Evangeliums zu sterben bereit seien.

Das war der Moment, in dem Magister Philippus hinzukam. Besorgt beugte er sich über den keuchenden und schwitzenden Freund.

„Du willst auch bald fort von Wittenberg, weil dir der Boden hier zu heiß ist", klagte Martinus.

Lieber wolle er sterben, versicherte Philippus mit seiner schwächlichen Stimme, als ihn, seinen Doktor Martinus und Wittenberg zu verlassen. Daraufhin fiel der Kranke in einen kurzen, leichten Schlaf. Diesmal atmete er ruhig.

Als er wieder die Augen aufschlug, leuchteten sie.

„Kommt mit zum Frühmahl im Schloss", schlug Bugenhagen vor.

Daraufhin war Martinus zum Kurfürstlichen Schloss aufgebrochen, wo er seine Freunde traf. Gesellschaft tat ihm immer gut. Im Kreis seiner Professorenfreunde vergaß er die Anwandlungen von Krankheit und Schmerzen, die ihn die Nacht über geplagt hatten. Käthe hatte solche Anfälle ihres Mannes in den vergangenen zwei Jahren schon öfter erlebt. Überall sangen die Vögel. Es war ein herrlicher Sommertag.

Die Erfurter Rettiche gediehen hervorragend. Mit Stolz stand Käthe vor den Gemüsereihen im Klostergarten. Es war der 6. Juli des Jahres 1527. Aus dem verwilderten Klostergarten war jetzt, zwei Jahre nach ihrem Einzug ins Schwarze Kloster, ein übersichtlicher Gemüsegarten mit Blumen an den Rändern der Beete geworden. Auch vier Apfelbäumchen standen darin. Der Doktor selbst hatte sie gepflanzt. In Blumentöpfen an der sonnigen Hausseite standen junge Feigensetzlinge, ein Geschenk aus der kurfürstlichen Gärtnerei. Käthe war gespannt auf die Früchte, die sie eines Tages ernten wollte. Solche hatte Jesus mit den Jüngern im Heiligen Land verzehrt.

„Es ist jetzt Zeit, die Rettichsamen für die Herbsternte zu säen“, stellte Muhme Lene fest und harkte weiter nach dem Unkraut. Den kleinen Hans hielt Käthe auf dem Arm. Er hatte hellblondes Lockenhaar und Gesichtszüge, die seinem Vater ähnlich waren, wie sie fand. Muhme Lene allerdings war nicht davon abzubringen, er sehe ihrem Bruder, dem Großvater Hans von Bora, ähnlich.

Hinter dem Lauch schossen die Lattiche hoch. In einem von Brettern abgezäunten Quadrat hatte Muhme Lene Heilkräuter angepflanzt. Genauer gesagt, sie hatten dort auch früher schon ihren Platz gehabt, waren aber von Unkraut überwuchert gewesen, von dem Lene von Bora sie befreit hatte. Sogar Kardobenediktenkraut war darunter.

Die beiden Rosenstöcke an der Front des Klostergebäudes waren voll erblüht, der eine rosafarben, der andere mit weißen Blüten.

„Zu viele Mäuse gibt es hier“, seufzte Muhme Lene.

„Es geht uns gut“, sagte Käthe, glücklich, dass der Doktor den Anfall überstanden hatte. Das Kind in ihrem Bauch regte sich gerade und sie malte sich einen Moment lang aus, es wäre ein Mädchen. Ein Mädchen, das bald schon mit Hänschen spielen würde. Und sie war dann Mutter zweier Kinder. Wie sie die kleine Tochter wohl nennen würden? Der Doktor hatte sich noch nicht für einen Namen entschieden. „Elisabeth“ würde ihr gefallen. Oder „Magdalene“, Muhme Lene zu Ehren. Oder „Margarethe“ wie die Mutter ihres Doktors. „Katharina“, der Name ihrer Mutter kam nicht in Frage. So hieß sie ja selbst. Vielleicht würde es wieder ein Junge. Nach Muhme Lenes Berechnungen würde das Kind im Dezember zur Welt kommen. Wenn es am Nikolaustag käme, müsste es „Niklas“ heißen. Niklas war ein schöner Name.

Vom Kloster her war ein lauter Schrei zu hören. Wahrscheinlich hatte Wolfgang sich über irgend etwas erschrocken. Oder der Doktor schrie mit ihm, das kam schon einmal vor. Wolfgang war langsam und schlief bei der Arbeit manchmal ein. Einmal hatte der Famulus sogar einen Krug Bier über eine wichtige Schrift verschüttet.

Hänschen rutschte unruhig hin und her. Käthe stellte ihn auf den Boden und reichte ihm die Hände. Mit ihrer Unterstützung gelangen ihm schon ein paar Schritte. Bald würde er frei herumlaufen. Dann durfte man ihn nicht aus den Augen lassen, damit er nicht in den Fischteich fiel. Teiche waren gefährlich für Kinder.

Orthe war dabei, das Mittagessen zu richten. Es gab eine gute Rübensuppe mit gekochtem Fleisch und danach noch Fisch und Lattich aus dem Garten. In den gerade zwei Jahren, die sie hier lebte, hatte Käthe einiges erreicht, wie sie fand. Fünf Schweine hatte sie angeschafft, eine Schar Gänse schnatterte über den Hof, die wenigen Hühner, die sie vorgefunden hatte, waren um ein paar prächtige Exemplare ergänzt mitsamt einem Hahn. Dankbar dachte Käthe an die zwanzig Gulden des Kardinals Albrecht, über die sie ganz allein verfügen durfte. Es hatte noch für zwei Ziegen und eine Kuh gereicht und den Rest hatte Käthe sich aufgehoben.

Wolfgang Sieberger hinkte heran.

„Kommt schnell, Doktorin“, flehte er. „Dem Doktor geht es nicht gut.“

Wahrscheinlich wieder der Kopfschmerz, ging es Käthe durch den Kopf. Den hatte er ja morgens schon so schlimm, dass sie Bugenhagen hatte holen müssen. Aber dann war er doch ins Kurfürstliche Schloss gegangen und hatte dort an einem Frühmal teilgenommen. Hinterher war er bei Justus Jonas eine Zeit lang im Garten geblieben. Das alles ging Käthe durch den Kopf.

Muhme Lene legte die Harke nieder und nahm Hänschen auf den Arm.

„Die Anfechtungen dauern manchmal wochenlang“, stammelte der Famulus, als sie zu dritt die Treppe hoch stürmten.

Martinus stand in Hemd und Hose in der Stube. Er hatte den Rock ausgezogen und trommelte gegen die Wand.

„Nein!“, schrie er und trat gegen die Holzpanele. „Nein!“

Muhme Lene entfernte sich mit Hänschen, der zu weinen begann.

„Alle seind sie gegen mich“, stöhnte der Doktor. „Keiner versteht mich. Keiner versteht die Schrift! Es ist sinnlos!“

Behutsam trat Käthe näher zu ihm.

„Du auch!“, brüllte Martinus. „Du bist auch mit ihnen im Bunde! Du bist genau wie die andern in der Welt!“

Jedes Wort war wie eine Ohrfeige. Lieber Gott, betete Käthe, mach mich stark. Mach meinen Doktor wieder gesund.

Die Magd erschien in der Tür mit der Suppenschüssel. Wolfgang schickte sie wieder zurück zur Küche.

„Herr Doktor“, begann Käthe und berührte ihren Ehemann am Arm.

Er schlug den Kopf gegen die Wand und begann laut zu weinen und zu schluchzen.

„Setzt Euch doch und nehmt etwas Suppe zu Euch", versuchte es Käthe wieder.

Er wendete sich um. Zitternd und bebend stand er vor ihr. Speichel rann ihm aus den Mundwinkeln.

„Warum bin ich in diese Welt geboren? In dieser Zeit?", fragte er und schluchzte laut auf.

Käthe schwieg und streichelte seinen Arm.

„Geh weg", schrie er. „Geht alle weg! Lasst mich allein hier sterben!"

Das Kind in Käthes Bauch zappelte, als wollte es davonlaufen.

„Ich lasse Euch nicht allein", sagte Käthe. „Das wisst Ihr doch. Ich helfe Euch gegen die Papisten und den Teufel. Und den Kaiser."

„Da!", sagte er. „Ich höre sie. Sie kommen!" Er trat wieder gegen die Wand, als hätten sich alle seine Gegner dort versammelt. „Die Reisigen kommen und wollen mich holen."

„Niemand ist da, Herr Doktor. Habt keine Angst. Ich bin bei Euch. Wolfgang und Muhme Lene sind auch in der Nähe. Und das Hänschen ist nicht weit. Wir beschützen Euch." Käthe fasste nach seiner Hand.

„Da", rief Martinus. „Da ist er. Der Teufel! Sieht ihn denn keiner außer mir? Tut doch etwas! Steht nicht dumm herum!"

„Habt Ihr Schmerzen?", fragte Käthe.

„Alles tut weh, alles. Mein ganzer Körper. Ich kann nicht mehr kämpfen. Er bringt mich um! Warum hilft mir denn keiner?"

Er begann zu wimmern wie ein Kind.

„Kommt", sie legte jetzt Druck in ihre Hand und führte ihn aus der Stube hinüber ins Schlafzimmer. „Legt Euch nieder", sagte sie mit fester Stimme. „Hier finden Euch Eure Feinde nicht."

„Bist du sicher?“, fragte er mit veränderter Stimme und legte sich in seine Betthälfte. Sie zog ihm die Stiefel von den Füßen und küsste sein von Schweiß und Tränen nasses Gesicht.

Sie setzte sich neben ihn auf die Bettkante und hoffte, dass alles wieder gut würde.

Johannes Bugenhagen tastete über die Stirn seines Freundes. Käthe war selbst in die Stadt geeilt, als Martinus endlich eingeschlafen war, und hatte Augustin Schurff und den Stadtpfarrer herbeigeholt.

„Es ist nicht der Teufel, den Ihr gesehen habt, lieber Martinus“, sagte Bugenhagen sanft in seinem pommerschen Tonfall. „Es ist das dicke Blut, das Euch wieder einmal zu Kopfe gestiegen ist. Der Aderlass wird Euch Erleichterung verschaffen. So ist es doch immer, wenn die Anfechtung kommt.“

Die Magd stand schon mit der Schüssel bereit und Medicus Schurff hatte die Hemdsärmel hochgekrempelt.

Muhme Lene reichte ihm den einklingigen Schnepper und sah zu, wie der Arzt erst mit einer Binde, die er um den Oberarm des Patienten legte, das Blut staute, bevor er die Vene anschnitt. Gleichmäßig floss der Blutstrahl in das Gefäß. Käthe hatte diese Prozedur so oft an sich selbst im Kloster erlebt, dass sie die Erleichterung mitfühlte, die augenblicklich bei Martinus einsetzte. Sein Gesicht entspannte sich.

„Ihr habt zu viel und zu schwer gegessen, lieber Freund“, sagte Schurff, während Muhme Lene ein sauberes Tuch gegen die angeritzte Stelle drückte und er die Binde wieder vom Arm nahm.

„Wie geht es meinem Patenkind?“, erkundigte sich Bugenhagen.

„Ich werde es gleich holen.“ Und damit verschwand die Muhme.

Die Magd schleppte die Schüssel davon. Der Doktor lächelte Käthe an.

„Der Teufel war nie da“, versicherte der Stadtpfarrer. „Jetzt könnte ich einen Trunk Bier vertragen. Ihr habt doch noch von Eurem Selbstgebrauten, Lutherin?“

„Er hat nicht schwer gegessen. So ganz verstehe ich die Anfechtung nicht“, sagte Käthe.

„Es sind auch die Aufregungen mit den erschlagenen Bauern, die ihn quälen. Er soll sich in den nächsten Tagen schonen. Am besten bleibt er eine Zeit lang in der Schlafstube liegen. Magister Philippus soll die Vorlesung übernehmen.“

Muhme Lene kam mit Hänschen im Arm zurück und setzte den Kleinen zu seinem Vater aufs Bett. Käthe begriff, dass der Anfall noch nicht ausgestanden war. Das Gesicht ihres Mannes hatte sich wieder verzerrt. Tränen liefen ihm erneut über das Gesicht und nur mit Mühe und langsam sprach er, während er das Kind streichelte.

„Liebes, kleines Kindlein, nun befehle ich meine allerliebste Käthe und dich meinem allerliebsten und frommen Gott. Ihr habt nichts, aber der Gott, der ein Vater der Waisen und ein Anwalt der Witwen ist, wird euch wohl bewahren und ernähren.“

Käthe trat näher zu den beiden. Bei jeder Anfechtung hatte er von seinem baldigen Tod gesprochen.

„Mein liebster Herr Doktor, ist es Gottes Wille, so will ich Euch bei unserem Herrgott lieber denn bei mir wissen. Es ist nicht allein um mich und um mein Kind, sondern um viele fromme christliche Leute, die Euer noch bedürfen. Wollet Euch meinethalben nicht bekümmern, ich befehle Euch seinem göttlichen Willen. Es wird Euch Gott wohl erhalten.“

Er atmete schwer und begann wieder zu beten.

„Herr Gott, ich danke dir, dass du mich auf der Erde arm und als einen Bettler haben wolltest. Ich hinterlasse kein Haus, keine Äcker, keine Besitztümer, kein Geld. Du hast mir eine Frau und Kinder gegeben. Ich stelle sie dir anheim. Ernähre, lehre und behüte sie, wie du es mit mir getan hast, oh Vater der Waisen."

Er küsste Hänschen auf beide Wangen und schob ihn Muhme Lene entgegen.

Der Schwarze Reiter

Die Nacht über hatte der Kranke geschwitzt und gefiebert. Morgens aber waren seine Augen wieder klar, und er lächelte, als Käthe ihm den Schweiß abwusch. Zum Frühmahl stand er auf. Er habe Hunger, sagte er. Der Famulus half ihm beim Ankleiden und führte ihn in die Stube zum Tisch. Martinus zitterte am ganzen Körper, doch Käthe hoffte, dass das Schlimmste ausgestanden war. Muhme Lene hielt Hänschen im Arm, der mit großen ängstlichen Augen nach seinem Vater blickte. Justus Jonas mit seiner Katha, Bugenhagen, Augustin Schurff und der treue Philippus saßen bereits auf der Bank. Orthe hatte unten in der Küche nach Muhme Lenes Anweisungen ein leichtes Essen zubereitet, Kalbfleisch und Gerstenbrei mit einem Salat aus dem Garten. Dazu tischte Käthe den Wein auf, den Katha Jonas mitgebracht hatte, um den kranken Doktor aufzuheitern. Sie hatte verweinte Augen. Der Tod ihres kleinen Johannes lag nur wenige Wochen zurück. So hielt sie zu Hause nichts mehr, und sie war zu Käthes großer Erleichterung und Dankbarkeit mitgekommen, um bei der Pflege zu helfen. Es tat gut, dass die Freunde bei sich zu Hause alles liegen und stehen gelassen hatten, um dem Doktor und ihr beizustehen. „Käthe", sagte Katha, „jetzt musst du dich zu Bett legen und ausschlafen. Pfleg dich, du hast die ganze Nacht kein Auge zugetan."

„Ich brauche keinen Schlaf", versicherte Käthe.

„Dann denk an das Kind, dein Ungeborenes, das allen Schrecken mitbekommt."

„Katha, du bist auch schwanger."

„Es ist noch nicht so weit wie bei dir. Am Anfang ist es leichter.“ Käthe wusste, dass es am Anfang nicht leichter war, aber so war Katha Jonas nun einmal.

Alle hatten besorgt zugesehen, wie der Kranke mit bebenden Händen ein wenig gegessen hatte. Er hatte ordentlich Senf an das Kalbfleisch gegeben und dann doch die Hälfte stehen gelassen. Von Wolfgang und Bugenhagen begleitet, zog Martinus sich nach dem Essen zum Briefeschreiben in den Turm zurück, während die Gäste noch am Tisch blieben.

„In der Fischervorstadt hat es einen Pesttoten gegeben“, berichtete Augustin Schurff mit leiser Stimme. „Die Pest ist in Wittenberg angekommen.“

Käthe legte die Hände auf ihren Bauch. „Mein armes Kind“, sagte sie und war schon wieder den Tränen nahe.

„Sorg dich nicht, Doktorin“, versuchte Katha sie und vermutlich auch sich selbst zu beruhigen. „Der Kurfürst ist dabei, ein Schreiben an die Universität zu verfassen. Die Studenten und Professoren sollen alle nach Jena aufbrechen. Nach Jena kommt die Pest nicht.“

„Es wird weitere Tote geben“, sagte Augustin Schurff. „Die Flucht ist das Sicherste für die Wittenberger.“

Es klopfte an der Tür, Lukas Cranach trat ein, mit seinem traurigen Landsknechtlächeln auf den Lippen, eine Kanne Wein in den Händen.

„Dem Doktor geht es besser. Er sitzt wieder oben im Stüblein und schreibt Briefe“, sagte Käthe. „Nehmt einen Trunk. Auch vom Kalbfleisch ist noch reichlich da.“

Als sei ihm klar, wovon geredet wurde, brachte auch der Malermeister und Apotheker als Erstes die Rede auf die Seuche. „Der Schwarze Reiter hat Wittenberg erreicht. Die Stadt ist schlecht gerüstet.“

Käthe und Muhme Lene wollten wissen, was er damit meinte.

„Es fehlt ein Pesthaus, um die Kranken zu isolieren", erklärte der Meister. „Es genügt nicht, wenn die Wohlhabenden in andere Orte fliehen. Am Wirksamsten kann man sich vor der Pest durch gute Vorsorge schützen. Man braucht ein Haus mit Betten, reichlich Leinen, Feuerholz und Feuerstellen. Räuchern muss man mit Wacholder und Baldrian. Räumlichkeiten müssten in jeder Stadt sein, wo viele Erkrankte gleichzeitig liegen können, damit sie nicht Nachbarn und Verwandte anstecken."

Der Medicus stimmte seufzend zu.

„Es brauchte ein Klosterspital", sagte Muhme Lene, „mit Nonnen, die den Tod nicht fürchten und bereit sind, Barmherzigkeit zu üben."

„Mit den Klöstern und ihren Spitälern ist es vorbei", sagte Justus Jonas, fröhlich wie immer und heute Morgen besonders erfreut, weil es seinem Freund Martinus wieder besser ging. „Ja", sagte er dann. „Der Doktor in seinem geschwächten Zustand reist am besten noch heute oder morgen gen Jena. Ihr, liebe Frau Doktorin, schwanger, wie Ihr seid, müsst ohnedies dorthin, schon Eurer Kinder wegen. Hänschen und das Ungeborene dürfen nicht in Gefahr geraten." Er musterte sie besorgt: „Der Kutscher soll langsam fahren, damit Ihr mit dem Ungeborenen nicht zu sehr geschüttelt werdet."

Katha nahm Käthe bei der Hand und führte sie in das Schlafgemach, das Muhme Lene inzwischen gelüftet hatte. „Jetzt leg dich nieder und hab etwas Schlaf. Gott sorgt für uns alle. Ich warte den Doktor, solange du schläfst."

„Die Schuhe behalte ich an", murmelte Käthe schläfrig. „Dann kann ich schneller aufspringen, wenn Martinus mich braucht."

Durch das geöffnete Fenster drangen Wiehern und der Lärm von vielen Wagen, die über das Kopfsteinpflaster vor dem Kloster rollten.

Käthe stand auf und sah hinaus. Der Schlaf hatte ihr gut getan, allerdings ging es Martinus wieder schlechter, Ohrenrauschen und Schwindel waren erneut stärker geworden. Nicht ohne Mühe hatten Schurff und Philippus ihn überredet, sich wieder ins Bett zu legen.

„Die Menschen verlassen die Stadt", sagte Muhme Lene. „Und wir werden auch demnächst gen Jena ziehen."

„Lasst uns beten, dass die Pestilenz bald aus der Stadt verschwindet", schlug Käthe vor.

„Ach, ihr Verzagten", rief der Doktor, der sich zitternd am Türrahmen festhielt. „Immer wenn Gott uns die Pest, Hunger, Schwert oder andere Plagen schickt, so ist's ein gewiss Zeichen, dass er uns wohl will und günstig ist. Wenn er aber spricht: Ich will dich nicht mehr strafen, sondern schweigen, und meinen Eifer von dir nehmen, dich in deinem Sinnchen lassen hingehen und machen, wie dich's gelüstet, so ist's ein Zeichen, dass er sich von uns gewandt hat."

„Meint Ihr wirklich, Herr Doktor?" Muhme Lene schien zu zweifeln.

„Aber die Welt und unsere Vernunft kehrt stracks um und hält das Gegenteil für wahr, dass Gott die lieb habe, denen er wohl tue, und denen feind sei, die er straft." Er dachte einen Moment nach. „Käthe, mach dich bereit, mit Muhme Lene kannst du nach Jena ziehen, bis die Seuche vorbei ist."

„Und wo werdet Ihr sein, Herr Doktor?"

„Die im geistlichen Amt sind, Prediger und Seelsorger, sind es schuldig, in Sterbens- und Todesnöten zu bleiben. Dafür steht der öffentliche Befehl Christi: Ein guter Hirte lässt sein Leben für seine Schafe. Johannes Bugenhagen und ich werden hierbleiben, so wie auch der Medicus. Die Kranken brauchen

Zuspruch und Trost und die Sterbenden geistlichen Beistand. Jetzt werde ich dringender denn je gebraucht."

Käthe überlegte. Auch wenn die Gefahr noch so groß war: Allein durfte sie ihn nicht inmitten der Pestilenz zurücklassen. Auch sie war ein Hirte. Gott hatte ihr ihren Gemahl anvertraut, den sie hüten sollte. „Auch ich werde im Kloster bei Euch mit Hänschen ausharren. Gott wird uns nicht im Stich lassen. Er beschützt die Tapferen. Ihr wisst ja, Herr Doktor, meistens erkranken die Furchtsamen."

„Im Infirmarium in Mariathron", meldete sich Muhme Lene zu Wort, „hatten wir im Verlauf der Jahre einige Pestkranke gepflegt. Fast alle haben überlebt. Beten allein genügt nicht. Meister Cranach, könnt Ihr Wacholder und Baldrian herbeischaffen?"

Der Meister nickte. „Auch zusätzliche Betten werdet Ihr benötigen, Leinen und Feuerholz."

„Und Waschzuber, denn davon haben wir nicht genug, wenn mehr Menschen hierherkommen", sagte Käthe.

„Wir sollten uns vorbereiten", schlug Muhme Lene vor. „Damit wir das Leiden der Pestkranken lindern können."

Wenige Tage später waren tausende Studenten aus der Stadt geflohen und die meisten Bürger mit ihnen. Zurück blieben die, die zum Reisen zu krank waren.

Es blieben Martinus Luther mit seiner Familie, Johannes Bugenhagen mit seiner schwangeren Frau Walburga und die beiden Kaplane, die alle im Lutherhaushalt Wohnung nahmen. Einige Kranke waren ebenfalls zu den Geistlichen in das „Schwarze Kloster" gezogen. Muhme Lene und Käthe hasteten treppauf und treppab, vorbei an den rauchenden Feuerstellen, die von der treuen Orthe unermüdlich angefeuert wurden.

In der ohnehin drückenden Hochsommerhitze, die über der Stadt lag, roch es nach Kräuterfeuer und Baldrian, der Rauch hing in dichten Schwaden im Haus. Käthes Beine waren dick und geschwollen, sie fühlte sich elend und hielt die Moschusäpfel an die Nase, unsicher, ob und wie sie ihr helfen sollten. Sie hatte Angst um ihren Sohn und um den Doktor, der furchtlos an die Betten der Kranken trat. Hänschen greinte, weil niemand mehr Zeit für ihn hatte. Lukas Cranach harrte ebenfalls in der Stadt aus und sorgte dafür, dass die Medizin zu den Kranken und zu Medicus Augustin Schurff kam: Mohnsaft gegen die Schmerzen, Alraunenblätter zum Auflegen auf die Beulen, heilende Kräuter, stärkende Tinkturen trieb er unermüdlich auf, auch Feuerholz, sauberes Leinen, Waschzuber, frische Strohsäcke. Denn bei jedem Tod eines an der Pestilenz Erkrankten wurde ein Feuer angezündet, in dem Bettzeug, Kleidung und die persönlichen Gegenstände des Verstorbenen verbrannt wurden. „Es ist ein Fehler, die Pesttoten auf dem Gottesacker mitten in der Stadt zu begraben“, sagte der Doktor. Die Pestdämpfe dünsteten aus den Gräbern hinaus in die Stadt. Die alten Römer und Griechen hätten ihre Toten weit außerhalb der Stadtmauer in die Erde gebracht, und das sei der Hygiene geschuldet gewesen. Im „Schwarzen Kloster“ wurden von Muhme Lene und Käthe ein Fräulein Margaretha von Moschau und eine Hanna Augustin wieder gesund gepflegt.

Der robuste Bugenhagen lag auf den Tod erkrankt darnieder, seine Frau Walburga, deren ungeborenes Kind so wie das von Käthe im Dezember geboren werden sollte, weinte um die Frau ihres Bruders, des Kaplans Georg Rörer. Hochschwanger erlitt Walburgas Schwägerin eine Totgeburt und starb wenig später selbst an der Pest.

Muhme Lene ging mit der Räucherpfanne durch die Krankenräume und räucherte dreimal am Tag überall. Käthe benutzte ein Weihrauchgefäß aus der Klosterkirche zum gleichen Zweck. Trotz der Hitze überall draußen und drinnen mussten die Patienten heiße, salzige Brühe zu sich nehmen, die das Fieber noch höher trieb und die Kranken zum Schwitzen brachte.

Der Doktor betete und verfasste in seinem Stüblein eine neue Schrift „Ob man vor dem Sterben fliehen möge". Käthe war so beschäftigt, dass sie kaum Zeit zum Beten hatte. Treppauf, treppab. Die Hitze draußen, die Hitze drinnen. Das greinende Hänschen, die weinende Walburga. Es nahm kein Ende. War es das Fegefeuer? Oder doch die Hölle?

Eines Tages stand Johannes Bugenhagen wieder aufrecht im Hof vor dem Kloster. „Gott hat mich errettet", sagte er.

Besuch aus Mariathron

Zu Beginn des Jahres 1528 war die Seuche in Wittenberg endgültig ausgestanden. Das Fenster der Stube mit dem Kachelofen war halb geöffnet. Um die Mittagszeit wärmten die Sonnenstrahlen bereits. Vor dem Wohnhaus im Garten blühten Schneeglöckchen und Primeln. Käthe hielt die kleine Else an der Brust und fühlte Erleichterung. Es roch nach Frühling, und der Himmel war wolkenlos blau.

„Es war kein Pestlein", murmelte Käthe. Sie fühlte sich stark. Das Kind, um das sie so gezittert hatte, war am 10. Dezember des vergangenen Jahres gesund zur Welt gekommen, Walburga Bugenhagen hatte einen kleinen Johannes am 27. Dezember zur Welt gebracht. Martinus hatte fast immer recht, aber in seiner Einschätzung der Pest hatte er falsch gelegen. Muhme Lene erhob sich. Von ihrem Fensterplatz aus sah sie alles, was sich vor dem Haus abspielte. „Ein Wagen ist gekommen. Ich gehe zur Tür." Es trauten sich also schon wieder Gäste in die Stadt, ein gutes Zeichen. Elschen war eingeschlafen, und Käthe legte sie in die Wiege zurück. Hänschen schob seine Holzschafe über den Boden und erzählte dazu eine Geschichte. Wie sein Vater, dachte Käthe, muss er ununterbrochen reden. Und ein paar Augenblicke lang vergaß sie die Welt außerhalb der Stube mit den Kindern und ihrem Nähkästchen. Ihr Hänschen, ihr Elschen, der Doktor und Muhme Lene, mehr brauchte sie nicht.

Vom Treppenhaus waren die Stimmen von Muhme Lene und einer anderen Frau zu hören. Käthe horchte auf.

Nein, es konnte nicht *sie* sein. *Sie* verachtete Käthe. *Sie* war immer noch sehr ärgerlich über das, was Käthe ihr angetan hatte. *Sie* verstand das alles leider nicht. Tränen schossen Käthe in die Augen. Ja, sie war es tatsächlich, die Äbtissin, Muhme Margarethe. Es war eindeutig ihre hohe, klare Stimme. Sie war zu ihr nach Wittenberg gekommen. In Käthe jubelte es auf. Das hatte sie sich seit zwei Jahren heiß ersehnt. Vielleicht war Margarethe von Haubitz ja sogar stolz auf die Nichte, die das Schwarze Kloster so gut eingerichtet und wiederhergestellt hatte. Vielleicht freute sie sich mit ihr über dieses Werk. Vielleicht würde sie sie zu ihrer Heirat beglückwünschen ...

„Ein schönes Kind mit einem schönen Namen", stellte die Äbtissin fest und beugte sich über die Wiege, in der Elisabeth im Schlaf gleichmäßig atmete. Die blonden Haare des Säuglings waren verschwitzt und die Wangen leicht gerötet. Elisabeth war anders als Hänschen im gleichen Alter. Sie trank schlecht und hatte eine bläuliche Stelle zwischen Augen und Nase.

„Und Ihr seid mir nicht mehr böse?", fragte Käthe.

„Nein, natürlich nicht. Ich habe Euch doch sogar Muhme Lene geschickt."

„Ohne sie wäre ich verloren. Sie weiß immer einen Rat."

Die Äbtissin hatte sich inzwischen auf dem gepolsterten Stuhl des Doktors niedergelassen, und die Magd beeilte sich, warmen Würzwein für alle zu bringen und den von Mariathron mitgebrachten Pfefferkuchen in eine zinnerne Schale zu drapieren. Hänschen nahm quietschend vor Freude ein Steckenpferd entgegen und einen der dicken gelben Äpfel aus dem Klostergarten.

Nur noch achtzehn Ordensfrauen befänden sich im Kloster, berichtete die Äbtissin. Vor allem die älteren seien geblieben.

Ja, die Zeiten hätten sich sehr geändert. Von den Jüngeren hätte sich eine nach der anderen in die Welt hinaus begeben, die meisten, um zu heiraten und eine Familie zu gründen. Vielen der Nonnen hätte sie selbst zu diesem Schritt geraten. Sorgen bereite ihr, dass jede der Ausgetretenen anschließend die seinerzeit eingebrachte Mitgift zurückfordere. Nicht, dass sie das Geld den Nonnen nicht gönne, aber es sei für die Klosterwirtschaft kaum zu verkraften, wenn so viele Gulden in kurzer Zeit ausbezahlt werden müssten. Die Träume, das Kloster auszubauen und zu erweitern, hätten sich jedenfalls erledigt. „Der Kreuzgang ist immer noch nicht fertig", seufzte sie. „Wenn ich sterbe, bleibt eine Baustelle zurück."

Die Muhme war nicht davon abzubringen, Käthe abwechselnd „Lutherin" und „Frau Doktorin" zu nennen. Für Käthe persönlich hatte sie ein silbernes Döschen mit alexandrinischem Zucker mitgebracht. „Für Euch, nicht für den Herrn Doktor", fügte Margarethe von Haubitz hinzu. Im Kloster Mariathron trügen sie jetzt alle Kleider wie die Bürgerinnen in der Stadt und redeten den Tag über miteinander, hielten jedoch die Gebetszeiten ein.

„Und singt Ihr inzwischen auch die neuen Lieder mit mehreren Stimmen?", wollte Käthe wissen.

Das taten sie tatsächlich jetzt in Mariathron.

Manches sei besser geworden, gab Margarethe von Haubitz zu, gewiss. Doch sie fürchte sich davor, dass demnächst alle Klöster aufgelöst werden könnten. Was sollten die Frauen und Jungfern dann tun? Alle wollten sie doch gar nicht heiraten und Kinder gebären. Sie jedenfalls werde in Mariathron bleiben wie bisher mit den Nonnen, die noch da wären, und das klösterliche Leben mit den Stundengebeten fortführen, so lange das noch möglich sei. Auch um die Armen und Kranken im ganzen Land sorge sie sich. Die Klöster hätten sich um sie gekümmert. Was sollte in den neuen Zeiten aus ihnen werden?

„Wir nehmen Bedürftige bei uns im Hause auf“, mischte sich Muhme Lene an dieser Stelle ein. „Der Doktor gibt jedem reichlich, der an die Tür klopft.“

„Ach“, sagte die Äbtissin, „so hat er es selbst als Mönch und Augustinerprior gelernt und gehalten. Doch die wenigstens werden es so tun, allein deshalb, weil sie es nicht können.“ Dann lächelte sie plötzlich. Ihr Gesicht war immer noch so faltenlos wie in den früheren Zeiten.

„Schaut doch einmal auf den Hof, Lutherin. Ich habe Euch ein Geschenk mitgebracht.“

Käthe öffnete das Fenster und erkannte ihn sofort. Am Birnbaum angebunden scharrte ein prächtiger dunkelbrauner Ochse mit den Hufen im Sand. Neben ihm lag ein geflecktes Kalb. Käthe traute ihren Augen nicht.

„Ich bringe ihn Euch zurück. Ihr habt ja keine Abfertigung vom Kloster verlangt, und wenigstens etwas sollt auch Ihr haben“, erklärte Muhme Margarethe und lächelte verschmitzt. „Das Kuhkalb neben Je ist das jüngste Kind von Schwarzlock. Für Eure Klosterwirtschaft mit dem Doktor wird es Euch nützlich sein.“

„Mein Jesus!“, rief Käthe und war nicht mehr zu halten. Nie hätte sie gedacht, dass sie Schwarzlocks Sohn jemals wiedersehen würde. Sie stolperte fast über ihren Rock, als sie die Treppe herunterrannte. Je hob erstaunt sein schweres Haupt. Käthe umarmte ihn und atmete seinen guten Rindergeruch ein. „Mein guter, alter Je“, murmelte sie. „Jetzt habe ich dich wieder. Du wirst uns helfen.“ Mit Je konnte sie den Acker vor dem Kloster umpflügen. Je würde Lasten auf dem Wagen ziehen. Von einem Tag auf den anderen war das Leben für sie und den Doktor leichter geworden.

„Na, Herr Käthe, Gutsherrin und Rinderzüchterin, da freut Ihr Euch aber von Herzen?“ Es war der Doktor, der von der Vorlesung nach Hause kam.

„Es ist Je aus Mariathron, mein Ochse, Schwarzlocks Sohn“, erklärte Käthe. „Und oben in der Stube wartet Margarethe von Haubitz. Sie hat ihn mir mitgebracht.“

„Das wundert mich nicht“, erwiderte Martinus. „Sie hat mir einen Brief gesendet, dass sie kommen würde.“

„Ihr wolltet mich überraschen?“

„Es ist doch gar keine Überraschung, weder für dich noch für mich.“ Er lehnte sich an den Ochsen, der Käthes Hand leckte, als erkenne er seine alte Freundin wieder. „Diese Frau ist ein ehrliches, verständiges und kluges Weibsbild, das habe ich schon früher zu dir gesagt.“ Er schwieg einen Moment und fügte dann hinzu: „Im Vertrauen gesagt, sie möchte zum neuen Glauben übertreten mit den anderen Nonnen im Kloster. Darüber muss ich noch mit ihr reden.“

Käthe fielen die Schriften ein, die sie vor langer Zeit auf dem Tisch der Äbtissin gesehen hatte. „Sie war immer mein großes Vorbild“, sagte sie. „Damals, als ich ins Kloster kam, wollte ich werden wie sie.“

Wenig später saßen sie alle zusammen in der Stube um den gescheuerten Tisch, tranken Würzwein und ließen sich den Pfefferkuchen schmecken.

Martinus aß nur Brot zum Wein.

„Muhme Margarethe“, begann Käthe nach einer Weile. „Jetzt sagt doch bitte, ob Ihr damals auch die Schriften meines Gemahls studiert habt, die auf Eurem Schreibtisch lagen.“

„Dreimal habe ich *De captivitate babylonica ecclesiae* vom ersten bis zum letzten Satz gelesen“, gab die Äbtissin zu. Nach dem ersten Durchgang hätte sie klar erkannt, dass sie es mit Ketzerei zu tun hatte. „Ich war außer mir vor Empörung darüber, dass einer die Wirksamkeit der heiligen Sakramente leugnet und wider den Papst spricht.“ Dann aber hätte sie die Bibel herbeigeholt und einzelne Stellen nachgeschlagen und die Schrift des Doktors zum zweiten und dritten Mal gelesen.

„Was soll ich meine Meinung noch verbergen? Die Welt rundum ist blind, sie wandelt in Finsternis. Luther allein hat die Wahrheit erkannt und mit ihm seine Anhänger, die ja jeden Tag mehr werden."

Das hatte Käthe nicht erwartet.

„Und dennoch", sagte die Muhme mit erhobener Stimme, „möchte ich weiter in meinem Kloster leben wie bisher, in dem Kranke und Arme aufgenommen und gepflegt werden, in der Kirche die Stundengebete halten. Und ich meine auch, der Papst soll bleiben und Ihr, Herr Doktor, solltet einen Ausgleich mit der römischen Kirche finden."

„Dazu, liebe Muhme, ist es mittlerweile zu spät", sagte der Doktor. „Ich bleibe dabei, der Papst ist der Antichrist. Das, was er will und was die römische Kirche fordert, richtet sich gegen Gottes Wort im Evangelium. Übrigens war es schon damals zu spät, als Miltitz mich mit dem früheren Papst versöhnen wollte."

„Die Päpste sind besser geworden", widersprach Muhme Margarethe. „Papst Julius, den Ihr einen Blutsäufer genannt habt, war der unwürdigste. Seine Nachfolger haben sich Mühe gegeben."

„Papst Leo war ein Verschwender, ein blutsaugendes Insekt." Der Doktor sah kampfeslustig um sich. „Das Papsttum ist verrottet. Gott wird's richten."

„Er war ein guter Mensch", widersprach die Muhme. „Und Papst Hadrian nach ihm fast ein Heiliger. Er wollte die Kirche reformieren und ein Konzil einberufen."

Das Gesicht des Doktors war vor Empörung rot angelaufen. Nichts konnte ihn so schnell in blinde Wut versetzen wie die Erwähnung der Päpste, in denen er die Verkörperung des Antichristen auf Erden sah.

„Und Papst Clemens", schloss Muhme Margarethe, „muss unendlich leiden."

Die Heiligenaltäre in der Kirche von Mariathron müssten allesamt abgeräumt werden, versetzte der Doktor mit schneidender Stimme. Sie wisse ja, dass die Menschen mit der Verehrung der Heiligen Abgötterei betrieben.

Die Äbtissin wehrte ab. So schnell sei das alles nicht möglich. Selbst ihre Nonnen beteten weiter an den Altären um die Vermittlung bei Gott. Das sei nun einmal die Rolle der Heiligen. Die heilige Anna als Großmutter Jesu Christi, Maria als seine Mutter könnten ihn sehr wohl gnädig stimmen.

Muhme Lene und Käthe schwiegen betroffen. Die gute Stimmung war verflogen. Der Doktor sprang auf.

„Nicht anders war es bei den alten Heiden, den Römern und Griechen, die sich Abgötter aus Silber und Gold in die Wohnungen gestellt haben." Zornig warf er die Tür ins Schloss, als er ging. „Nein, ich leid's nicht!", hörten sie ihn noch im Treppenhaus brüllen.

„Er hat solche Tage", murmelte Muhme Lene.

„Mein lieber Herr ist ein solch teurer Mann, der ganzen Welt dient er so viel, doch er sagt, was immer ihm gerade in den Sinn kommt", versuchte Käthe zu erklären. Den Rosenkranz ihrer Mutter habe sie übrigens behalten, obwohl es den Doktor verärgert habe, fügte sie hinzu. Margarethe von Haubitz lächelte gequält. Sie müsse sich nun verabschieden, sagte sie und erhob sich.

„Lasset die Kindlein zu mir kommen“

Das Jahr 1528 ging auf sein Ende zu. Elschen war im August gestorben, und obwohl Käthe, unterstützt von Muhme Lene, alles getan hatte, um die schwächliche Kleine am Leben zu erhalten, fühlte sie sich schuldig. Wenn sie das Kind mehr herumgetragen, ihm mehr von der Ziegenmilch verabreicht oder länger neben der Wiege verharrt hätte, lebte es vielleicht noch. Und sie war erneut schwanger. Auch darüber musste sie weinen. Es kam ihr vor wie ein Verrat an dem verstorbenen Säugling. Doch das Leben strömte eilig weiter und riss sie mit sich wie ein ungestümer Fluss. Käthe musste alle im Auge behalten: Orthe, die träge Köchin, die Mägde, Wolf Sieberger, der immer nachlässiger wurde, die drei Kühe im Stall, die Mutterschweine, die Legehennen und den schreienden Pfau im Hof. Jeder Tag brachte neue Gäste ins Haus, neue Kosten, neue Notwendigkeiten. Die Wittenberger Drucker waren ins Schwarze Kloster gekommen, um dem Doktor für seine Schriften alljährlich vierhundert Gulden vorzuschlagen. Ein Leichtes wäre es ihnen, das Geld aufzubringen, machten sie doch vielfachen Gewinn damit. Doch der Doktor lehnte das Angebot mit den Worten ab, das Evangelium verkaufe er nicht für Geld. Käthe seufzte und runzelte die Stirn. Doch Martinus sah an ihr vorbei, und den Druckern war es nur recht, dass sie das Geld nicht zu zahlen brauchten. Hinterher machte Käthe ihrem Gemahl Vorwürfe. So eine Gelegenheit würde nicht wiederkommen. Und Schulden aufzuhäufen, könne schließlich auch nicht im Sinne Gottes sein. Die vierhundert Gulden im Jahr waren in etwa der Betrag, der ihnen für ihre Wirtschaft fehlte. Die Waren auf dem Wittenberger Markt waren überteuert und knapp. Das, was die Bürger brauchten, gab es oft nicht. Man hätte nach Leipzig oder nach Torgau oder wer weiß wohin fahren müssen, um es zu bekommen. Borsdorfer Äpfel waren unerschwinglich. Birnen kosteten ein Vermögen. Käthe gelüstete es nach Äpfeln, nach Birnen, und nachts träumte sie von Pomeranzen. In der Nacht wachte sie auf und sah das Säckchen mit den vierhundert Gulden vor sich.

Vierhundert, murmelte sie. Ein goldenes Röckchen für das Hänschen, eine neue Wiege für das Kind, das im Frühjahr des nächsten Jahres kommen würde. Alexandrinischen Zucker für hohe Gäste. Torgauisch Bier für den Herrn Doktor. Das Leben wäre von einem auf den anderen Tag mühelos und fröhlich gewesen. Ach, der Herr Doktor, der neben ihr friedlich schnarchte, dachte anders als sie, und sie würde ihn nicht mehr ändern.

„Da seind sie“, sagte der Doktor und breitete die Arme aus. „Die Kindlein meiner seligen Schwester seind gekommen, die armen Waisen.“ Der Hof vor dem Kloster war schneebedeckt. Der Misthaufen rauchte in der Kälte, und der Hahn, der sich auf dem obersten Punkt platziert hatte, krähte laut.

Zwei Schwestern des Doktors waren in Mansfeld der Pest zum Opfer gefallen, kurze Zeit, nachdem ihre Männer gestorben waren, ihre Kinder somit verwaist. In vielen Orten überall im Land waren von einem Tag auf den anderen Kinder zu Waisen geworden und hatten noch Glück gehabt, selbst am Leben geblieben zu sein. Immer wieder flackerte irgendwo die Seuche aufs Neue auf, sie machte keinen Unterschied zwischen Armen und Reichen. Meist begann die Krankheit in den Armenvierteln, doch war sie einmal da, gab es kein Halten mehr.

Georg Kaufmann, der älteste der Kinderschar, fast schon erwachsen, starrte auf den Boden und rieb sich verstohlen die Augen. Cyriak hielt die jüngeren Brüder Andreas und Fabian an der Hand. Neben den Jungen warteten die Mädchen Lene und Else Kaufmann. Else umklammerte eine abgenutzte Strohpuppe. Ängstlich blickten sie Käthe und dem Onkel entgegen.

Der Doktor drückte dem Fuhrmann Geld zum Lohn für den Transport der Kinder in die Hand, zweifellos wieder zu viel in seiner Freude, sie gesund vor sich zu sehen, dachte Käthe mit einem Seufzer. Mit einem Mal fühlte sie sich müde. Oh Gott, der Doktor durfte ihre Schwäche nicht bemerken, denn dann überkamen ihn wieder Zweifel, und vielleicht stürzte er in eine neue Anfechtung, saß tagelang schweigend und mit sich hadernd im Studierstüblein. Hilf mir, Maria, betete Käthe, bitte deinen Sohn, dass er mir Kraft gibt. Der Doktor allein kann den Haushalt nicht führen. Er kann die Mägde nicht beaufsichtigen und hält das Geld nicht zusammen, er gibt es nur aus.

Alle sechs waren sie nun da. Sie hätten auch beim Schwager Jakob Luther und den Großeltern in Mansfeld bleiben können. Jedenfalls hätten nicht alle zugleich kommen müssen. Und die andere Schwester ihres Doktors war, Gott sei es geklagt, ja auch tot, und ihre Kinder waren in einem Brief des Schwagers ebenfalls angekündigt. Es waren zu viele in zu kurzer Zeit, für die sie, Käthe, Nahrung und Wohnraum schaffen musste.

Die Anfechtung des Satans überkam Käthe nur ganz kurz, während sie blitzschnell überlegte. Die Kleinsten würden mit Hänschen zusammen in der Kinderstube schlafen, denn da konnte man heizen. Die Großen brauchten zum Schlaf keinen Ofen. Morgens mussten sie in die Wohnstube kommen zum Spielen und Lernen. Drei Brote mehr am Tag würden gebacken werden. Wann die Setzlinge im Garten zur Elbe hin wohl die ersten Äpfel tragen würden? Warum brauchten neugepflanzte Apfelbäume so viele Jahre, bis sie Frucht trugen? Jedes Jahr würde sie etwas mehr Obst zur Verfügung haben. Äpfel und Birnen, die sie nicht auf dem Markt kaufen musste. Wann würde der Nussbaum Früchte tragen? Genug Früchte, um die Kinder an einem Winterabend zu sättigen? Schneller als die neu gepflanzten Bäume wuchsen, kamen die Verzweifelten und Bedürftigen zu ihnen an den Tisch. Jeden Tag standen geflohene Mönche und Landstreicher am Tor, Kranke schleppten sich mit letzter Kraft bis zu ihnen. Dabei war das Schwarze Kloster kein Kloster mehr, sondern ein Wohnhaus. Ihre eigenen Kinder würden hungern müssen, wenn täglich mehr hierherkamen.

„Gott der Herr trocknet eure Tränen“, sagte Martinus und küsste die Kinder der Reihe nach. „Er sorgt für die Waisen auf wunderbare Art.“

Käthe rechnete. Getreide für das Brot würde sie aufs Neue auf dem Markt kaufen müssen. Jeder Tag kostete Geld. Leinen hatte sie auch nicht genug, um alle Betten zu bedecken. Das musste sie in den nächsten Tagen hinzukaufen. Erst einmal mussten die Älteren auf dem Strohsack mit einer Wolldecke vorliebnehmen. Vielleicht war ja ein Tauschgeschäft mit dem Tuchhändler möglich: Wolle gegen Leinen. Sie würde hart verhandeln. Der Doktor musste ihr zugestehen, dass sie den Garten am Saumarkt kaufte, jetzt, wo der alte Bildenhauer bereit war zu verkaufen. Der ausgedehnte Obstgarten ummauert und umzäunt, darin konnte man Schafe weiden lassen. Den Bach, der ihn durchfloss, würde sie zu einem Teich aufstauen, in dem sich Fischbrut ziehen ließ. Alle Sorgen hätten dann fürs Erste ein Ende. Schafe waren leicht zu halten und boten das Jahr über reichen Nutzen. Wertvolle Wolle im Frühjahr, Milch, Lämmer und Fleisch für den Winter.

„Lieber Gott, lass die Bäume schneller wachsen. Mach die Schweine früher fett“, betete Käthe, während sie die kleinen Mädchen an sich drückte. Sie hatten verweinte gerötete Gesichter und ungekämmtes Blondhaar. Käthes Züge wurden weich, sie schämte sich ihrer zornigen Gedanken. Ganz ähnlich war es ihr als Mädchen nach dem Tod der Mutter ergangen. Niemand außer dem Vater hatte sich in der schlimmen Zeit danach um sie gekümmert. Der neuen Gemahlin des Vaters, einer stolzen Frau, war die kleine Käthe nicht wichtig genug gewesen, um ihr die Haare zu kämmen oder Zöpfe zu flechten.

„Jetzt habe ich noch zwei Töchterlein“, sagte Käthe, „ein Lenchen und ein Elschen.“ Ein neues Elschen, dachte sie und war plötzlich glücklich. Bei Elschen hatte sie Läuse entdeckt, denen musste man noch heute mit dem Läusekamm zu Leibe rücken. Zusammen mit Muhme Lene würde sie verhindern, dass die Läuse sich weiter ausbreiteten. Es gab ein Pulver, das man ins Haar reiben konnte. Aber die ältesten Neffen ihres Mannes, der verpickelte Cyriak, dieser hoch aufgeschossene magere Junge, und der finster blickende Georg, waren ihr nicht geheuer. Fabian und Andreas sahen dem Doktor ähnlich, das machte die beiden für sie angenehmer als die halb erwachsenen Großen. Ob der Kurfürst wieder eine Fuhre Feuerholz senden würde? Katha Jonas konnte helfen. Wenn sie ihren Doktor Justus ansprach, würde er beim nächsten Frühmahl im Schloss mit einer launigen Bemerkung auf das Feuerholz für das Schwarze Kloster zu sprechen kommen. Demnächst würde auch nochmals Ursula von Münsterberg auf längeren Besuch kommen. Immerhin hatte der Kurfürst Unterstützung für die Nonnen zugesagt, die immer wieder im Kloster Wohnung nahmen. Vier Scheffel Äpfel werde er liefern.

Tanz im Paradies

Den Garten am Saumarkt kauften sie am 19. April des Jahres 1532 für 900 Gulden vom alten Klaus Bildenhauer, der ihn allein nicht mehr bewirtschaften konnte. Vor der Stadt lag der Garten, gar nicht weit vom Schwarzen Kloster, voll mit alten Obstbäumen, der Faulbach schlängelte sich hindurch und ein Weiher war aufgestaut, in dem Welse und Kaulbärsche schwammen, fette Karpfen, Schleien und Schmerlen.

Das größte Fest des Jahres 1533 fand in der Aula hinter der Wohnstube im ersten Stock des Schwarzen Klosters statt. Zum fünfzigsten Geburtstags ihres Doktors konnte Käthe Fische für die Gäste auftischen wie eine Fürstin. Sie hatte ihren Weiher zuvor leergefischt und ihre Beute mit dem Wagen hinüber zum Schwarzen Kloster gebracht. Es wurde ein wunderbares Festmahl, dessen Bestandteile fast alle von ihr selbst gezogen oder gepflanzt waren.

Der Doktor lächelte ihr über den Tisch zu. In seinem Rock aus leberfarbenem Tuch war er wunderschön. Magister Philippus neben ihm nickte wohlgefällig. Katha Jonas war voll des Lobes über die gut zubereiteten Platten mit verschiedenem Fisch: Karpfen, Welse, Forellen und Schmerlen gab es und Hecht mit Pfeffersoße. Außerdem als Abschluss eine mit Kräutern verzierte Aalpastete.

„Käthe", sagte der Doktor, „ich muss dich loben. Du hast größere Freude an deinem Fischzug als mancher Edelmann, wenn er etliche große Teiche und Weiher leerfischt und etliche hundert Schock Fisch fängt."

„Wenn unsere Widersacher uns beim Schmaus sähen",

bemerkte Magister Philippus, „würden sie uns beschimpfen, wir seien Fresser."

„Lass sie nur das Maul aufreißen", gab der Doktor zurück. „Fasten wir, so schreien sie: die Pharisäer und Scheinheiligen! Schmausen wir, heißt es: Die Fresser und Säufer! Mit dem Heiland haben sie es seinerzeit auch also gemacht. Unser Herrgott im Himmel hat alles darum geschaffen, dass wir es brauchen sollen, fordert anders nichts von uns, denn dass wir erkennnen, dass es seine Güter sind, und ihrer mit Danksagung genießen."

„Käthe Lutherin ist die fleißigste von uns Frauen in Wittenberg", rief Walburga Bugenhagen über den Tisch.

„So früh aufstehen wie Käthe könnte ich niemals", seufzte Katha Jonas. „Wenn ich schwanger bin, werde ich schnell müde." Kathas Schwangerschaften folgten schneller aufeinander als die Käthes. Jedes Jahr kam sie mit einem Kind nieder.

„Freiwillig schafft sie sich immer neue Arbeit hinzu", sagte Melanchthons Frau, die ebenfalls Katharina hieß. Katharina Melanchthon bewunderte Käthes Tüchtigkeit und akzeptierte, dass im Schwarzen Kloster jedes Fest größer war als im Hause Melanchthon. Auch bei Melanchthons gab es die Bursa im Haus, den Kosttisch und Zimmer für Studenten, aber in kleinerer Zahl, so dass die Magistra es gerade noch bewältigte mit ihren Mägden. Auch ein Schwein und drei Ziegen wurden dort gehalten, aber mehr auch nicht.

„Das Leben ist die Gelegenheit, die Gott dem Menschen gibt, etwas zu tun. Ausruhen will ich mich nach dem Tod bei Christus im Himmel", sagte Käthe, erwärmt vom Malvasier, den die Stadt als Ehrengeschenk gesandt hatte.

„Der Mensch kann das Kloster verlassen, aber das Kloster verlässt den Menschen nicht", bemerkte Magdalena von Staupitz, und alle lachten. Aus Grimma war sie zusammen mit ihrem Neffen Amsdorff gekommen. Sie trug sich mit Heiratsplänen, ließ sie Käthe wissen und errötete dabei. „In Mariathron haben wir Klosterfrauen das frühe Aufstehen und unermüdliches Tun gelernt."

Im Sommer hatte das Ehepaar Luther neue Kellergewölbe unter dem Erdgeschoss des Klosters einziehen lassen, einen Weinkeller und einen großen Raum. Weitere Umbauten waren geplant, jetzt, nachdem der verstorbene Kurfürst Johann ihnen kurz vor seinem Tod das Kloster zum Eigentum überschrieben hatte. Nikolaus von Amsdorff hielt sein mittlerweile vierjähriges Patenkind Lenchen auf dem Schoß und Magdalena von Staupitz den kleinen Paul. Muhme Lene eilte hin und her, um zu sehen, ob die Gäste mit allem gut versorgt waren, während Wolf Sieberger immer fröhlicher vom Wein wurde.

Magdalena hatte ihr Hackbrett mitgebracht, auf dem sie später aufspielen wollte. Sie war jetzt Lehrerin an der Mädchenschule in Grimma, hatte dort ein kleines Haus und musste um ihren Lebensunterhalt kämpfen.

Das Martinchen, der Liebling des Vaters, vergnügte sich mit seinen Holzpferdchen auf dem Boden zu Füßen des Doktors. Das achtjährige Hänschen sprang übermütig mit Jost und Lippus umher. Die drei Freunde waren im Juni in die Wittenberger Universität eingeschrieben worden. So war es in allen deutschen Städten für die Söhne von Professoren und angesehenen Bürgern üblich. Sie riefen sich lateinische Schimpfwörter zu, aber niemand tadelte sie an diesem frohen Tag.

Die drei Brüder Weller, allesamt Hausgenossen, hatten sich in der Ecke des Saals auf eine Holzbühne postiert, um Musik zu machen. Matthias, der jüngste, griff in die Tasten des Regals, Peter sang und Hieronymus, Hänschens Hauslehrer, flötete.

„Komm, meine Käthe", sagte der Doktor, „lass uns tanzen." Er nahm Käthes Hand und beide gaben sich dem Takt der Musik hin.

Lenchen hüpfte von Amsdorffs Schoß herunter und nahm Hänschen bei der Hand. Lene Kaufmann und ihr Bruder Fabian mischten sich ebenfalls unter die Tanzenden. Käthe vergaß ihre Sorgen: dass Georg Kaufmann sich jeden Abend betrank und über den Flur erbrach, dass Lene Kaufmann ständig in irgendwelche Studenten im Haus verliebt war und Cyriak Kaufmann der neu eingestellten Magd Benedikte nachstellte. Dem Doktor konnte sie diese Dinge nicht erzählen, sie regten ihn viel zu sehr auf.

Veit Dietrich, der Mitarbeiter und Sekretär des Doktors, saß in Gedanken versunken am Tisch. Seine jungen Diszipel, die er betreute, hopsten auf ihren Steckenpferden mit den anderen Knaben durch die Festgesellschaft. Gut, dachte Käthe, dass Magister Dietrich so hässlich ist. Da wird Lene ihm wenigstens nicht nachstellen.

Der Sekretär

Er war schon seit Jahren im Kloster gewesen, erst als Koststudent, einer der Schüler des Magister Philippus, ein begabter junger Mann, wissbegierig, der Griechisch lernte und an den Lippen des Doktors hing, den er verehrte wie einen Vater, für den er alles tat, dem er die Bücher hinterhertrug, für den ihm kein Botengang zu weit war. Dem er beim Briefschreiben behilflich war, dem er das Bier einschenkte, den er begleitete, treuer als ein Hund. Manchmal schickte Käthe ihn zu Besorgungen auf den Markt. Dann sah er sie erstaunt an, widersprach aber nicht und tat, wie sie ihm geheißen. Er war schneller und genauer als Wolfgang Sieberger, dem das Alter allmählich zusetzte. Kurzum, Veit Dietrich hatte sich unmerklich vom Schüler zum Sekretär und Oberfamulus des Doktors entwickelt, ohne dass er dabei eigentlich aufgefallen wäre.

An einem Sommertag stellte Käthe fest, dass ohne Magister Veit das Schwarze Kloster seinen Betrieb nicht hätte aufrecht erhalten können. Der Magister kannte jeden der Bewohner, Kostgänger und Tischgenossen mit Namen, ebenso das Gesinde, und wenn es nottat, griff er zum Wassereimer und bewässerte Käthes Bohnen im Garten vor der Südseite des Klosters.

Er war ein riesiger Kerl, von höllischer Hässlichkeit mit seiner großen Nase und den wulstigen Lippen. Und er sprach wie Hieronymus Baumgartner mit dem gerollten R, was nicht weiter verwunderlich war, da er in Nürnberg geboren war. Er hatte nicht die feinen Manieren ihres Hieronymus, war er doch armer Leute Kind, der Sohn eines früh verstorbenen

Schuhmachers. Die außergewöhnliche Begabung des Jungen war seinen Schulmeistern früh aufgefallen, weshalb sie sich beim Rat der Stadt für ihn eingesetzt hatten. Er war ebenso verfressen wie Hieronymus, und ebenso wissbegierig und versessen auf Bücher.

Er muss weg, durchschoss es Käthe. Gewiss, der Doktor konnte nicht ohne ihn sein, er brauchte ihn an jedem Tag. Niemand kannte sich so gut aus im Studierstüblein oben in der ersten Etage des Klosteranbaus wie Veit Dietrich. Besser noch als der Doktor selbst wusste er, wo jedes einzelne Buch sich befand und wo man die Briefe aus dem letzten Jahr suchen musste.

Er muss weg, überlegte Käthe. Er darf nicht hierbleiben.

Sie stand im Brauhaus, die Tür war angelehnt und sie hörte den jungen Magister mit seinen Diszipeln sprechen. Er hatte inzwischen sechs eigene Schüler, deren Väter ihm Geld dafür zahlten, dass er sie auf den Universitätsbetrieb vorbereitete. Er rollte die Rs wie Hieronymus und gebrauchte die gleichen Redewendungen. Etwas in Käthe empörte sich.

„Gott zum Gruß, Jungfer Lenchen!“, hörte sie ihn rufen. Lene Kaufmann war offensichtlich vom Markt zurückgekehrt. „Aber so lasst mich doch den Korb für Euch in die Küche tragen. Der ist ja viel zu schwer für ein zartes Jüngferlein wie Euch.“

Lene kicherte übermütig. „Sagt, Herr Magister, Ihr tragt ja neue gelbe Stiefel! Sie stehen Euch wohl an.“

So sprach man nicht mit einem jungen Mann. Die Kleine war gerade mal vierzehn Jahre alt. Mit allen Männern sprach sie in diesem allzu gefälligen, vertraulichen Ton. Sie würde wieder einmal mit ihr reden müssen.

„Jungfer Lenchen“, war wieder der Nürnberger zu hören. „Für Euch möcht ich der Packesel sein, das wär mir noch lieber als der Dienst bei Eurem Oheim, dem Doktor.“

„Dann geb ich Euch jetzt die Hand und streichle Euer Fell, lieber Magister Packesel“, jauchzte Lene.

„Genug!“, schrie Käthe und stürmte aus dem Brauhaus.

„Herr Magister, lasst die Finger weg von meinem Töchterlein“, fuhr sie den Sekretär an.

„Doktorissa, mit Verlaub, ich habe sie nicht angefasst“, verteidigte sich Veit Dietrich, über und über errötet. Vor Zorn zitternd umklammerte Käthe ihr armes Waisenkind.

„Ich bin ihr gut“, stammelte Veit Dietrich im Versuch, sich zu entschuldigen.

„So weit kommt's noch!“, schrie Käthe ihn an. „Ihr wollt Euch wohl mit dem Doktor verschwägern.“

Genau so kam es dann auch. Veit Dietrich hielt bei Doktor Martinus um die Hand der Nichte, des armen Waisleins, an.

„Das weiß ich wohl“, erwiderte der Doktor seinem Sekretär, „dass meine Muhme mit Euch wohl versorget wäre; weiß aber nicht, ob Ihr mit ihr versorget würdet. Sie muss noch besser gezogen werden. Will sie nicht gehorchen, so will ich sie einem schwarzen Hüttenknecht geben und keinen frommen gelehrten Mann mit ihr betrügen.“

Lene Kaufmann schluchzte tagelang, Käthe und der Doktor aber waren sich einig darin, dass sie zu jung war, um zu heiraten. „Sonst kommt das Hündchen Reuel, das viele Leute beißt“, sagte der Doktor.

Veit Dietrich war fortan verstimmt. Als er mit dem Zahlen des Kostgelds für seine Diszipel in Verzug kam, gerieten Käthe und er in Streit. Es endete mit dem Auszug des Nürnbergers, der in seine Heimatstadt zurückkehrte. Käthe war froh, dass er fort war, nur der Doktor trauerte ihm nach und schrieb ihm lange Briefe.

Landfreuden

Auf Jes Nacken lag ein Kummet, das den Pflug hielt, den der Knecht durch den Acker führte. Käthe stand am Rand daneben und konnte den Blick nicht von der feuchten fruchtbaren Erde abwenden. Hier würde sie den Hopfen pflanzen lassen. Dann würde sie für ihren Doktor zur Abwechslung beim Abendtrunk eine zweite Sorte Bier brauen. Das Bier stimmte ihn fröhlich, nach dem Genuss von zwei Krüglein schlief er immer gut ein und hatte keine Alpträume in der Nacht. Biertrinken war gut gegen die Nierensteine. Was sie brauchte, war mehr Land zum Bewirtschaften. Ein Stück in guter, sonniger Lage, auf das man Weinstöcke setzen konnte. Sechshundert müssten es schon sein, damit es sich lohnte, daraus Wein zu keltern. Vorher aber musste im Keller ein Raum für die Weinfässer eingerichtet werden. Käthe stellte sich zwei große Eichenfässer vor. Nicht aus Gewinnsucht hatte sie das Land gepachtet. Das Korn auf dem Markt war durch Mäuseplage und Dürre in den Jahren 1537 und 1538 auf dem Markt unerschwinglich geworden. Ihr Doktor war in Schmalkalden auf den Tod krank gewesen, die Steine hatten sich festgesetzt und die Doktoren hatten ihn schon aufgegeben, als er sich auf wunderbare Weise erholt hatte und der große Stein abgegangen war.

Käthe hatte nur noch ein Gebet, bevor sie abends einschlief, sobald sie morgens aufwachte: „Lieber Gott im Himmel, lass meinen Doktor in Gesundheit alt werden. Lieber Gott, lass mich nicht zur Wittfrau werden.“ Alle Sorgen wollte sie von ihm fernhalten, alles für ihn tun, was ihn glücklich machte. Ja, sogar die ganze Bibel las sie durch, wie er es gewünscht hatte, nicht für die fünfzig Gulden, mit denen er sie für die Lektüre belohnen wollte, sondern weil es ihn freute. Deshalb las Käthe, obwohl ihr die Zeit dazu fehlte, jeden Tag ein paar Seiten am Fenster.

Sie betete und sie rechnete. Wenn der Doktor eines Tages versterben würde, mussten die Söhne studieren, die Töchter eine Mitgift bekommen. Ob die Burse im Schwarzen Kloster, der Ertrag ihrer Ställe und Gärten genug einbringen würde, um die Kinder und sich selbst durchzubringen?

Wittenberg, Ende Januar 1540

Käthe setzte sich im Bett auf und sah um sich. Die Magd räumte gerade ein Gefäß weg. Der Doktor lag halb auf einem Stuhl gegenüber dem Bett, er war eingenickt und schreckte hoch, als sie sich bewegte.

„Ich habe lange geschlafen", sagte sie und versuchte ein Lächeln.

„Mein Käthchen", stieß er hervor. „Du siehst erfrischt aus und gesund." Dabei traten ihm Tränen in die Augen.

„Zwei Tage und zwei Nächte lang muss ich geschlafen haben", verwunderte sie sich.

„Ach Käthchen, es war viel länger. Du warst sehr krank. Wir haben um dein Leben gefürchtet. Gottes Engel seind hier gewesen und wollten dich zum Himmel führen. Ich habe ihnen gewehrt."

„Hatten sie Flügel wie Adler?"

„Goldene Flügel seind es gewesen und silberne Kleider bis zum Boden. Hast du sie nicht gesehen?"

„Nichts habe ich gesehen. Nichts habe ich gespürt. Es war ein langer, tiefer Schlaf, Herr Doktor."

„Dann hast du auch keinen Schmerz und keine Angst verspürt?"

„Nichts, rein gar nichts habe ich vermerkt. Nur Müdigkeit und Schwachheit." Dazwischen Fetzen wirrer Träume und immer wieder die beiden Klöster mit ihren Bewohnern. Aber nicht der Tod war es gewesen, dem sie begegnet war. Und auch Engel hatte sie nicht erblickt.

Die Magd kam wieder herein und setzte eine Schüssel Suppe vor dem Doktor nieder auf den kleinen Tisch, auf dem das Evangelium lag.

„Gebt mir davon“, verlangte sie.

Bereitwillig tauchte er den Löffel in die Flüssigkeit und hielt ihn ihr an den Mund. Die warme Suppe im Mund tat gut. Zwei, drei Löffelinhalte fütterte er ihr wie einem kranken Kind.

„Nicht mehr“, flüsterte sie. „Man muss vorsichtig mit der Nahrung anfangen.“

„Ihr seinds fast eine studierte Medica, Herr Käthe“, sagte er. „Ihr hättet Euch wahrlich besser kuriert als Doktor Schurff, der keinen Rat mehr für Euch wusste.“

„Gott kuriert die Krankheiten, so sagt Ihr doch immer.“

„Diesmal habe ich ihn hart bitten und anflehen müssen, damit er's gewährt hat.“

„Wenn Ihr zu ihm betet, hört er auf Euch“, sagte Käthe nicht ohne Stolz. „Mehr als auf manch anderen.“

„Das“, seufzte der Doktor, „ist schon wieder Hoffart. Einen Unterschied zwischen seinen Kreaturen macht Christus nicht in der Weise, wie Ihr es Euch denkt, lieber Herr Käthe.“

Ihre Brüder hätten ihren Besuch angekündigt, Hans und Klemens, berichtete er ihr. Hans sei verschuldet und im Begriff, sein Gut Zülsdorf zu verkaufen. Und Florian von Bora, den Sohn des verstorbenen Wolf, brächten sie mit.

Durch Käthe ging ein Ruck. Zülsdorf war generationenlang im Besitz der von Bora gewesen, sie musste es unbedingt für die nächste Generation halten. Es durfte der Familie nicht verloren gehen. Bestimmt könnte Cranach Geld leihen, vielleicht auch der Kurfürst.

„Jetzt leuchten deine Augen wieder, mein Liebchen“, sagte der Doktor. „Ich seh es dir an, du willst demnächst Gutsherrin zu Zülsdorf werden.“

Das Portal aus Elbsandstein

Käthe war vollständig gesund geworden. Aufrecht ging sie wieder durch die Räume des Schwarzen Klosters. Mühelos stieg sie die Treppen hinauf und hinab, ohne sich an Wänden und Möbeln festhalten zu müssen. Es war Frühling geworden. Die Bäume blühten, und jetzt kamen auch die Bauleute mit dem Wagen, auf dem das vorbereitete neue Portal herangekarrt wurde.

Zusammen hatten sie es entworfen. Das lenkte ihn ein wenig von seinen düsteren Gedanken ab. Dauernd sprach er vom Tod, jammerte über seine Blasen- und Nierensteine.

„Bleibt nur in meiner Nähe, Herr Doktor“, sagte Käthe. „Solange Ihr bei mir seid, geschieht Euch nichts. Für all Eure Krankheiten kenne ich die rechte Medizin.“

„Käthe, das ist die alte Hoffart“, scherzte er. „Christus sorgt für mich, er allein heilt mich, wenn er es will.“ So redete er immer.

Zwei Tage dauerte der Abbau der morschen alten Klostertür und der Aufbau der neuen.

Das alles hatte sich die Bauherrin erdacht und die Steine aus Elbsandstein von Pirna herbeischiffen lassen. Lauterbach, ein früherer Tischgenosse, hatte sich darum gekümmert, dass der Steinmetz das Lutherwappen in die Innenseite des Baldachins korrekt einfügte. Zu beiden Seiten war ein Ruheplatz eingetieft.

„Gefällt Euch das neue Portal zum Kloster?“, fragte Katharina, obwohl die Frage überflüssig war.

„Der Eingang zum Paradies, mein Herzliebchen“, sagte der Doktor. „Alle Anfechtungen haben hier ein Ende.“

„Scherzt Ihr oder meint Ihr es im Ernst?“, fragte Käthe und setzte sich auf dem Steinsitz unter dem Baldachin nieder.

„Es gibt kein anderes Paradies“, erwiderte er und ließ ihre Hand nicht los. „Dieses Jahr blühen die Apfelbäume so üppig wie noch nie. Wir werden eine reiche Ernte haben.“

Äpfel, Birnen und Nüsse für alle Bewohner im Haus, Lebensmittel, die man nicht kaufen musste! Platz genug für Hühner und Schweine, Gänse darin, ein Teich und ein Bach mit Fischen. Rettiche, Kohl und Kraut, so viel das Herz begehrte.
„Es ist ein seltsam Ding mit dem Paradies“, murmelte Käthe. „Manchmal wird der Mensch gezwungen, es zu verlassen, irrt eine Zeit lang betrübt umher und findet dann doch wieder hinein. Jeden Tag darf der Mensch darin ackern und ist glücklich, wenn unter seinen Händen der Lattich wächst.“

„Obwohl es immer zu laut darin ist und voll mit Kostgängern, die sich nach den Äpfeln drängen“, gab der Doktor zu bedenken, „ist es doch das Paradies, von Gott geschaffen, mit genügend Kammern für alle, die in Demut an die Tür klopfen.“

NACHWORT

Über kaum eine Frau ihrer Zeit wissen wir so viel wie über Katharina von Bora, Luthers Käthe, die Lutherin. Auch Bildnisse von ihr haben wir einige, die Porträts Meister Cranachs aus Wittenberg, ihr Gipsbildnis von Gut Zülsdorf und das ihres Grabsteins in Torgau. Erasmus von Rotterdam bezeichnete die junge Frau als „venusta", liebreizend, so hatte man sie ihm jedenfalls beschrieben.

Mit ihrer Flucht in der Osternacht 1523 aus Kloster Mariathron tritt sie ins Scheinwerferlicht der Geschichte. Von nun an wird jeder Schritt, den sie tut, von schreibbegeisterten Zeitgenossen der Mitwelt mitgeteilt. Als Luthers Ehefrau schließlich steht sie sozusagen unter Dauerbeobachtung. Und doch bleibt ein Rest an Ungewissheit über ihre Anfänge als Kind und die erste Zeit in den Klöstern Brehna und Mariathron. Doch auch hierfür liegt gut untersuchtes Material vor – die Rechnungsbücher der Äbtissin des Klosters Mariathron, Urkunden und Schriftverkehr der sächsischen Klöster, schließlich die Abfindungsschreiben der aus dem Kloster geschiedenen Nonnen.

Ich habe mich bemüht, bei den überlieferten Tatsachen zu bleiben und nur im ersten Teil vor der Verehelichung mit Martin Luther behutsam Erfundenes hinzugefügt – ein Roman hat seine eigenen Gesetze. Fiktion im Bereich des historisch Möglichen sind die persönlichen Begegnungen zwischen Katharina von Bora und Karl von Miltitz, dem späteren Gesandten des Papstes, der zwischen Luther und der römischen Kirche zu vermitteln suchte und der Luther das Sendschreiben an den Papst „Von der Freiheit eines Christenmenschen" abrang.

Die beiden Briefe auf S. 185 und 186 habe ich dem Werk von Armin Stein: Katharina von Bora, Luthers Ehegemahl. Ein Lebensbild, Halle 1882, S. 92 f. entnommen.

Martin Luther ist sicherlich eine der bestdokumentierten historischen Persönlichkeiten überhaupt: Tausende von eigenen Briefen und denen seiner Zeitgenossen zeigen Gedanken, Gefühle und Persönlichkeit dieses Mannes, aber auch Details seines Alltags und der Familie Luther. Hinzu kommen seine Werke und die Mit- und Niederschriften seiner Tischgenossen und Freunde, schließlich die Berichte der Gegner. Wichtig sind auch die archäologischen Befunde der letzten Jahre – darunter die Grabungen am Elternhaus Martin Luthers und die am Wittenberger «Lutherhaus», vor allem die Analyse des nach dem Verkauf im südlichen Vorgarten untergepflügten Hausrats: die grünglasierten Schüsseln, die türkische Keramik, die glasierten Wandbrunnen mit religiösen Motiven im ganzen Hause, die repräsentativen Kachelöfen – ab den mittleren dreißiger Jahren haben wir es mit einem fast fürstlichen Haushalt zu tun.

Einige „Fundstücke“ aus Nebenbemerkungen in Luthers Tischreden oder biografischen Berichten über ihn werfen ein interessantes Licht auf seine Ehefrau: so etwa, wenn Käthe im Aufstehen, als es sie in der Hüfte reißt, angesichts der Tischgesellschaft spontan ausruft „Ave Maria“, so wie unsereiner „Aua“ oder „Manno“ stöhnen würde, und Luther sie tadelt, sie habe nicht Christus angerufen, sondern die nachgeordnete Maria. Aufschlussreich auch das Detail, dass in der Lutherstube, wie Zeitgenossen überliefern, ein Gemälde mit der Muttergottes und dem Jesuskind hing. Möglicherweise gehörte es ursprünglich zum Klosterinventar, abgehängt von den Luthers theologischen Erkenntnissen folgenden Klosterbrüdern. Wer aber hängte das Gemälde in der Lutherstube wieder auf? Es kann nur Katharina gewesen sein. Die Klosterzeit in Mariathron hatte sie tief geprägt.

Unbestritten sind die verwandtschaftlichen Verbindungen innerhalb des sächsischen Adels und gehobenen Bürgertums dieser Zeit, so etwa die erstaunlichen Verbindungen derer von Staupitz: Johannes von Staupitz war Lehrer und Förderer des jungen Martin Luther, seine jüngste Schwester Magdalena von Staupitz war als Kantorin und Sangmeisterin gleichzeitig mit Katharina von Bora im Kloster Nimbschen und trat als eine der neun Nonnen in der Osternacht 1523 gemeinsam mit Katharina die Flucht nach Wittenberg an. Nikolaus von Amsdorff wiederum war mit den Geschwistern Magdalena und Johannes von Staupitz verwandt und empfahl Magdalena als potentielle Ehefrau an seinen Freund Spalatin. „Die älteste unter ihnen, meines gnädigen Herrn und Oheims Doktor Staupitz Schwester, hab ich dir, mein lieber Bruder, zugerechnet zu einem ehelichen Gemahl ... ". Es ist also der Neffe ihrer Mitschwester Magdalena von Staupitz, den Käthe von Bora später neben Martin Luther ernsthaft als Ehemann in Betracht zieht. Leonhard Koppe, der Torgauer Ratsherr und Fischhändler, gehört ebenfalls in den Familienkreis der Magdalena von Staupitz. Seine Mutter ist eine geborene von Amsdorff. Naheliegend, dass Magdalena, die Älteste der flüchtigen Nonnen, den Verwandten im Vorfeld der geplanten Flucht angesprochen hat. Später verwendete sich Luther für sie als Begründerin der Mädchenschule in Grimma.

Duplizität der Ereignisse: Die ältere Magadalena von Staupitz spielte für Käthe von Bora eine wichtige Rolle in ihrer Klosterzeit. Johannes von Staupitz wiederum war der eigentliche Lehrer des jungen Martin Luther im Kloster in Wittenberg und zugleich sein großer Förderer, der dem erst 28-jährigen die Theologiepromotion ermöglichte. Er war mit dem späteren Kurfürsten Friedrich als Kind gemeinsam zur Schule gegangen und seitdem eng mit ihm befreundet. Interessante Einzelheiten hierzu habe ich der Arbeit von Alfred Jeremias über Johannes von Staupitz entnommen, der über Jahrzehnte intensives Quellenstudium betrieben hat.

Eine Gertrud von Staupitz wiederum war Stiefmutter des Karl von Miltitz und die Mutter von dessen jüngeren Geschwistern, sie könnte altersmäßig eine Schwester von Johannes und Katharina gewesen sein, sicher war sie nahe mit ihnen verwandt.

Margarethe von der Sahl, Nichte des Karl von Miltitz, Tochter seiner Schwester Anna, die einen Hans von der Sahl geheiratet hatte, erreichte als Geliebte und Zweitfrau des hessischen Landgrafen Philipp Berühmtheit innerhalb der Reformationsgeschichte. Sie war auf nicht näher bekannte Weise mit Katharina von Bora verwandt, und Luther gab seinen Segen zu der morganatischen Ehe des Landgrafen, der in einem Bittschreiben an ihn auf diese „Verschwägerung" hingewiesen hatte. Den Fürsten sollten seitens der Kirche Zweitehen parallel zur ersten gestattet werden, meinte Philipp. Luther gestand ihm diese Bitte schließlich zu – und Philipp war seines Seelenheils versichert. Es ist uns nicht überliefert, wie Katharina von Bora über das Nebenfrauenproblem hoher Herren gedacht hat.

Käthe wirkte nach ihrer Eheschließung im Schwarzen Kloster in etwa so wie Margarethe von Haubitz als Äbtissin in Mariathron – sie stand früh auf, braute Bier, hatte die Einnahmen und Ausgaben streng im Blick, bewirtschaftete die zum Kloster gehörigen Gärten und baute die Landwirtschaft aus: Zu Schweinen gesellten sich Rinder und Geflügel, schließlich Pferde und Wagen. Der Brunnen wurde erbaut. Und schon bald erweiterte Käthe die Wirtschaftsflächen des Klosters um zugekaufte Gartenstücke. Die Frühaufsteherin – nach Aussage ihres Mannes stand sie täglich zwischen vier und fünf Uhr auf – war sich nach den Aussagen der Zeitgenossen und ihres Mannes zunächst für keine körperliche Arbeit zu gut. Im Laufe der Zeit kam zahlreiches Gesinde dazu, wie es bei dem sich ständig vergrößernden Haushalt auch nicht anders gegangen wäre. „Ich habe zuviel Gesinde“, klagte Martin Luther. Eine erhebliche Zahl verwaister Nichten und Neffen kam ins Haus, Hauslehrer unterrichteten diese Kinder. Außerdem lebten zahlreiche Studenten als „paying guests“ im Schwarzen Kloster, hinzu kamen je nach Lage Flüchtlinge, Arme und Verzweifelte. Wir hören nicht, dass Käthe sich je über die Last der Arbeit beschwert hätte. Unermüdlich wirkte sie in Haus und Hof und versuchte, die Einnahmen der Haushaltung zu steigern und Ausgaben zu vermindern. Ihr Ehemann neigte dazu, großmütig an Bedürftige zu schenken, und vertraute darauf, dass Gott ihm schon wieder geben würde, was die Familie zum Leben brauchte. Als Martin Luther starb, war er der zweitreichste Bürger der Stadt nach Lukas Cranach.

Charakterstärke und Mut Käthes zeigen sich auch bei der Pestepidemie im Jahr 1527. Die schwangere junge Frau bleibt mitsamt dem einjährigen Sohn an der Seite ihres Mannes im Kloster, und beide nehmen großmütig Pestkranke im Kloster auf, die Katharina, unterstützt von Muhme Lene, pflegt. Einige sterben, andere gesunden. Es sind nicht sämtliche Pestkranken der Stadt, sondern zunächst Freunde wie die Familie des Arztes Schurff, des Kaplans Rörer, zu der auch das Fräulein von Mochau gehörte, und von Johannes Bugenhagen. Käthe besaß ein ausgeprägtes medizinisches Interesse. In seiner Antrittsvorlesung an der Universität Jena berichtete darüber ihr jüngster Sohn Paul: Seine Mutter habe den Frauen in Wittenberg bei ihren gynäkologischen Beschwerden mit selbst gebrauten Kräutertränken helfen können. Aus Briefen Luthers wissen wir, dass sie ihm und seinen Freunden, die fast alle an Nieren- und Blasensteinen litten, mit heilenden Wurzeln und Kräutertränken beistand. Sie braute ein „Aqua Vitae“, ein Lebenswasser, und buk Starkküchlein, die sie Luther nach Mansfeld schickte.

Medizinen und Tinkturen zu kreieren, war in der frühen Neuzeit eine bei adeligen Damen und Herren sehr beliebte

Beschäftigung. Man glaubte, kostbare Bestandteile wie geriebenes Elfenbein oder verflüssigtes Gold könnten Krankheiten lindern.

Dass ihr Mann erheblich älter war als sie, außerdem von instabiler Gesundheit, war seiner Frau von Anfang an bewusst. Die Landkäufe, die sie nur mit Tränen bei Martin Luther durchsetzen konnte, waren der Versuch, ihre und die Zukunft der Kinder abzusichern. Nach dem Tod ihres Mannes zeigte sich schnell, wie klug diese Vorausplanungen gewesen waren. Gegen Krieg, Pest und Feindseligkeit des Kanzlers Brück allerdings halfen alle ihre Vorsichtsmaßnahmen wenig.

Doch beherzt stellte sich Käthe vor die Interessen ihrer Kinder. Kanzler Brück wollte die Söhne gleich nach Martin Luthers Tod von der Mutter entfernen – Käthe verwöhne sie zu sehr und erziehe sie „zu Junkern und eitlen Laffen". Tatsächlich kränkelten Martin und Paul damals, doch Käthe legte überzeugend dar, dass sie als Mutter besser ein Auge auf sie haben werde als bestellte Erzieher anderenorts und dass sie verhindern könne, dass ihre Söhne in schlechte Gesellschaft gerieten. Mit Melanchthons Unterstützung behielt sie schließlich die Aufsicht über ihre vier Kinder. Der Älteste, Johannes, zog 1549 zum Studium der Medizin nach Königsberg in Ostpreußen.

In den uns bekannten Lebensläufen dieser Zeit des Umbruchs sehen wir immer auch die Brüche und Verwundungen der Zeit. Manch einer begann als treuer Diener der katholischen Kirche – Martin Luther, Katharina von Bora, Karl von Miltitz, Friedrich der Weise – im Vertrauen auf die Wirksamkeit der Gebete, die Heilkraft der Reliquien und den eigenen Gehorsam gegenüber Rom, und entdeckte dann später die eigene Verantwortung, das Gewissen und kam zu neuen, folgenschweren Erkenntnissen. Doch die wenigsten waren todesmutige Helden von der Statur eines Martin Luther. Selbst die Mächtigen der Zeit hielten dem wachsenden Druck von Kaiser und römischer Kirche oft nicht stand, wie das Beispiel des Albrecht von Brandenburg zeigt. Er war erst ein Förderer reformatorischer Kreise, wendete sein Fähnlein dann aber unter dem Eindruck des Bauernkriegs.

Anhang

Zeittafel

10. November 1483: Martin Luther wird in Eisleben (Grafschaft Mansfeld) geboren.

1497 – 1501: Martin als Lateinschüler in Magdeburg und Eisenach.

29. Januar 1499: Geburt der Katharina von Bora, wahrscheinlich auf Gut Lippendorf bei Leipzig.

Ende 1504: Tod der Mutter Katharinas.

Anfang 1505: Katharina kommt nach Brehna bei Bitterfeld in die Klosterschule der Augustinerinnen.

1505: Katharinas Vater Hans von Bora vermählt sich zum zweiten Mal.

1505: Martin beginnt mit seinem Jurastudium in Erfurt, gelobt bei einem Gewitter am 2. Juli bei Stotternheim, Mönch zu werden, und tritt 6 Wochen danach in Erfurt in das Augustiner-Eremiten-Kloster ein.

1507: Priesterweihe Martins, danach Studium der Theologie

1508/9: Theologiestudium Martins in Wittenberg.

1509: Katharina wird nach Kloster Mariathron in Nimbschen gebracht.

1512: Martin Luther erwirbt den Doktortitel am 18./19. Oktober und beginnt seine Vorlesungen zur Bibelauslegung in Wittenberg.

31. Oktober 1517: Luther schickt seine Thesen an Erzbischof Albrecht von Brandenburg mit der Bitte, gegen die Ablasspprediger einzuschreiten. Historisch fraglich ist, ob sie auch an der Wittenberger Schlosskirche angeschlagen wurden.

1520: Luthers Schrift „An den christlichen Adel deutscher Nation“ wird gedruckt (August). Mehrere Auflagen folgen. Darin die Forderung, die Klöster aufzulösen und zu Schulen umzugestalten. Er benennt die Mängel der päpstlichen Machtausübung und Missstände in Klöstern und Kirchen.

1521: Am **3. Januar** tritt die päpstliche Bannbulle gegen Luther in Kraft.

Im **April** ist Luther auf dem Wormser Reichstag und verweigert am **17./18.** den Widerruf seiner Schriften. Begleitet wird er von seinem Bruder Jakob Luther, Dr. Hieronymus Schurff als Rechtsbeistand und Nikolaus von Amsdorff.

Am **4. Mai** wird Luther in Schutzhaft auf die Wartburg entführt, wo er als „Junker Jörg“ inkognito lebt und die Bibel übersetzt. Im Mai wird durch Kaiser Karl V. die Reichsacht über Luther und seine Anhänger verhängt.

1522, Anfang März: Luther kehrt nach Wittenberg zurück.

22. April 1523: Flucht der neun Nonnen aus Kloster Mariathron in der Osternacht über Torgau nach Wittenberg.

1524/25: Bauernaufstand. Luther mahnt zum Frieden. **15. Mai:** In der Schlacht von Frankenhausen werden vom Heer der vereinigten Fürsten die Aufständischen, geführt von Thomas Müntzer, besiegt. Am **27. Mai** wird Müntzer in Mühlhausen enthauptet. Ab **18. Mai** Strafexpedition von Weimar aus durch Kurfürst Johann.

5. Mai 1525: Friedrich der Weise verstirbt auf der Lochau.

13. Juni 1525: Hochzeit Katharinas mit Martin Luther in Anwesenheit des Ehepaars Cranach, Dr. Justus Jonas und des Propsts Bugenhagen.

27. Juni 1525: Feier der Hochzeit mit den geladenen Gästen, darunter Martin Luthers Eltern.

1525: Muhme Lene zieht zu ihrer Nichte nach Wittenberg.

1525, November: Georg Spalatin heiratet in Altenburg.

7. Juni 1526: Geburt des ersten Sohnes Johannes (Hänschen).

17. Juni 1526: Brunnen am Schwarzen Kloster fertig.

Juli 1527: Schwere Erkrankung Luthers.

Herbst 1527: Pest in Wittenberg, die Universität zieht während der Pestzeit nach Jena. Luther bleibt in W., das Schwarze Kloster wird zum Spital. Außerdem Schweinekrankheit, fünf Schweine im Schwarzen Kloster verenden.

10. Dezember 1527: Geburt der Tochter Elisabeth (Elschen).

3. August 1528: Elisabeth stirbt.

Ende 1528: Drei aus dem Kloster Freiberg entkommene Nonnen sind zu Gast im Lutherhaus, darunter Ursula von Münsterberg.

4. Mai 1529: Geburt von Tochter Magdalena (Lenchen).

1530: Die von Melanchthon verfasste **Confessio Augustana** wird dem Reichstag zu Augsburg vorgelegt. Luther mehrere Monate auf der Veste Coburg, hier erfährt er vom Tod seines Vaters.

30. Juni 1531: Tod von Luthers Mutter Margarethe.

9. November 1531: Geburt von Sohn Martin.

4. Februar 1532: Kurfürst Johann überschreibt offiziell das „Schwarze Kloster“ mit Brau- und Schankrecht sowie Viehhaltung an das Ehepaar Luther.

1532: Erwerb des Baumgartens am Saumarkt. Einsturz des Kellers.

28. Januar 1533: Geburt von Sohn Paul.

17. Dezember 1534: Geburt von Tochter Margarethe („Marulla“, von Luther „Maruschel“ genannt).

1535: Beginn der Umbauten am Schwarzen Kloster.

1536: Tod der Äbtissin Margarethe von Haubitz.

1537: Tod von Muhme Lene.

1538: Katharinas ältester Bruder Hans von Bora übernimmt Gut Zülsdorf.

1539: Pest in Wittenberg. Pachtung des Vorwerks Boos.

Ende Januar 1540: schwere Erkrankung Katharinas nach Fehlgeburt.

April 1540: Katharina wieder gesund.

1540: Neues Portal aus Elbsandstein am Schwarzen Kloster. Katharina erwirbt Gut Zülsdorf für 610 Gulden.

Landgraf Philipp von Hessen schließt Doppelehe mit Margarethe von der Sahl, einer Verwandten Katharinas. Luther stimmt zu.

1542: 6. Januar: Luthers Testament zugunsten Katharinas. Der Neffe Florian von Bora wird in Luthers Haus in Wittenberg erzogen. **20. September:** Tod der Tochter Magdalena.

1544: Luther kauft für K. den Garten vor dem Elstertor.

18. Februar 1546: Luther stirbt in Eisleben und wird am 25. in der Schlosskirche von Wittenberg beigesetzt.

1546: Katharina erwirbt Gut Wachsdorf. Im Juli Ausbruch des Schmalkaldischen Krieges, Katharina flieht nach Dessau und Magdeburg.

1547: Nochmals Flucht Katharinas nach Magdeburg und Braunschweig. Karl V. zieht in Wittenberg ein, lässt das Grab Luthers unangetastet. Kurfürst Johann Friedrich verliert die Kurwürde.

1548: Katharina führt Prozesse.

1549: Der älteste Sohn Hans zieht zum Studium nach Ostpreußen an die Universität Königsberg.

Sommer 1552: Pest in Wittenberg. Die Universität zieht nach Torgau. Im September flieht auch Katharina mit den Kindern Martin, Paul und Margarethe nach Torgau. Bei einem Unfall mit dem Wagen stürzt sie in einen Wassergraben und liegt in der Folge drei Monate danieder. Sie erlebt noch die Verlobung des Sohnes Paul mit Anna von Warbeck und stirbt am **20. Dezember 1552.** In der Torgauer Marienkirche wird sie am nächsten Tag beigesetzt.

27. Mai 1564: Vertrag über Verkauf des Lutherhauses durch Paul und Johannes Luther sowie Margarethe von Kunheim. Der Sohn Martin Luther stirbt knapp 34jährig **1565** in Wittenberg.

Sohn Paul wird ein erfolgreicher Mediziner, hält Vorlesungen an der Universität Jena und wird Leibarzt verschiedener Fürsten. Er stirbt **1595** in Leipzig.

Zeitgenossen, Freunde, Gegner

Albrecht von Brandenburg (1490 – 1545): Kardinal sowie Erzbischof von Mainz und Magdeburg. Zur Bezahlung dieser Ämter nahm er bei den Fuggern hohe Kredite auf, die er aus dem Erlös der Ablässe zurückzahlte, dabei war der Dominikanermönch **Johann Tetzel** behilflich. Zunächst Luther freundlich gesinnt, nach den Bauernkriegen wurde er zum Gegner der Reformation.

Albrecht von Preußen (1490 – 1568): Letzter Hochmeister des „Deutschen Ordens". Traf am 29. November 1523 heimlich Luther und Melanchthon. Erster deutscher Fürst, der sich auf die Seite der Reformation stellte (1525), Förderer Luthers und seiner Familie auch nach dem Tod des Reformators.

Amsdorff, Nikolaus von (1483 – 1565): Neffe Magdalenas und Johannes' von Staupitz. Er war Katharinas alternativer Heiratskandidat zu Luther. Nach Studium der Theologie in Wittenberg ab 1511 dort Professor der Theologie. Führte nach 1524 die Reformation nach Magdeburg, wo er Bischof war. Treuer Freund Luthers. 1548 übernahm er die Veröffentlichung von Luthers Werken.

Bugenhagen, Johannes (1485 – 1558): Auch „Dr. Pommer" oder „Pommeranus" genannt, aus Pommern, Stadtpfarrer und Professor in Wittenberg, Freund und Beichtvater Luthers, Taufpate des ersten Sohnes Johannes.

Baumgartner, Hieronymus (1498 – 1565): Nürnberger Patriziersohn, Schüler Melanchthons und auch von Luther geschätzt, der wohl ein Verlöbnis mit K. einging, an das sie sich ein Jahr lang gebunden fühlte. H. B. heiratete erst 1526, nach K.s Hochzeit. Beide trugen einander nichts nach. H. B. stand in Briefwechsel mit Luther. Er kümmerte sich um das Schulwesen in Nürnberg. L. witzelte in Briefen an ihn und in den Tischgesprächen über die einstige Leidenschaft zwischen Käthe und H. B.

Christian II. von Dänemark (1481 – 1559): König von Dänemark, Norwegen und Schweden, Neffe Friedrichs des Weisen, floh 1523. Mit seiner Ehefrau Isabella, der Schwester Karls V., wohnte er eine Zeit lang im Hause Cranachs in Wittenberg und schenkte der jungen Katharina v. B. zum Dank für Dienstleistungen einen goldenen Ring.

Clemens VII. (1523 – 1534): Cousin und engster Berater von Papst Leo X. Am 19. November 1523 zum Papst gewählt. Vertraut mit den Problemen des Papsttums, bemühte er sich um eine Lösung der Streitfragen mit Luther, wollte jedoch kein Konzil einberufen. Am 6. Mai 1527 kam es zur Plünderung Roms durch kaiserliche Truppen. Bis zu seinem Tod verhinderte er das überfällige Konzil.

Cranach, Lukas d. Ä. (1472 – 1553): Besaß Maler- und Druckerwerkstatt in Wittenberg, Freund Luthers und Taufpate von Johannes Luther. Katharina kam nach ihrer Flucht zeitweise bei ihm unter. Das Ehepaar Cranach begleitete sie auch bei der Hochzeit.

Dietrich, Veit (1506 – 1549): Aus Nürnberg, jahrelang Luthers Sekretär, der seit 1531 L.s Tischgespräche aufzeichnete. 1535 nach Zerwürfnis mit Katharina Prediger in Nürnberg.

Friedrich der Weise (1463 – 1525): Kurfürst von **Kursachsen**, begeisterter Reliquiensammler. Dennoch wurde er nach der Gründung der Universität 1512 in Wittenberg zum Förderer des Theologieprofessors Luther, über den er, diskret gegenüber Kaiser und Papst, die Hand hielt. Sein Sekretär und Hofkaplan war **Georg Spalatin**, der Freund Luthers.

Georg der Bärtige (1471 – 1539): Seit 1500 Herzog von Sachsen. In seiner Jugend sympathisierte er mit dem Humanismus und Reformgedanken. An der Leipziger Disputation vom 27. Juni bis 15. Juli 1519 zwischen Johannes Eck, Andreas Karlstadt und Martin Luther nahm er persönlich teil und schlug sich auf die Seite Ecks, nachdem Luther erklärt hatte, auch Konzilien könnten irren und **Jan Hus** habe viel Richtiges gesagt. Damit berührte er bei dem sächsischen Herzog ein Reizthema, hatten die Hussitenkriege knapp ein Jahrhundert zuvor in Kursachsen doch schlimme Verheerungen angerichtet. Später schlug der Herzog den Bauernkrieg blutig nieder, danach erbitterter Gegner Luthers. Ironie der Geschichte: Unter den Nachfolgern Georgs des Bärtigen wurde Sachsen protestantisch.

Glatz, Dr. Philip: Rektor der Wittenberger Universität, ab 1524 Pfarrer von Orlamünde, dessen Heiratsantrag Katharina ablehnte.

Hadrian VI. (1522 – 1523): Am 9. Januar 1522 als Nachfolger von Leo X. gewählt. Adrian von Utrecht war Niederländer und zuvor Erzieher und Ratgeber Karls V. Man erhoffte von ihm eine Reform der Kirche und die Beendigung der Glaubensspaltung. Doch seine Reformversuche stießen auf den Widerstand der Kurie.

Hus, Jan (1369 – 1415): Tschechischer Prediger, Vorläufer Martin Luthers, der nur das Evangelium als höchste Autorität anerkennen wollte und sich gegen Ablasshandel und die Verweltlichung der Kirche aussprach. Hielt Gottesdienst in der tschechischen Landessprache. Auf dem Konstanzer Konzil verweigerte er den Widerruf und wurde verbrannt, das ihm zugesicherte freie Geleit verweigerte man ihm.

Jonas, Dr. Justus: Jurist in Wittenberg, enger Freund Luthers. Seine Frau **Katharina (Katha)**, gestorben 1542, war die engste Freundin der Lutherin.

Julius II. (1503 – 1513): 1443 geboren, mehr Staatsmann als Priester. Blind für die innerkirchlichen Probleme stärkte er die Macht des Kirchenstaats. Als großer Kunstförderer berief er den Maler und Baumeister Donato Bramante im Jahr 1506 nach Rom, um den Neubau der stark verfallenen alten Peterskirche zu beginnen, und beschäftigte so bedeutende Künstler wie Michelangelo und Raffael. Der Ablasshandel sollte Geld in die Kassen des Papstes bringen.

Karl V. (1500 – 1558): Kaiser des Hl. Röm. Reiches (1519–1556), König von Spanien und Neapel, kämpfte letzten Endes erfolglos gegen den aufkommenden Protestantismus, lag lange Zeit in Konflikt mit Frankreich und verteidigte Europa gegen die osmanischen Türken.

Leo X. (1513 – 1521): Der im Jahr 1475 geborene Giovanni de' Medici wurde am 11. März 1513 zum **Papst** gewählt. Er war mildtätig und fromm, interessierte sich aber nicht für Theologie und verkannte die Bedeutung von Luthers Reformation. Stattdessen bereitete er einen großen Feldzug gegen die Türken vor und führte verschiedene Kriege. Er begeisterte sich für das Altertum und seine Kunst, sammelte Münzen und Bücher und war ein guter Musiker. Für Karnevalszüge, Festbankette und Künstler scheute er keine Kosten. Bei seinem Tod am 1. Dezember 1521 war die päpstliche Kasse leer.

Am 15. Juni 1520 unterzeichnete Leo die Bulle **Exsurge Domine** (Erhebe dich, Herr) gegen Luther, in der 41 der 95 Thesen Luthers verurteilt wurden. In ihr wurde Luther der Bann angedroht, sofern er nicht widerrufe.

Melanchthon, Philipp (1497 – 1560): Eigentlich P. „Schwarzerdt“, Magister und Professor für Griechisch in Wittenberg, jüngerer Freund und Helfer Luthers.

Miltitz, Karl von (um 1490 – 1529): Sächsischer Adliger, der als päpstlicher Gesandter zunächst die Luther-Angelegenheit regeln sollte. Traf sich dreimal mit Luther, um einen Ausgleich mit dem Papst zu erreichen. Im Oktober 1519 übergab er die goldene Rose, das Ehrengeschenk des Papstes, an Kurfürst Friedrich. Auf seine Veranlassung entstand Luthers Schrift „Von der Freiheit eines Christenmenschen", ein letzter Versöhnungsversuch mit Papst Leo X.

Sieberger, Wolfgang (? – 1547): bereits 1517 Luthers treuer Famulus und Faktotum, der nach L.s Tod Käthe weiter diente.

Spalatin, Georg (1484 – 1545): Geheimsekretär und Hofkaplan Friedrichs d. W. Er vermittelte zu Beginn der Reformation zwischen seinem Dienstherrn, dem Kurfürsten, und Luther.

Staupitz, Johannes von (um 1460 – 1524): Augustiner-Eremit mit hohen Ämtern, Beichtvater und Förderer des jungen Luther, älterer Bruder der Magdalena von Staupitz, die mit Katharina von Bora im Kloster Mariathron als Chormeisterin lebte und die älteste der neun flüchtigen Nonnen war.

Glossar

Abfertigung: Nonnen und Mönche, die das Kloster verließen, erhielten in den meisten Fällen ihre seinerzeit eingebrachte Mitgift wieder zurück, entweder als einmalige Geldzahlung oder Rente, auch in Form eines Häuschens oder in Naturalien.

Ablass: Buße wurde im späten Mittelalter zunehmend zur „Tarifbuße“, die durch jeweils genau bemessene Strafen abzuleisten war. So etwa konnte man sich in Kursachsen mit dem „Butterablass“ von Verpflichtungen der Fastenzeit loskaufen. Der Ablass wurde zunehmend zum finanziellen Geschäft, von dem Kirche und Landesherren profitierten, und gab umgekehrt den Gläubigen Sicherheit vor dem gefürchteten Fegefeuer.

Augustinerorden: Martin Luther trat im Jahr 1505 dem Orden der Augustiner-Eremiten bei, der nach der Regel des Augustinus lebte (Betonung auf Armut und gemeinschaftlichem Besitz, Stundengebet). Die Augustiner-Eremiten pflegten auch Wissenschaft und Theologie, Bibel-Auslegung und Paulus-Lektüre.

Bauernkrieg (1524 – 1525): Mehrere Aufstände im heutigen Südwest- und Mitteldeutschland mit dem Ziel, die traditionellen Rechte der Bauern wiederherzustellen und ihre Lebensumstände zu verbessern (Zwölf Artikel von Memmingen). Die Bauern beriefen sich auf Luthers Forderung nach der Freiheit des Christenmenschen, und Luthers Gegner machten ihn für die Unruhen verantwortlich. Luther distanzierte sich jedoch von den gewaltsamen Unruhen.

Burse, Bursa: Studenten in den Universitätsstädten kamen an einer Bursa unter, Häusern, in denen mehrere Studenten gegen ein Kostgeld wohnten und verköstigt wurden, oft in den Häusern von Professoren oder reichen Bürgern, die für mittellose Studenten auch einige Freiplätze boten.

Dormitorium: Schlafsaal im Kloster

Famulus: Diener, Gehilfe. Ein bevorzugter Freier, der dem König oder Grundherren persönliche und Waffendienste leistete.

Häresie: Von der katholischen Kirche abweichende Glaubensrichtung

Häretiker: Abweichler, Ketzer

Hussiten: Nach der Verbrennung des tschechischen Predigers **Jan Hus** am 6.7.1415 in Konstanz erhoben sich in Böhmen seine Anhänger. Es folgten die Hussitenkriege von 1419–1434. Jan Hus wurde zu Luthers Zeit als Vorgänger Martin Luthers betrachtet.

Heimliches Gemach: Toilette

Interdikt: Verbot aller kirchlichen Amtshandlungen (ausgenommen das Sterbesakrament) für ein Land oder eine Stadt als Bestrafung durch die kirchliche Obrigkeit

Kapitelsaal: Besprechungssaal im Kloster

Kellermeisterin: Verfügt über Schlüsselgewalt und Vorratsbefugnis im Kloster; Vorsteherin der Laienschwestern; durfte sich deshalb frei innerhalb des Klosters bewegen und im Rahmen ihrer Arbeit sprechen. Durch ihre Hand gehen die Einkünfte des Klosters.

Klausur, Klausurtrakt: Aus lat. claustrum (Eingeschlossenes) das Wort Kloster. Klausur bedeutete Abgeschlossenheit nach beiden Richtungen. Die innerhalb der Klausur lebende Person durfte nicht hinaus (abgesehen von Sonderfällen und Ausnahmen). Umgekehrt durften keine Menschen von außerhalb die Klausur betreten. Selbst die Beichtväter der Nonnen kamen nur bei Sterbefällen zur Letzten Ölung nach „innen". Zur Lutherzeit wurde dies in vielen Klöstern sehr locker gehandhabt.

Kofent (auch Kovent): Dünnbier oder Nachbier

Konvent: Auch „Sammlung", die Versammlung der geweihten Nonnen

Konverse: Laienschwestern, Laienbrüder

Kukulle: Kapuze an der Kutte

Kursachsen: Erster Kurfürst von Sachsen war seit 1423 Friedrich I.; seine Herrschaftsgebiete Meißen, die Ostmark, große Teile der Lausitz und Thüringens wurden von den Enkeln Ernst und Albrecht im Vertrag von Leipzig 1485 geteilt. Albrecht erhielt Meißen und den Norden Thüringens, Ernst den Rest (Kursachsen) und die Kurfürstenwürde. Ab 1486 folgte Ernsts Sohn, **Friedrich der Weise**, unter dem das Kurfürstentum das einflussreichste Territorium der deutschen Länder wurde und nach der Gründung der Universität Wittenberg und der Berufung Martin Luthers zum Zentrum der Reformation.

Laienschwester: Nicht in der Klausur lebende Nonne mit geringeren Gelübden (**Konverse**)

Laudes (lat): Liturgisches Morgengebet

Muhme: Zu Luthers Zeit weiter gefasster Begriff als heute: Bezeichnet sowohl die Tante als auch die Nichte, ebenso wie **Vetter** den Neffen oder den Cousin meinte. Gefühlt verwandt war man auch als Gevatter/in des Patenkindes.

Necessarium (lat.): Toilettenanlage im Kloster

Nuntius (lat.): Ständiger diplomatischer Vertreter des Papstes bei einer Staatsregierung

Papisten: Bezeichnung der reformatorischen Kreise für die altgläubigen Papstanhänger

Pitanz: Essensportion im Kloster außerhalb der gewohnten Verköstigung, z. B. für die Vorleserin während der Mahlzeiten im Refektorium, die ihre Pitanz vorher erhielt.

Prior, Priorin: Stellvertreter(in) des Abtes bzw. der Äbtissin. Bei den Augustiner-Eremiten wiederum nannte sich der Leiter des Klosters P., sein Stellvertreter „Subprior".

Regal: Tragbare kleine Orgel

Refektorium: Speisesaal

Reichsacht: Ein Rechtsbrecher oder Ketzer konnte aus dem Rechtsverband des Deutschen Reiches ausgeschlossen werden, womit er „vogelfrei" war und von jedem straffrei getötet werden konnte.

Reisiger: Bewaffneter Söldner, Landsknecht

Reliquie: Materieller Überrest eines Heiligen, Stück Knochen, Haar, Rest eines Gewands oder eines persönlichen Gegenstands. Reliquien gehörten nicht nur Kirchen und Klöstern, auch Privatleute legten teils große Sammlungen an.

Sachsen: s. **Kursachsen**

Scheffel: Maßeinheit für Getreide, Äpfel u. Ä., von Ort zu Ort verschieden, in Sachsen meist etwa 60 Liter Inhalt

Schock: Schock (60) Groschen. Ein Schock Groschen ergab einen Rheinischen Goldgulden. Das Jahresgehalt eines kurfürstlichen Rats oder eines Universitätsprofessors waren etwa 200 Goldgulden. Der Botenlohn für die Beförderung von Briefen zwischen Lochau und Wittenberg betrug im Jahr 1525 zwei Groschen. Nach Luthers Hausrechnung von 1542 kostete ein Schwein einen Gulden, zwei Mutterschweine zusammen fünf Gulden, ein Ferkel sieben Groschen, ein großes Kalb zwei Gulden. Fünf Gulden kostete die Erbauung der Stube für Muhme Lene mit Schornstein und Kammer, weitere Stuben wurden ebenfalls für je fünf

Gulden hergerichtet. Für zwanzig Gulden wurde zweimal die Treppe ausgebessert.

Silentium: Schweigen, Schweigezeit

Skapulier: Die Schürze des klösterlichen Gewandes

Torgau: Residenz der sächsischen Kurfürsten, Sterbeort Katharinas. In ihrem Sterbehaus in der Katharinengasse befindet sich heute ein Museum, ihr Grabmal lässt sich in der St.-Marien-Kirche besuchen.

Vetter: s. **Muhme**

Vigilien: Nachtgebete

Vogt: Weltlicher Vertreter des Klosters

Wittenberg: An der Elbe günstig gelegener Sitz des Kurfürsten. Seit 1502 mit einer Universität, an der später Luther und Melanchthon lehrten. Ab 1517 das protestantische Zentrum Europas mit blühenden Buchdruckereien. 1547 verlor W. die Hauptstadtfunktion, da die Kurfürstenwürde auf den albertinischen Zweig der Wettiner fiel (s. Kursachsen).

Zisterzienser: Reformorden nach der Benediktregel

Leseliste (Auswahl)

Martin Brecht: Martin Luther (3 Bände), Stuttgart 1981 – 1987

Veit-Jakobus Dieterich: Martin Luther und seine Zeit, München 2008

Peter Freybe (Hrsg.): Mönchshure und Morgenstern: Katharina von Bora, die Lutherin – im Urteil der Zeit, Wittenberger Sonntagsvorlesungen, Wittenberg 1999

Gudrun Gleba: Klosterleben im Mittelalter, Darmstadt 2004

Irmgard Höss: Georg Spalatin 1484 – 1545, Weimar 1956

Alfred Jeremias: Johannes von Staupitz, Luthers Vater und Schüler, Sannerz und Leipzig 1926

Anne-Katrin Köhler: Geschichte des Klosters Nimbschen, Leipzig 2003

Sabine Kramer: Katharina von Bora in den schriftlichen Zeugnissen ihrer Zeit, Wittenberg 2016

Ernst Kroker: Katharina von Bora, Martin Luthers Frau, Zwickau 1925 (zahlreiche Auflagen)

Volker Leppin: Martin Luther, Darmstadt 2010

Ders.: Das Zeitalter der Reformation: Eine Welt im Übergang, Darmstadt 2009

Ders. u. Gury Schneider-Ludorff.: Das Luther-Lexikon, Regensburg 2015

Ludolphy, Ingetraut: Friedrich der Weise. Kurfürst von Sachsen 1463 – 1525, Leipzig 2007

Harald Meller (Hrsg.): Fundsache Luther, Darmstadt/Stuttgart 2008

Hermann Mosapp: Der Morgenstern von Wittenberg. Katharina von Bora, Stuttgart 1921
Hans-Joachim Neumann: Luthers Leiden. Die Krankheitsgeschichte des Reformators, Berlin 1995
Werner Schade: Die Malerfamilie Cranach, Dresden 1974
Heinz Scheible: Melanchthon und Frau Luther, in: Lutherjahrbuch 68 (2001), S. 93–114
Heinz Schilling: Martin Luther: Rebell in einer Zeit des Umbruchs, München 2014
Albrecht Thoma: Katharina von Bora. Die Lebensgeschichte der Lutherin, Berlin 1900
Martin Treu: Katharina von Bora, Wittenberg 1999

Danken möchte ich Elmar Klupsch für freundlichen Rat im richtigen Moment, Nachsicht und Geduld, Ekaterina Merten vom Herder Verlag für ihr einfühlsames, präzises und intelligentes Lektorieren, last but not least meinem lieben Uli für scharfsinnige Gespräche und Begleitung in Wittenberg.